U0943379

助力中国企业走向“一带一路”

蓝迪国际智库报告

2016 上册

A COMPANION FOR CHINESE COMPANIES TO THE BELT AND ROAD INITIATIVE
RDI ANNUAL REPORT 2016

荣誉主编 王伟光
主　　编 赵白鸽 蔡　昉
副 主 编 王　镭 王灵桂 智宇琛

中国社会科学出版社

图书在版编目（CIP）数据

助力中国企业走向"一带一路"：蓝迪国际智库报告. 2016/王伟光主编. —北京：中国社会科学出版社，2017.2

ISBN 978 - 7 - 5161 - 9971 - 8

Ⅰ.①助… Ⅱ.①王… Ⅲ.①咨询机构—研究报告—中国—2016 Ⅳ.①C932.82

中国版本图书馆 CIP 数据核字（2017）第 037763 号

出 版 人 赵剑英
责任编辑 王 茵
责任校对 胡新芳
责任印制 王 超

出 版 中国社会科学出版社
社 址 北京鼓楼西大街甲 158 号
邮 编 100720
网 址 http://www.csspw.cn
发 行 部 010 - 84083685
门 市 部 010 - 84029450
经 销 新华书店及其他书店

印 装 北京君升印刷有限公司
版 次 2017 年 2 月第 1 版
印 次 2017 年 2 月第 1 次印刷

开 本 710 × 1000 1/16
印 张 42
字 数 542 千字
定 价 89.00 元(上、下册)

凡购买中国社会科学出版社图书，如有质量问题请与本社营销中心联系调换
电话：010 - 84083683

前　言

当前，世界经济在深度调整中曲折复苏，正处于新旧系统转变的关键时期。上一轮科技和产业革命提供的动能面临消退，新一轮增长动能尚在孕育。保护主义抬头，国际贸易和投资低迷，多边贸易体制发展面临瓶颈。地缘政治因素错综复杂，政治安全冲突和动荡、难民危机、气候变化、恐怖主义等地区热点和全球性挑战，对世界经济的影响不容忽视。

推动世界经济走上强劲、可持续、平衡、包容增长之路，是全球各国政府、企业、社会组织的共同愿望和责任。为此，需要建设创新型世界经济，开辟增长源泉；需要建设开放型世界经济，拓展发展空间；需要建设联动型世界经济，凝聚互动合力；需要建设包容型世界经济，夯实共赢基础。为了促进全球治理结构改善和经济迅速增长，必须加强以下方面的努力：一是把握创新、新科技革命和产业变革、数字经济的历史性机遇，提升世界经济中长期增长潜力；二是加强贸易和投资机制建设，制定全球贸易增长战略和全球投资指导原则，巩固多边贸易体制；三是倡导交流互鉴，解决制度、政策、标准不对称问题，增进利益共赢的联动，推动构建和优化全球价值链，扩大各方参与，打造全球增长共赢链；四是以开放为导向，以合作为动力，以共享为目标，共同完善全球经济治理。

建设“一带一路”是完善全球治理、促进世界经济的战略举措。“一带一路”倡议，旨在同沿线各国分享中国发展机遇，实现共同繁荣。2014 年，中国制定了《丝绸之路经济带和 21 世纪海上丝绸之路建设战略规划》；2015 年，中国发布了《推动共建丝绸之路经济带和 21 世纪海上丝绸之路的愿景与行动》。中国等新兴经济体正为全球发展提供持续的动力，建设“一带一路”作为中国主动参与国际治理与经济合作的重大倡议，是对全球发展的重大贡献。目前，已经有 100 多个国家和国际组织参与其中，一批有影响力的标志性项目逐步落地。“一带一路”建设从无到有、由点及面，进度和成果超出预期，也进入全面启动、深入推进的关键时期。

蓝迪国际智库构建了推进“一带一路”建设重要国际平台的实践基础，进行一系列成功的实践。蓝迪国际智库成立以来，坚持需求导向、项目导向、结果导向、国内外资源联动、开放合作共赢的工作原则；形成了统筹国内外政党、政府、议会、智库、企业、行业协会、金融机构、社会组织、媒体和国际多双边机构等各方面资源的国际网络；建立了法律服务、政策研究、技术标准、信息服务、金融支持、文化与品牌、能力建设七大专业服务机制；整合了包括能源、制造、农林牧渔及食品、信息、文化、贸易、基础设施、医药、房地产、金融、纺织家居和矿业等众多行业骨干企业或机构。截至 2016 年 12 月，蓝迪国际智库平台已凝聚 282 家企业和机构。

蓝迪国际智库报告（2016）分为上、下两册。上册包括“蓝迪国际智库专家论‘一带一路’”和“蓝迪平台成员‘一带一路’发展经验”两个部分。在第一部分中，收录了蓝迪国际智库的专家学者对“一带一路”倡议及重大相关理论和现实问题的专题论述。在第二部分中，刊载了蓝迪平台成员中行业商协会以及蓝迪平台优秀企业包括能源和新能源，新技术、新材料，基础设施建设，服务业，中医药，金融，园区等在

“一带一路”建设过程中的案例研究和经验总结。蓝迪国际智库报告（2016）的下册包括蓝迪国际智库专家委员会名单及简历和蓝迪国际智库关注企业名录。

我们相信，专家学者的真知灼见和来自“一带一路”建设实践的真实、鲜活的经验能带给读者新的启发，为广大企业提供参考和指南，为有关政策制定部门提供有益的建议。

中国社会科学院院长、党组书记

王伟光

2017 年 2 月 18 日

上册目录

第一部分 蓝迪国际智库专家论“一带一路”

第二部分 蓝迪平台成员“一带一路”发展经验

行业商协会

金　融

园区建设

第一部分
蓝迪国际智库专家论“一带一路”

本部分包括

王伟光：《新型智库助力“一带一路”建设》

蔡　昉：《二十国集团智库会议应为全球治理提出更有效的可行性建议》

赵白鸽：《“一带一路”与全球治理和全球经济一体化》

李希光：《瓜达尔港现状及未来规划：优势、劣势、机遇和对策》

李永全：《“一带一路”——超越博弈的合作理念》

吴崇伯：《中国—印尼海洋经济合作的前景分析》

张　宁：《中国与哈萨克斯坦经贸合作的机遇与挑战》

陆　瑾　刘岚雨：《伊朗经济与中国机遇》

新型智库助力“一带一路”建设*

中国社会科学院院长、党组书记
中国社会科学院蓝迪国际智库项目领导小组组长
王伟光

2015年8月，中国社会科学院与新疆维吾尔自治区人民政府成功主办了第一届新疆克拉玛依论坛，来自中巴等国政府、企业、智库、社会组织、媒体机构的300多名代表会聚于此，在“共商中巴合作，共建繁荣走廊，共享和谐发展”的主题指导下，围绕“城市合作”“产业对接”“信息走廊”“人文社会”“能力建设”“青年作用”等议题，展开了全面深入的沟通与对接，通过了《克拉玛依宣言》，签署了20项合作备忘录，总价值约103.5亿元人民币，成果卓著，赢得了社会各界的一致赞誉。

2016年，我们充分继承了上一届论坛的优秀经验，进一步扩展论坛的辐射范围，为深化中国与巴基斯坦、伊朗、哈萨克斯坦等“一带一路”重要国家的交流合作搭建平台，促进各国政策沟通、设施连通、贸易畅通、资金融通、民心相通。本届论坛以“共商、共建、共享——区域合作与产业发展”为主题，并设立了基础设施建设、能源合作、信息产业、

* 本文节选自王伟光在“丝绸之路经济带”新疆克拉玛依论坛（2016）开幕式上的主旨发言。

制造业、园区建设、人居环境与城市发展、文化产业七大分论坛，依照需求导向、项目导向、结果导向原则，为参会代表提供广阔的研讨空间，切实推动行业对接和产业发展，努力促成国际合作项目协议或意向备忘录的签署，争取创造更加辉煌的成绩。

习近平主席2013年提出的“丝绸之路经济带”和“21世纪海上丝绸之路”，是新时期中国连通世界的贸易之路、文化之路、友谊之路，体现了中国作为世界第二大经济体，为增进世界和平与发展所做的不懈努力。建设“一带一路”，加强了沿线各国的政治互信，巩固了各国友好往来，拓展了各方交流的新渠道和新领域。“合作共赢”的发展理念，与经济全球化的形势高度契合，中国在实现自身发展的同时，也让沿线国家共同受益。如今，“一带一路”建设已经取得了阶段性成果和早期收获，积极效应日益显现。2015年我国企业对“一带一路”相关国家直接投资达到148亿美元，增长了18.2%；新签对外承包合同额926亿美元，增长了7.4%。2016年1月，由中国倡议成立、57国共同筹建的亚洲基础设施投资银行正式开业，中巴、中国—中亚—西亚、中蒙俄、新亚欧大陆桥、中国—中南半岛、孟中印缅六大经济走廊建设正如火如荼向前推进，一大批示范项目也逐步建成。中国正与沿线国家携手打造开放、包容、均衡、普惠的经济合作新架构，使古老的“丝绸之路”延伸成现代版的国际“大合唱”。

建设“丝绸之路经济带”是中央做出的一项重大战略决策，是古丝路精神的继承和弘扬，将促进沿线国家的经济发展，顺应沿线各国搭上中国经济快车的愿望，是一项造福沿线各国人民的大事业，也体现了大国担当。新疆地处亚欧大陆地理中心，是向西开放的桥头堡，是“丝绸之路经济带”上的重要节点、核心地区。在建设“丝绸之路经济带”的战略下，新疆面临着广阔发展机遇，对接中巴、中国—中亚—西亚经济走廊更是具有独特的地缘、经济、人文、宗教和社会等优势，是中国与

“丝绸之路经济带”沿线国家开展地方合作的优先载体。近年来，在自治区党委、政府的正确领导下，新疆经济、社会发展成绩斐然，对外经贸合作迈上新台阶，为“一带一路”推进提供了坚实的支撑。

克拉玛依是新疆戈壁滩上一颗璀璨的明珠，秉承创新、协调、绿色、开放、共享的发展理念，努力打造成为一座现代化生态城市。克拉玛依不但在“一带一路”建设中有着良好的区位优势、产业基础和人才储备，在工业化、城镇化、信息化方面也积累了丰富的经验，体现了新疆的发展面貌，代表了新疆的发展进程，预示着新疆的发展前景。在 2016 年中国最富有的 20 座中小城市排名榜单中，克拉玛依位列第二。2015 年的成功经验已经表明，选择在克拉玛依举办“一带一路”建设国际论坛是正确的。这座城市正以其独特的魅力与奉献精神感染着每一位来客，鼓舞我们在这里把论坛持续地办下去，不断为加快推进“一带一路”建设，促进沿线各国经济繁荣与区域经济合作，造福世界各国人民做出贡献。

“一带一路”的成功建设，离不开沿线各国拥有专业研究能力及巨大影响力的智库支持。作为咨政建言和人文交流的重要力量，智库不仅是本国政策与学术研究之间的桥梁、政府与公众之间的桥梁，也是各国之间深化交流合作、实现互利共赢的政策沟通的桥梁。充分发挥智库的专业研究能力及对政府和公众的影响力，对促进各国政策沟通、民心相通，为共建“一带一路”奠定坚实的民意基础，具有独特而重要的意义。中国社会科学院是中国哲学社会科学最高研究机构，作为世界知名、中国最大的国家级智库，服务“一带一路”建设既是我们的责任，更是我们的义务。我们愿与各国智库通过合作研究、学术交流等多种形式，加强各国智库交流，凝聚各国智库力量，开展政策性、前瞻性研究，为沿线国家政府建言献策，增进国家间政策沟通，促进沿线国家对共建“一带一路”的内涵、目标、任务等方面的进一步理解和认同，增强对各国发展意图和愿望的相互了解，准确把握各方利益的结合点，共同寻找互利共赢的途径，以智库交往带动人文交流，增进彼此互信，凝聚广泛共识，推动各方将“共商、共建、共享”原则落到实处。

2015 年，中国社会科学院根据中央新型智库建设要求，以亚太与全球战略研究院为依托，成立了国家全球战略智库。并以项目形式参与到“一带一路”建设的有关工作之中，蓝迪国际智库项目即是其中之一。作为国际化的中国特色新型智库平台，蓝迪国际智库项目凝聚了国内外政党、政府、议会、智库、企业、金融机构、社会组织、行业协会、国际组织等各方面资源，围绕国际重大项目推动研究与发展，推动实现理论和方法论的创新，组织跨学科、多视角的研究，力争提出有现实意义和政策影响的真知灼见。蓝迪国际智库致力于打造整合资源的平台和网络，服务中央决策，支持中国企业，推动“一带一路”伟大战略的落实。自 2015 年 4 月成立以来，在以全国人民代表大会外事委员会副主任赵白鸽博士为代表的专家委员会的辛勤努力下，蓝迪国际智库为参与“一带一路”建设的各类企业与沿线国家和地区的积极对接提供了大量实质性服务，并在促进中国与巴基斯坦、伊朗、哈萨克斯坦等国家的合作中取得重大进展。蓝迪国际智库平台的成员们先后多次前往沿线国家展开调研，为促成项目合作以及本次论坛顺利召开做了大量细致务实、富有成效的工作。

“一带一路”是和平友谊的纽带、共同繁荣的桥梁，将为所有人带来互利共赢的实惠。我们期待中国新型智库抓住有利时机，增强使命意识，把握时代特性，积极推动“一带一路”伟大战略的落实。我衷心希望，我们的新型智库能够与各国智库一起，共同开展“一带一路”建设等重大领域的联合研究，共同传播合作理念，相互借鉴，不断创新，为促进世界经济和文明的繁荣发展贡献我们的智慧和力量。

二十国集团智库会议应为全球治理提出更有效的可行性建议

中国社会科学院副院长
中国社会科学院蓝迪国际智库专家委员会副主席
蔡　昉

当前，全球经济面临一系列的风险和挑战。世界经济虽然在缓慢复苏，但基础并不牢固，各种潜在风险仍然在积累，并相互交织，随时有爆发的可能。近期举行的英国脱欧公投，加剧了市场的不安情绪。各国政策手段日益受限，政策腾挪空间不断缩小。气候变化、不平等、恐怖主义等人类社会面临的全球问题日益突出，这迫切需要加强全球治理予以应对。下面我简要谈谈当前全球治理面临的几个挑战。

第一，国际政治与世界经济的相互影响作用日益加强。在全球化过程中，一些主要的发达国家国内问题日益严重，如收入分配差距扩大、中产阶级地位下降等。再加上近年来移民问题的困扰，在很多国家政治上、政策上形成了显著的反映，体现为来自左和右的民粹主义的抬头。反过来，这些政治状况又影响全球化的进程和世界经济，从而影响国际关系格局。这对各个国家以及各全球治理平台提出了巨大挑战，是我们需要应对和研究的问题。

第二，世界经济的潜在增长能力下降，结构性改革刻不容缓。自

2012 年以后，中国经济增速不再是两位数的水平，而是呈现逐渐下行趋势，我们把这一状态称为“新常态”。其他各主要经济体也都出现了类似问题，特别表现在能够保持经济持续增长的动力——全要素生产率的提升缓慢，国际层面和各国内部都存在着阻碍生产率提高的各种各样的制度因素。新一轮技术革命和工业革命还没有起到推动世界经济快速发展的作用。就业增长依然缓慢，失业问题特别是青年人失业问题日益严重。劳动力市场弹性不足、人口老龄化、机器替代劳工等问题持续为劳动力市场带来挑战。全球公共投资与私人投资仍然存在着巨大缺口，各国投资特别是私人投资增速放缓。国际贸易碎片化、贸易保护主义抬头、贸易融资不畅等因素阻碍国际贸易的增长，降低了国际贸易通过资源配置、规模经济、集聚效应等渠道对世界经济增长的促进作用。结构性问题已经成为阻碍世界经济强劲、平衡、可持续发展的关键因素，因此，“结构性调整”在各个国家都是一个热词，尽管各个国家的说法不一样。中国的结构性改革和其他国家的结构性调整改革不尽相同，但也有很多共同的话题需要讨论。

第三，金融市场风险上升，国际社会应对金融动荡的能力亟须提高。当前全球金融市场风险不断涌现，主要经济体货币政策分化造成国际资本流动失序，部分国家资产价格维持高位，个别经济体汇市和股市的波动加剧，全球债务规模进一步上升，为世界经济复苏增添了新的变数。然而，各国在货币、财政、汇率、金融稳定、贸易和投资政策等方面协调不足，全球层面、区域层面、双边层面、各国内部的危机预防和危机管理机制还有待完善。

第四，落实 2030 年发展议程仍然面临多重挑战，可持续发展任重道远。气候变化是当前世界面临的最严峻挑战之一，全球变暖、极端气候频发等问题为各国带来负面的影响。全球发展的不平衡、不平等是另一个挑战，一方面发达国家贫富差距有扩大的趋势，而另一方面发展中国家仍然存在着大量的贫困人口。促进包容和可持续的发展，让各国人民公平地享有世界经济增长带来的利益，享受增长的红利是各国不可推卸的共同责任。2030 年可持续发展目标是未来 15 年指导全球和各国发展的纲领性文献，但不同成员国的实施能力是不平衡的，国际发展融资体系不够健全，各国落实可持续发展目标仍存在着较大难度。

面对这些挑战，二十国集团已经采取了一系列的行动措施。为提升世界经济增长潜力，中国促成二十国集团各成员协同一致推动结构性改革，以创新作为推动全球经济增长的关键动力。为应对全球金融风险，二十国集团重启了国际金融架构工作组，以加强金融危机的预防和管理。为促进全球贸易增长，2016 年二十国集团贸易部长会议达成了《G20 全球贸易增长战略》。为促进包容性和可持续发展，中国推动二十国集团制定落实 2030 年可持续发展议程行动计划等措施。这些措施对于解决目前面临的突出问题，维护国际市场稳定，促进全球经济可持续增长将发挥重要的作用。

促进全球经济发展，完善全球治理，需要国际社会持续的努力。当前复杂的全球经济形势为二十国集团带来了挑战，但也为二十国集团智库会议的发展带来了机会。如何应对这些挑战，二十国集团智库会议应提出更有效的可行性建议。中国社会科学院作为中国国家综合性高端智库，也在这些重大问题上做出自己的努力。我们设置了诸多研究课题，为中央政府、地方政府提供决策咨询，充分发挥中国社科院作为思想库、智囊团的作用。

相信二十国集团智库会议将为完善全球治理、有效应对全球挑战碰撞出思想的火花。

“一带一路”与全球治理和全球经济一体化

全国人大常委会委员、外事委员会副主任委员
中国社会科学院蓝迪国际智库项目专家委员会主席
赵白鸽

和平与发展是当今世界的主流趋势，也是全人类的共同梦想。全球范围内，不同肤色、不同民族、不同地域和不同文明的人们，都共同渴望不再有战争与冲突，政治经济秩序得到有效协调，经济和社会的发展进步为每一个人带来福祉和充满希望的未来。近年来，随着国际格局的深度调整，国际秩序进入一个较长的重组期，全球层面的公共治理或出现巨大真空，一定程度的冲突和失序成为常态。全世界都在渴望更为公正的国际秩序：一个更符合对等与互惠原则的国际治理与经济模式，一个更尊重多元化的全球公共领域，一个更能够统筹大多数国家可持续发展、更能够体现“休戚与共”及“和而不同”理念的全球秩序。在此背景下，中国提出的“一带一路”倡议具有优化全球治理和促进世界经济增长的重要意义。

◇◇一　建设“一带一路”的重要意义

（一）当今世界发展变化的主要特征

当前，世界发展变化呈现四个方面的重要特征。

一是国际经济和国际秩序进入大调整时期。经济全球化、世界多极化取得明显进展，但资源分布和利益分配明显不公、相对不均且有扩大之势。二战后形成的国际政治经济格局在发生变化，非西方力量的治理意愿和能力显著增加。二是日益严峻的全球问题呼唤有效的全球治理体系。国际传统和非传统安全问题交织，世界经济增长乏力，社会极端思潮抬头，中东巨变、欧洲难民潮和暴恐事件、非洲的艾滋病及埃博拉疫情等都体现出传统的全球治理机制存在不足，都在催生新的全球治理体系。三是国际共识加快全球治理体系建设步伐。国际社会在促进经济转型发展、推进联合国2030年发展议程和巴黎气候变化大会、打击恐怖主义等问题上达成共识并转化为行动。四是中国在国际社会中发挥重要作用。作为世界上第二大经济体和最大的发展中国家，中国应该积极融入全球化过程，在参与完善国际政治经济新秩序中做出贡献。

（二）“一带一路”倡议的实践意义

“一带一路”倡议，旨在同沿线各国分享中国发展机遇，实现共同繁荣。2014年，中国制定了《丝绸之路经济带和21世纪海上丝绸之路建设战略规划》；2015年，中国发布了《推动共建丝绸之路经济带和21世纪海上丝绸之路的愿景与行动》。“一带一路”沿线包括65个国家和地区，

GDP 总量达到 21 万亿美元，是拥有 44 亿人口、1.04 万亿美元贸易额的重要市场。“一带一路”倡议对中国也具有重要意义。中国进口商品中，65% 的原油、42% 的煤炭、92% 的天然气以及 35% 的棉花均来自“一带一路”沿线国家。同时，“一带一路”倡议也受到世界关注，中国等新兴经济体正为全球发展提供持续的动力。目前，已经有 100 多个国家和国际组织参与其中，一批有影响力的标志性项目逐步落地。“一带一路”建设从无到有、由点及面，进度和成果超出预期，也进入全面启动、深入推进的关键时期。建设“一带一路”是完善全球治理、促进世界经济的战略举措。一方面，“一带一路”倡议是改进全球治理的新途径。在倡议推进过程中，能够推动全球治理结构优化与全球化要求相匹配，能够改进完善治理结构促进新兴国家主动积极作为，推动全球治理结构调整。另一方面，“一带一路”倡议能够创造全球经济增长新动力。在推进建设过程中，能够培育新增长点，提振全球经济，促进沿线国家基础设施更新，寻求持续增长。对中国而言，倡议有助于调整经济结构，扩大各类配套投资和出口；有助于实现宏观经济稳增长目标。

二　“一带一路”建设的原则和目标

“一带一路”应遵循的原则是什么？换言之，什么是“一带一路”应举起的旗帜？从全球化及全球治理发展演变的历程看，其指导思想经历过两次较大的调整和演变。英国在 19 世纪通过工业革命树立起“自由竞争”“自由市场”的旗帜，建立了工业化时代的全球治理秩序。二战之后，美国在全球范围内树立起了“人权、民主、自由”的旗帜，建立了现有的全球治理秩序。面对全世界所面临的失序、冲突和发展的不平衡，“一带一路”将为全球化提供重要载体，也为全面、协调和可持续发展提供载体。展望未来，“一带一路”应该高举“和平与发展”旗帜，让每个国家和每个人都拥有平等发展的机会，形成新的全球治理结构和新的发展模式。

“共商、共建、共享”是“一带一路”倡议的重要原则。围绕这三大原则，将建设“命运共同体”“责任共同体”和“利益共同体”。这也意味着，“一带一路”倡议将围绕全球治理，推动金融、投资及发展援助等热点领域的规则重构。“一带一路”建设的重点领域包括促进贸易稳定增长和结构升级，拓展与沿线国家的双向投资，着力抓好产业园区建设，促进基础设施互联互通，提高区域经济一体化水平，积极推进海上合作，深化金融领域合作以及密切人文交流合作。与之相关的重点行业包括新能源、新材料、生命生物工程、信息以及新一代信息技术、节能环保、新能源汽车、智能机器人及高端装备制造，等等。丝绸之路经济带的建设重点是依托国际大通道，以沿线中心城市为支撑，以重点经贸产业园区为合作平台，共同打造若干国际经济合作走廊；21 世纪海上丝绸之路的建设重点则是以重点港口为节点，共同建设通畅、安全、高效的运输大通道。围绕“一带一路”建设，中国与有关国家制定了六大经济走廊规划，包括新亚欧大陆桥经济走廊、中国—中南半岛经济走廊、中国—中亚西亚经济走廊、中巴经济走廊、中蒙俄经济走廊和孟中印缅经济走廊，为“一带一路”建设和不同区域的发展创造了条件。

“一带一路”建设包括“五通”目标：一是政策沟通，即本着求同存异的原则，通过平等协商，制定推进国家或区域之间合作的发展规划和措施，为区域经济融合创造良好制度环境；二是设施连通，即完善跨境交通基础设施，促进沿线国家铁路、公路、航空、电信、油气管道、港口等基础设施实现互联互通，逐步形成连接亚洲各次区域以及亚欧非之间基础设施网络，特别是形成各国间信息互通网络；三是贸易畅通，即推进贸易投资便利化，减少贸易投资壁垒，降低贸易投资成本，优化贸易投资环境，提高区域经济循环速度和质量，促进区域经济一体化；四是资金融通，即加强货币政策协调，扩大沿线国家相互贸易投资本币结算和货币互换，深化多双边金融合作，建设区域开发性金融机构，加强金融风险监管合作，通过区域安排增强抵御金融风险的能力；五是民心相通，即传承和弘扬古丝绸之路精神，促进不同文明之间的交流对话，加强各国人民友好往来，增进相互了解和传统友谊，为开展区域合作奠定民意基础和社会基础。

在“一带一路”建设中，亚洲基础设施投资银行（Asian Infrastructure Investment Bank，AIIB，简称亚投行）成为新型多边治理机制的范例。亚投行是一个政府间性质的亚洲区域多边开发机构，重点支持基础设施建设。成立宗旨是促进亚洲区域建设互联互通化和经济一体化的进程，并且加强中国及其他亚洲国家和地区的合作。总部设在北京，法定资本1000亿美元。来自亚洲、欧洲、南美洲、非洲和大洋洲的57个国家加入了亚投行。亚投行的创立和运行，体现了国际经济治理模式、发展理念、投融资渠道及服务模式等国际发展领域创新。

三 蓝迪国际智库积极推动“一带一路”建设

为服务国家“一带一路”倡议决策，在财政部、商务部等中央有关部委的支持下，2015年4月中国社会科学院牵头设立了蓝迪国际智库，由财政部经费支持项目运行。经过两年来的摸索实践，蓝迪国际智库服务于“一带一路”建设，搭建统筹智库组织、企业与行业联盟的平台，主要做了以下工作：

（一）发挥智库功能，积极咨政建言

蓝迪国际智库专家委员会组成了外交与国际政治、法律政策、可持续发展、宏观经济、金融、企业管理、社会民生、历史文化等领域国内外著名专家团队。蓝迪国际智库充分发挥咨政建言、理论创新、舆论引导、社会服务、公共外交等重要功能；坚持国内外资源联动的原则；坚持需求导向、项目导向、结果导向；组织开展高层交往、智库研讨、能力建设和专题研究；就“一带一路”建设、国际人道主义事务、国际多双边合作等重大课题提出政策建议，并多次得到中央和地方主要领导批示。

（二）服务“一带一路”，促进务实合作

蓝迪国际智库积极服务“一带一路”建设，着眼重点、节点国家开展国际对接。一是组织“丝绸之路经济带”新疆·克拉玛依论坛及与巴基斯坦、伊朗、哈萨克斯坦、印度尼西亚等国的国际合作研讨会，促进了经贸往来和民心相通。2015 年度克拉玛依论坛共签署总价值为 103.5 亿元人民币的合作协议（备忘录），2016 年度克拉玛依论坛共签署总价值为 625.79 亿元人民币的合作协议（备忘录），表达了企业参与“一带一路”建设的意愿与热情。二是抓好中巴经济走廊建设的推进工作，建立了以中巴双方领导参与的共同主席制度，成立了中巴专家委员会，建立了以结果为导向的工作会商机制。三是形成了以法律服务、政策研究、技术标准、信息服务、金融支持、文化与品牌、能力建设等七大服务组为主体的服务平台，组织了各相关专项领域的研修班和研讨会，为企业“走出去”提供务实平台和网络服务。四是召开人道主义与发展合作领域

的高端国际会议，在若干全球治理及发展领域的国际大会上发出“中国声音”，为建立中国的国际话语权、提升中国软实力做出了积极贡献。

（三）支持中国企业，加快“走出去”步伐

蓝迪国际智库建立了完善的企业合作体系，整合了能源、制造、信息、物流、金融、基础设施、农林牧渔、食品、医药、房地产、纺织、矿业、园区等众多行业骨干企业或机构团队。截至 2016 年 12 月，蓝迪国际智库平台已凝聚 282 家企业和机构。针对企业需求，通过专业服务组，蓝迪国际智库积极推动政府、企业和行业资源，带领企业抱团出海，为企业实质性参与“一带一路”建设提供了大量系统性的服务和支持。

蓝迪国际智库的工作成效受到国际社会的关注和认可。欧洲对外关系委员会 2016 年 8 月发布的《分析中国—中国兴起百家智库》研究报告指出：“蓝迪国际智库为企业对外投资提供了咨询以及国际交流的机会，并且蓝迪也与多国开启了合作。其中欧洲的研究机构也相继加入到合作中，主要包括来自中东欧的 16 + 1 国家。目前蓝迪国际智库已拥有系统的对话交流及合作机制。”

◇◇四　蓝迪国际智库的未来发展

蓝迪国际智库将聚焦构建互利合作网络、新型合作模式和多元合作平台，在“一带一路”建设中积极做好以下工作。

一是建设好国内外政府、企业、智库共同合作的平台。通过连接国内外政、经、商及智库界领袖要员，发挥好创新型高端智库作用，为“一带一路”建设建言献策；促进各行业及企业联动协同，搭建多层次合

作平台网络，为现有各方服务“一带一路”建设提供支持；通过参与国际政府间、非政府间的交流对话，讲好中国故事，传播中国声音，配合政府有关部门开展公共外交工作，以“软实力”提升促进国际合作。

二是促进沿线国家社会发展和公益事业。国之交在民相亲，民相亲在心相知。民心相通是“一带一路”建设的社会根基。要建设好“一带一路”，必须得到各国人民支持，必须加强人民友好往来。蓝迪国际智库在做好智库研究、发展合作、技术交流、能力建设等方面工作的同时，将在人道援助、减贫扶贫等方面发挥积极作用，使沿线民众不断有实实在在的获得感，为“一带一路”建设和企业开展经贸投资合作奠定坚实的民意基础和社会基础。

三是为国内外企业开展经贸合作提供服务。一方面聚焦重点地区、重点国家、重点项目，加强国际对接，完善配套服务，推动国内外企业形成合力，共同发展。另一方面切实推进关键项目落地，在目前蓝迪国际智库七大专业服务组基础上，以基础设施互联互通、产能合作、经贸产业合作为抓手，以需求、项目、结果为导向，以金融、技术、标准、大数据等相互融合为支撑，促进国内外企业更好地参与到“一带一路”建设中，为推动全球治理和全球经济一体化做出我们的贡献。

瓜达尔港现状及未来规划：优势、劣势、机遇和对策

清华大学国际传播研究中心主任
中国社会科学院蓝迪国际智库项目专家委员会委员
李希光

2015 年 11 月 11 日，巴基斯坦向中国移交瓜达尔港自贸区 2281 亩土地使用权，瓜达尔港的移交意味着中巴经济走廊作为“一带一路”倡议的模板开始上路了。作为中巴经济走廊合作的一个旗舰项目，巴基斯坦方面对瓜达尔港建设非常重视。本文将简述瓜达尔港现状及未来规划，并分析瓜达尔港优势、劣势和机遇，提出对策。

一　瓜达尔港简介

瓜达尔港为深水港，位于巴基斯坦俾路支省西南部，瓜达尔地区人口约 8.5 万人。从地图上看，瓜达尔港市犹如船锚伸入阿拉伯海中，为往来船只提供安全的港湾。瓜达尔港毗邻连接亚非欧的红海、霍尔木兹海峡、波斯湾通往东亚、太平洋地区数条海上重要航线，距霍尔木兹海峡约 400 公里，而霍尔木兹正是全球能源咽喉。作为巴基斯坦第三大港

口，瓜达尔港得天独厚的区位优势赋予了其在商业上的不可替代性，使之成为中巴经济走廊的门户。

瓜达尔港全面建成后，不仅带动贫困落后的俾路支省乃至整个巴基斯坦的经济发展，还将成为阿富汗、乌兹别克斯坦、塔吉克斯坦等中亚内陆国家最近的出海口，担负起这些国家连接斯里兰卡、孟加拉国、阿曼、阿联酋、伊朗和伊拉克等国乃至于中国新疆等西部省份的海运任务，成为地区转载、仓储、运输的海上中转站。

◇◇二　瓜达尔港的竞争优势

（一）中巴关系密切

2015 年 4 月 20 日，习近平主席访问巴基斯坦，双方一致同意将中巴关系提升为全天候战略合作伙伴关系，不断充实中巴命运共同体内涵，致力于中巴世代友好。中巴经济走廊作为“一带一路”的示范项目，而瓜达尔港又是中巴经济走廊的重点项目，可谓重中之重。习近平在与谢里夫会谈时就发展中巴关系提出五点建议，其中第二点建议为：以中巴经济走廊为中心，以瓜达尔港、交通基础设施、能源、产业合作为重点，形成“1 +4”合作布局，实现合作共赢和共同发展。要推动中巴经济走廊建设全面、平衡、稳步发展，惠及广大巴基斯坦民众，成为对本地区互联互通建设具有示范意义的重大项目。

（二）地理位置优越

瓜达尔港是中巴经济走廊的出海口，优越的地理位置使得其重要性不言而喻。经由瓜达尔港，新疆通往海洋的距离为2395公里，相较目前与中国东部最近的出海港口4500公里的距离而言大幅缩减，这对促进巴北部地区与新疆的经济发展起到了强劲的推动作用。瓜达尔港还可成为连通亚非欧的货物转运港口，为中亚内陆国家、阿富汗和中国西部地区提供更加方便、快捷的货物通道。同时，瓜达尔港还是重要的能源通道，如果在将来建成油气输送管道，则将在很大程度上缓解中国的能源压力，保障中国能源安全。此外，巴中油气管道建成还将进一步缓解巴基斯坦国内能源需求，促进中巴经济走廊沿线工业园区的建设。中亚地区和阿富汗也将受惠于瓜达尔港的发展，不仅减轻了对其他港口的依赖性，还可节省货物运输成本。

瓜达尔港正常运转后，将很大程度缓解中国日益增长的能源需求（油、气）压力。作为天然良港，瓜达尔港东部天然港湾对进出港船只起到非常好的保护作用。综合考量距离、安全、运输工具折旧等各类因素，从瓜达尔港运送等量的原油到国内，采用内陆运输方式成本为399.0元/吨，明显小于海运成本492.3元/吨。除此之外，欧洲及海湾国家至中国的运输距离，通过瓜达尔港要远小于马六甲海峡。

通过目前现有的公路网，瓜达尔港还可与阿富汗及中亚各国实现连通，并服务于地区国家的货运需求，刺激经济发展，改善民生，尤其是提高阿富汗人民的生活水平，通过经济手段实现阿富汗的稳定和繁荣。

（三）经济潜力巨大

瓜达尔港未来规划与巴基斯坦政府2025年愿景一致，尤其是作为中巴经济走廊上的重要项目，巴基斯坦政府十分重视瓜达尔港的建设、发展和经营。

瓜达尔港相对巴基斯坦其他城市和地区具备相当的比较优势，将发挥杠杆作用，为巴基斯坦的工业发展带来巨大机遇。瓜达尔港的经济比较优势有：具备广袤的未开发土地，地广人稀，征收土地的成本极低，拆迁的工作量少，所产生的发展成本低；瓜达尔港位于俾路支省南部地区，人口相对集中，且人力成本较低，为工业和服务业的发展提供潜在优势；与中东油气资源的地理位置非常近，获取成本低且十分便捷；与当前正蓬勃发展的海湾国家临近，交通便捷，运输成本和风险低；与世界主要航线临近，大型货船、油轮和客轮可以方便停靠；沿海岸线有丰富的农业资源；具备足够用的矿产资源，且开采难度不高；瓜达尔港航道短且深，转船区域大，船只掉头时间短；对于新投资实行税收优惠减免政策，并出台政策刺激出口导向型工业。

三　瓜达尔港的劣势

（一）安全形势仍待进一步稳定

现在巴基斯坦的国家形象标签化很严重，每谈到巴基斯坦，中国民众心中涌出的第一印象是“巴铁”。由于媒体尤其是西方媒体的选择性报道，民众对巴基斯坦的第二判断为恐怖主义盛行、非常危险的国家。为了去标签化，根除巴基斯坦境内的恐怖主义，争取更多的中国投资和赴巴劳务工作者，从 2014 年 6 月 15 日起，巴基斯坦军方发起了反恐“利剑行动”；2014 年 12 月 16 日白沙瓦军人子弟学校遇袭后，巴基斯坦政府推出“国家行动计划”，禁止任何武装组织活动，严厉打击恐怖分子。

目前，对瓜达尔港构成威胁的武装分子主要有：（1）“巴塔”。目前巴政府和军方对恐怖组织打击力度大大加强，但最近发生在卡拉奇和俾路支省的袭击事件表明巴安全局势并不乐观，“巴塔”众多分支机构呈现活跃状态，突发性冲突或袭击事件在俾路支省发生的概率较高。(2)“东突独”组织。活跃在巴基斯坦境内的“东突独”组织人数较多，有可能针对我在巴大型项目发起袭击，尤其是像瓜达尔港这类中巴经济走廊上的重要项目。(3) 俾路支省分裂主义势力。由于巴联邦政府长期以来政策和财政都偏向旁遮普省，因此俾路支人民长期以来处于心理不平衡状态，成为滋生分裂主义势力的催化剂。除分裂势力之外，俾路支部分部落首领要求俾路支省独立或高度自治，其中比较突出的有布格蒂（Bugti）、默里（Marri）和蒙格尔（Mengal），认为瓜达尔港是俾路支省领土，应由俾路支省来主导开发，不希望由联邦政府主导，对瓜达尔港的建设和经营不满，可能会煽动发起群体性事件甚至武力袭击。

（二）俾路支省基础设施建设及经济水平低

俾路支省地广人稀，荒漠化严重，严重限制了农业发展和基础设施建设。俾路支省民众十分分散，难以集中形成合力升级目前的公路等基础设施。俾路支省人均收入水平极低，因此购买力也相应处于极低水平。港口的发展在很大程度上需要依托经济腹地，而俾路支省作为腹地明显不能满足要求，难以消化瓜达尔港进口货物，同时也难生产和提供出口货物，对瓜达尔港支持作用有限，这也是虽然瓜达尔港地理位置优越，却一直难以得到很好发展的重要原因之一。

（三）外部因素的消极影响

瓜达尔港一旦正常运营，可能会分流周边国家港口的货运量，因而来自外部的阻力和反对难以避免。作为巴基斯坦的战略性深水港，印度不希望看到瓜达尔港蓬勃发展。印度的研究分析局频繁插手巴国内事务，甚至暗中支持统一民族运动党（MQM）搞破坏。在俾路支省，印度研究分析局暗中支持分裂势力。巴国防部长卡瓦加·阿西夫谴责德里情治机构为俾路支省反叛分子提供印度护照，支持他们对抗政府的行为。因暗中支持恐怖、分裂等活动，印度在巴基斯坦的所作所为成为威胁巴基斯坦安全稳定的消极因素之一，不利于中巴经济走廊建设，而瓜达尔港位于俾路支斯坦省，也将受到影响。

（四）环境、陆上交通等不利因素

瓜达尔港所在的俾路支省自然环境较为恶劣。该地区多山、地势崎岖，陆上交通不发达，虽然卡拉奇能提供部分建筑材料，通过海运运往瓜达尔港，但仍有部分材料需从巴国内其他省份向瓜港运输，所需周期长，成本高，且运输途中存在一定风险。瓜达尔位于俾路支省南部的莫克兰（Makran）荒漠，人烟稀少，土地贫瘠（土地荒漠化十分严重），夏季极为炎热（白天平均气温超过 50℃），淡水资源匮乏（目前日需求量为 460 万加仑，日供应量仅为 288 万加仑，日缺口为 172 万加仑），电力供应不足（目前电力需求为 27 兆瓦，供给为 15 兆瓦，缺口为 12 兆瓦），不利于瓜达尔港扩建工程的正常开展。

四 建设瓜达尔港面临的机遇

巴基斯坦政府对瓜达尔港抱有很高期待，认为瓜达尔港的顺利扩建和妥善经营对于政府而言具有重要的战略意义，将在很大程度上加强巴其他省份和地区与俾路支省的连通性，使得中央政府能够更好地发展俾路支省，且由中国公司运营后，俾路支斯坦的经济发展将极大受益且有助于维持该地区的稳定。

瓜达尔港的正常运营能进一步促进该地区优先项目（以工业项目为主）的发展，如炼油厂、石化厂、食品加工厂、制衣厂、化肥厂、钢铁厂、水泥厂、纺织厂和汽车厂等。这些产业能在很大程度上满足巴国内市场的需求，减少对进口商品的依赖，甚至将来在满足内需的基础上实现出口，扭转贸易逆差。缓解卡拉奇港的压力，加强与处于内陆地区的中亚国家的贸易联系，提升中国与海湾国家的贸易合作并打通能源通道，促进大宗货物转运、转口贸易、出口加工、矿石出口、牲畜出口和服务业（宾馆、饭店和旅游等）的发展。周边配套设施建设有助于解决瓜达尔县及周边地区的基本生活问题，如发电站、电网和自来水厂的建设和正常运转将很大程度上解决该地区人民的用电和用水问题。

基于以上动因，巴政府对瓜达尔港相关项目和产业实行税收减免政策，联邦税收委员会（FBR）和投资委员会（BOI）已基本完成税收优惠政策：（1）在港口辐射半径30公里之内建设发电站、自来水厂和其他的基础设施所需进口的机械、设备和其他器材等可享受免税政策；（2）宾馆可享受5%的税收优惠；（3）瓜达尔港建设及运营的特许权人可以享受税收的全部减免政策；（4）在免税区进出口原材料可享受免税政策。

鉴于巴基斯坦安全形势仍需时间来逐步实现好转和稳定，巴基斯坦加大对中巴经济走廊的投入，对重点项目实行高级别安保，甚至派遣军队保障项目建设过程的安全顺利。2015—2016财年，内政部投入35亿卢比，用于支付28支民兵队伍的安保费用。瓜达尔港作为中巴经济走廊的重点项目，是巴基斯坦重点保护对象，不仅项目现场有严格安保，参与建设的工人、工程师及后勤人员等也受重点保护。

发展瓜达尔港，少不了财政支持，巴基斯坦政府在2015—2016财年的财政预算中，对中巴经济走廊的财政投入占比较高，经济建设围绕建设中巴经济走廊进行，优先发展中巴经济走廊相关项目，瓜达尔港作为中巴经济走廊的旗舰项目，享有更优厚的财政投入和政策优惠。2015—2016 财年发展瓜达尔港的财政拨款为 68 亿卢比，同时还将拨款 47 亿卢比修建瓜达尔港东湾公路，连接瓜达尔港和海岸公路。

◇◇五　对策和建议

巴基斯坦政府应继续加强对瓜达尔港的安保投入，确保瓜达尔港乃至整个中巴经济走廊建设项目零袭击事件发生，确保中国企业和人员在巴基斯坦的利益和安全，给予中国投资者和劳务工作者以信心；继续加强对反恐的人力和财力投入，推进“利剑行动”和“国家行动计划”的坚决执行，对恐怖行动零容忍；严密监控外部势力在巴基斯坦境内通过非政府组织和代理人进行的破坏活动并采取有效措施应对，避免事态发酵影响巴基斯坦安全形势好转。

增加对俾路支省的投入，大力发展俾路支省的基础设施建设。虽然该省作为经济腹地发展潜力较低，但发达的基础设施将使得瓜达尔港可以方便、迅捷地与信德省和旁遮普省等经济较发展地区连通，摆脱瓜达尔港所在省份无优良经济腹地支持的困境，实现瓜达尔港、俾路支省、巴基斯坦其他省份及周边国家和地区的共同发展。

加速落地早期收获项目，尤其是惠民工程，如医院、学校、海水淡化厂和发电站等。虽然瓜达尔港一揽子项目中包括升级 50 个床位的医院至 300 个床位，但尚不能满足目前的医疗需求；且俾路支斯坦省文盲率极高，绝大多数民众只能从事最初级的体力劳动，不能满足未来瓜达尔地区和俾路支斯坦的长远发展和产业升级需求。因此惠民工程中尤其应以医院、学校为重点，在解决当地民众缺水、缺电状态的基础上，更加注重提高当地民众素质，实现经济、文化的健康可持续发展，形成示范效应，让俾路支省其他地区民众看到中国公司建设瓜达尔港为生活质量带来的巨大改善。

瓜达尔港具备天然的地理优势，港口条件良好，如果能解决好建设过程中所遇到的问题，减少负面因素带来的不利影响，那么瓜达尔港所具备的巨大潜力将迅速转化为现实优势，成为推动巴基斯坦、阿富汗、中亚国家及周边国家和地区经济发展的强力引擎。

“一带一路”——超越博弈的合作理念

中国社会科学院俄罗斯东欧中亚研究所所长
中国社会科学院蓝迪国际智库项目专家委员会委员
李永全

2013 年 9 月和 10 月，中国国家主席习近平在出访中亚和南亚期间，先后提出共建“丝绸之路经济带”和“21 世纪海上丝绸之路”的合作倡议，它是中国新时期发展战略和对外政策中的重要合作倡议，并在实施过程中取得初步成果。

一　超越博弈，走向共赢

国家主席习近平在提出“一带一路”倡议构想时，阐述了这个构想所包含的内容和理念。

现代国际关系发展历史中，最流行的理论和行为是对抗和博弈。大国关系是建立在实力基础之上的，在国际关系形成过程中大国不断展示实力。这种实力既包括军事上的，也包括经济上的；既包括硬实力，也包括软实力。以实力论英雄，以实力论输赢，以实力决定实惠。正是这种理论和行为导致现在各国和各地区发展的差异，导致一系列危害世界和平的安全问题。

“一带一路”倡议所包含的合作理念是建立在中国传统文化基础上的全新的、非对抗的合作理念。求同存异、互利共赢是这种理念的核心。中国政府在实施“一带一路”倡议过程中提出的“共商、共建、共享”原则集中体现了这种理念，倡导义利观，不追求利益最大化，尊重发展道路选择，不附带任何政治条件，等等。

在提出共建“丝绸之路经济带”时，习近平主席提出“五通”的建议，即加强政策沟通，协商制定推进区域合作的规划和措施；加强道路连通，打通从太平洋到波罗的海的运输大通道，为各国经济发展和人员往来创造条件；加强贸易畅通，就贸易和投资便利化进行探讨并做出适当安排，消除贸易壁垒，降低贸易和投资成本；加强货币流通，以便大幅度降低流通成本，增强抵御金融风险能力，提高本地区经济的国际竞争力；加强民心相通，为开展区域合作奠定坚实的民意基础和社会基础，这是内容全面、结构严谨、形式缜密的合作倡议。为了实现互利共赢的合作，需要有政治上的互信、沟通，需要有民意和社会基础，需要有相应的制度保证。这样的合作注定不是唯利是图的，而是面向未来、面向长远、对子孙后代负责的合作。

“一带一路”倡议提出后，国际上对此有各种各样的解读。初期，地缘政治学家们更多地把中国“一带一路”倡议理解为中国即将发动一场新的地缘政治博弈，甚至理解为中国的地缘政治抱负（野心）。因此，在过去的一段时间，既有对“一带一路”拥护的声音，也有对其持警惕立场的人士。随着中国政府和学术界对“一带一路”的宣传和解释工作不断深入，越来越多的国家开始对其进行正面理解。

客观地说，“一带一路”反映的是中国新一代领导人对世界形势的看法，是据此提出的全新的外交和国际合作理念。中国提出的以构建合作共赢为核心的新型国际关系顺应了时代发展潮流，也是对国际关系理论的一个重要创新。第二次世界大战后，影响国际关系的基本理念是实力政策和对抗思维。以实力支配国际关系、以实力保证自身利益最大化，忽视伙伴和他国利益，成为国际关系的常态。正是这种自私自利的政策导致国际政治和经济秩序失衡，导致众多经济、社会、生态、民族、宗教等问题。受这种对抗思维左右的国际关系进程往往是以牺牲发展为代价的。当代世界发展中的许多问题源于这种对抗思维和理念。中国倡导的国际关系理念，就是要摒弃赢者通吃的旧思维，提倡在文化不同、信仰不同、制度不同的国家间构建共赢的国家关系。“一带一路”倡议践行的就是这种新型国家关系理念。中国主张在实施“一带一路”倡议过程中，对项目的设计和实施，实行共商、共建、共享，充分体现了互利共赢的新理念。

中国自己走出一条和平发展的新路。改革开放以来，中国在社会经济发展中取得的成绩不仅得益于中国人民的勤劳，也得益于世界和平发展的大环境。“一带一路”的目标是同世界各国一道，再走出一条合作共赢的新路。这条道路的实质就是：超越博弈，走向共赢！

二　对内是发展战略，对外是合作倡议

作为一个战略构想，“一带一路”提出后很快成为中国的国家发展战略。回顾这个过程可以帮助我们更准确地理解这个战略的深刻意义。

2013 年 9 月 7 日，习近平主席提出“丝绸之路经济带”倡议。2013 年 10 月 3 日，习近平主席又提出，“中国愿同东盟国家加强海上合作……发展好海洋合作伙伴关系，共同建设 21 世纪‘海上丝绸之路’”。同年 11 月 12 日，中国共产党十八届三中全会《关于全面深化改革若干重大问题的决定》指出：“推进丝绸之路经济带、海上丝绸之路建设，形

成全方位开放新格局。”2014 年春，中国召开人大和政协两个会议。会上通过的政府工作报告又提出：“抓紧规划建设丝绸之路经济带、21 世纪海上丝绸之路，推进孟中印缅、中巴经济走廊建设，推出一批重大支撑项目，加快基础设施互联互通，拓展国际经济技术合作新空间。”“一带一路”已经从最初的国际合作倡议发展成为一项重要的发展战略。一个倡议以党的文件和政府文件的形式确定为发展战略，仅仅用了几个月的时间。

这个国际合作倡议成为中国国家发展战略符合中国改革开放新时期的特点。开始于 1979 年的中国改革开放事业，在前 35 年主要是对外开放，打开国门，引进国外资本、先进技术和管理经验，即所谓的“招商引资”。为了实现这个目的，中国付出巨大努力，根据世界经济一般规律和贸易规则，调整和理顺国内各种关系，与世界经济规则接轨，吸引国外的资本、技术和管理经验。结果取得了巨大成功，加入世界贸易组织是中国改革和调整取得成功的一个重要标志，为世界所瞩目。

虽然建立开放的经济，与世界经济接轨，融入世界经济进程是中国前 35 年改革开放事业最重要的特点之一，但此前的开放主要是沿海地区的开放。现在，中国面临深化改革的历史任务，调结构、促发展，解决区域发展差距是亟待解决的问题。为此，中国提出了实施西部开发和东北振兴战略。沿边省区对外经济活动日益活跃，区域经济一体化要求日益迫切，在西部和沿边地区实施全方位对外开放，与区域经济体实施紧密合作成为时代趋势。我国大企业国际合作经验日渐丰富，走向国际市场愿望日益强烈。从“引进来”到“走出去”，是我国改革开放事业不断成熟的标志。随着中国经济不断对外开放，中国需要更多的企业“走出去”寻找商机，寻找更大的发展空间。

虽然“一带一路”是习近平主席向国际社会发出的具有中国特色和理念的合作倡议，但当时重点是清楚的——欧亚地区和东盟地区。“丝绸之路经济带”刚一提出，我国西部12省区便敏锐地发现这一伟大构想所蕴含的发展机遇，争先恐后试图“搭便车”，走上“丝绸之路”。而当“海上丝绸之路”提出后，全国从东到西、从南到北都努力踏上“丝绸之路”。这时的“丝绸之路”内涵已经超越国际合作，成为内外发展互动的战略。

应该指出的是，“一带一路”构想对内是发展战略，对外仍然是或者只能是合作倡议。这是完全不同的概念和行为方式。

2015年3月，经国务院授权，国家发改委、外交部和商务部发布了《推动共建丝绸之路经济带和21世纪海上丝绸之路的愿景与行动》（简称《愿景与行动》）纲领性文件。这是国内外期待已久的重要文件。《愿景与行动》全面阐述了“一带一路”的时代背景、共建原则、框架思路、合作重点以及合作机制等国际社会关心的问题。文件指出，共建“一带一路”顺应世界多极化、经济全球化、文化多样化、社会信息化的潮流，秉持开放的区域合作精神，致力于维护全球自由贸易体系和开放型经济。推进“一带一路”建设既是中国扩大和深化对外开放的需要，也是加强和亚欧非及世界各国互利合作的需要，中国愿意在力所能及的范围内承担更多的责任义务，为人类和平发展做出更大的贡献。中国政府在这个文件中提出了共建“一带一路”的基本原则，即恪守联合国宪章的宗旨和原则，坚持开放合作，坚持和谐包容，坚持市场运作和坚持互利共赢。

“一带一路”合作内容，用一个字来概括，就是“通”。

所谓“通”，就是通过互联互通打造政治互信、经济融合、文化包容的利益共同体、命运共同体和责任共同体。根据倡导者的思路，“一带一路”的走向是，陆上依托国际大通道，以沿线中心城市为支撑，以重点经贸产业园区为合作平台，共同打造新欧亚大陆桥、中蒙俄、中国—中亚—西亚、中国—中南半岛等国际经济合作走廊；海上以重点港口为节点，共同建设畅通安全高效的运输大通道。

这些设想和倡议的实施需要一个最重要的前提，即正确认识“一带一路”在国内和国外的两个定位以及国内和国外的两个现实。

对于国内而言，“一带一路”无疑是国家发展战略，因为它已经写进党的文件、政府报告和第十三个五年计划建议。但对国外而言，“一带一路”则是合作倡议。因此，任何经济和经营主体，无论是地方政府还是企业、公司或个人，在决定参与“一带一路”进程时，首先要分清“一带一路”在国内外的不同性质和不同定位，认真研究两个不同的现实，冷静评估可能的机遇和风险。

新时期开放与前35年最大的不同在于，以前中国对外开放是“引进来”，需要调整的是国内的规章制度；而现在中国的对外开放是“走出去”，需要理顺的是域外的关系，需要了解和适应的是国外复杂的现实与各种法律法规和习俗。这是完全不同的创业环境，需要新的思维、新的观念、新的知识、新的伙伴、新的行为方式以及风险意识。

◇◇三　用智慧赢得机遇，靠合力应对挑战

为推进“一带一路”建设，中国政府进行了大量组织、机制以及政策性准备工作。在中国政府倡议下成立了丝路基金和亚洲基础设施投资银行，出台专项服务于“一带一路”建设的10项税收政策、动植物检验检疫措施，以及《标准联通“一带一路”行动计划（2015—2017）》。这些措施的出台为“一带一路”的实施创造了必要条件。

“一带一路”沿线涉及60多个国家，全球超过64%的人口将因此受益，覆盖面超过全球GDP的30%。“一带一路”遍及亚洲、欧洲、中东和非洲，一头是活跃的东亚经济圈，一头是发达的欧洲经济圈，中间广大腹地国家经济发展潜力巨大。“一带一路”提供的机遇巨大。据亚洲开

发银行测算，2020 年以前亚洲地区每年基础设施投资需求高达 7300 亿美元。

但是，这些机遇并不会均等地落到每个国家、地区、企业、公司头上。抓住机遇需要政治智慧、战略眼光、决心和毅力，更需要脚踏实地的务实精神。对国内而言，“一带一路”是新时期的发展战略，每个地区和企业需要将自己的规划与国家发展规划协调起来，以开放的精神、创新的精神、务实的态度去创业，而“走出去”寻找机遇只是发展的一个环节，远不是全部。对于大多数企业或有志于“走出去”的经济主体而言，“一带一路”既是机遇，也意味着面临挑战和承担风险。

“一带一路”的实施过程面临各种风险，包括政治风险、投资风险、恐怖主义威胁以及各种地缘政治和经济利益竞争引发的问题。

所谓政治风险，主要指：（1）各国政治制度千差万别，法律体系各异，这种差异几乎难以改变。这就需要有关国家内部达成充分的政治共识，需要有关国家间对合作项目的意义具有一致的认识。这不仅需要政治家有足够的魄力和政治意志，还需要利益集团和普通民众的理解，这无疑是一个长期的过程。（2）有关国家和地区政权不稳定导致政治的不确定性。政治稳定性首先是指政权的稳定性，其次指政策的稳定性。“一带一路”所经过的一些国家和地区存在政治稳定性问题。

所谓投资风险，主要指：（1）有些国家政权更迭频繁，政策多变，缺乏连贯性，外资保护机制不完善，长线投资没有政府担保；（2）有关地区金融业不发达，融资难度大，投资成本高；（3）一些国家正在经历动乱或遭到制裁，很难吸引投资者。

所谓恐怖主义威胁，主要指：（1）一些地区，尤其中亚地区，恐怖主义、分裂主义和极端主义三股势力猖獗；（2）跨国大项目易成为破坏活动的目标；（3）阿富汗局势不稳定将长期对中亚地区安全形势和投资环境产生影响；（4）中亚地区存在参与伊斯兰国恐怖主义行动的极端分子回流带来的威胁。

所谓地缘政治风险，主要指：世界大国和以大国为首的国家集团在有关地区进行的地缘政治博弈。这种博弈的目的是争夺对世界和地区的控制权。博弈的手段形形色色，从操纵一个国家的政权到策动“颜色革命”。凡发生地缘政治博弈之处，或政局混乱，或出现经济危机，并伴随社会动荡。乌克兰即是地缘政治博弈典型的牺牲品。

此外，由于“一带一路”一些基础设施大项目涉及若干国家，沿线国家及跨国公司之间的竞争不可避免。如中亚的能源，全球大公司都在参与竞争。这种竞争不仅涉及大公司之间的利益，也涉及有关国家的利益。

为了应对落实“一带一路”倡议过程中面临的这些威胁和挑战，中国向国际社会提出了“共商、共建、共享”的合作理念。“共商”就是以互利共赢为宗旨，平等地商讨设计多边和双边项目；“共建”就是发挥各国和各地区的优势，共同克服发展中的问题，尤其在涉及跨国基础设施建设项目时更应该如此；“共享”应该是必然的结局。

此外，“一带一路”要取得成功，各国和各地区还必须协同动作。为了避免恶性竞争的局面出现，必须利用各种渠道和机制，以期实现及时沟通，达到相互理解，走向共享合作成果。

中国国家主席习近平在提出共建“丝绸之路经济带”时，提出了“五通”的重要论断，《愿景与行动》文件进行了细致的阐述。文件指出，加强政策沟通是“一带一路”建设的重要保障；基础设施互联互通是“一带一路”建设的优先领域；投资贸易合作是“一带一路”建设的重点内容；资金融通是“一带一路”建设的重要支撑；民心相通是“一带一路”建设的社会根基。

“一带一路”合作倡议提出以来，国内和国际上对“一带一路”建设进程有不少期待，国际上甚至期待建立某种组织或专门机制来推动“一带一路”的实施。但《愿景与行动》称，“一带一路”建设将“积极利用现有双多边合作机制”。在多边方面，建议发挥上海合作组织、中国—东盟“10+1”、亚太经合组织、亚欧会议、亚洲合作对话、亚信会议、中阿合作论坛、中国—海合会战略对话、大湄公河次区域经济合作、中亚区域经济合作等现有多边合作机制的作用，让更多国家和地区参与“一带一路”建设。双边层面，《愿景与行动》提出，“完善双边联合工作机制，研究推进‘一带一路’建设的实施方案、行动路线图”。这是非常重要的原则和思路，利用现有机制，发挥与各国现存的友好关系，实现在“一带一路”上的互利共赢。2015 年 5 月 8 日，中俄在莫斯科签署了《中华人民共和国与俄罗斯联邦关于丝绸之路经济带建设和欧亚经济联盟建设对接合作的联合声明》。这一声明指出，在“一带一路”与欧亚经济联盟对接过程中通过双边和多边机制，特别是上海合作组织平台开展合作。这些文件和原则充分体现了中国政府在推动“一带一路”建设过程中“共商、共建、共享”的立场。

两年多来，中国各地积极参与“一带一路”建设。西北、东北、西南、内陆、沿海和港澳台，无不汇入“一带一路”建设的滚滚洪流。但是，“一带一路”建设进程既给人们带来希望和机遇，也充满荆棘和风险。只有深入了解国内和国外两个现实，有充分的思想和物质准备，有足够的经验和智力支持，才能够脚踏实地地推进“一带一路”建设。

2016 年“两会”期间，李克强总理在政府工作报告中再次强调了推进“一带一路”的意义。他指出：“扎实推进‘一带一路’建设。统筹国内区域开发开放与国际经济合作，共同打造陆上经济走廊和海上合作支点，推动互联互通、经贸合作、人文交流。构建沿线大通关合作机制，建设国际物流大通道。推进边境经济合作区、跨境经济合作区、境外经贸合作区建设。坚持共商共建共享，使‘一带一路’成为和平友谊纽带、共同繁荣之路。”

中国—印尼海洋经济合作的前景分析

厦门大学南洋研究院东南亚经济研究所所长、教授、博导
中国社会科学院蓝迪国际智库项目专家委员会委员
吴崇伯

21世纪是海洋的世纪，作为世界上最大的群岛国家，印尼政府也正在制订并实施海洋综合管理计划，积极推动“蓝色经济”，整合政府资源，加强中央、地方政府的统筹协调，推动国际交流与合作，加快海洋综合开发，保持海洋资源可持续发展。

一　印尼推出多项政策措施，推动海洋经济发展

印尼2000年正式成立了海洋事务与渔业部，在健全机构的同时，逐步开始从整体上考虑海洋政策问题，制定新的海洋发展战略，朝着建设海洋强国的目标迈进。

（一）加强水产养殖，促进渔业可持续发展

印尼政府重视渔业，并从资金、技术和政策上推动渔业发展。经过

多年的发展，印尼的渔业生产能力有了很大提高，近海捕捞技术成熟，远海捕捞量持续增加，也促进了印尼海产品出口创汇。未来，印尼海洋事务与渔业部将加强国际合作，力争在以下五方面取得新进展：确立渔业优先发展项目；引导印尼企业积极争取外国投资；加强人力资源培训和管理；加强渔业经济宣传并争取社会支持；加大国际合作力度。按照印尼海洋事务与渔业部中期发展规划，印尼争取在2015年跻身世界渔业生产出口大国行列。

（二）力推造船成为竞争性产业

印尼国内正在计划建造3000—5000艘150—200载重吨的挖泥船，在渡船和油船、LNP船等其他船舶方面也有很大的需求。印尼工业部将采取两项措施：一是为进口部分船舶零配件提供免征增值税优惠，以减少国内造船厂的生产成本，提高国内船舶竞争力；二是把船舶建造列为基础设施工业，实施更低税率。同时，为加快发展和振兴印尼的造船业，业者呼吁，除了已有的财政激励措施外，印尼政府还应该降低贷款利率，取消对本地船厂征收的10%的增值税。另外，由于地价较高，本地船厂生产用地无法保证，印尼政府应为本地造船厂建设专业造船工业区。

（三）海洋油气资源的开发

印尼已把油气勘探、开采的重点转移到了海上，海洋石油天然气的产量所占的比重将不断增加，成为油气产量中的重要组成部分。印尼当时希望2014年底达到原油87万桶/天的目标，比2013年产量目标提高3.5%。目前印尼仍严重依赖油气产业，该行业对印尼GDP贡献率高达7%。至少

4家企业被印尼政府寄予厚望以实现2014年的油气产量目标，分别是美国的雪佛龙股份有限公司、印尼国家石油公司、中国海洋石油总公司和法国道达尔石油公司。预计将有新的陆上和近海气源投产，以保证国内市场天然气的持续供应。能源与矿产资源部预计，在2012年到2020年，17个新气田和现有气田的天然气产量有望达到5118标准立方英尺。

（四）大力发展海岸旅游，做强做大海洋旅游业

印尼海洋旅游朝向绿色创意旅游业发展，印尼多姿多彩的自然景观，将融绿色生态游、民俗风情游、观光、休闲、冲浪、潜水、海洋探险等为一体，重点突出环保意识。政府旅游部将与地方省、市、镇属下旅游区密切配合，共同推行各地旅游特色并落实旅游目标，由此可推动有关区域旅游和本地经济振兴与发展。大力发展港口基础设施建设，改善海上运输物流系统。目前印尼共有1324个港口和码头，为降低国内工业生产成本，印尼政府需要采取措施改善物流系统，提高物流效率，不仅要改进港口基础设施，改善硬件设施，还要提高港口管理能力和运输船队服务能力，以增强海上运输软实力。港口是海洋交通运输的重要基础设施，为适应日益增长的对外贸易需求，印尼一些主要港口的扩建工程全面展开，将在今后几年里重点发展29个国际港口，扩大港口吞吐量，使港口进一步现代化。由于国际港口工程耗资庞大，政府无法单靠国家收支预算案拨款，印尼政府拟吸引国内外投资参与建设。

（五）加强海洋开发的国际与地区合作

2008年9月，印尼与韩国签署了一项租用印尼2.5万公顷海岸水域的意向书，此水域将被用来培养可加工生产乙醇燃料的海藻。印尼已同

新加坡和马来西亚达成协议，共同投资5.7亿美元，将三国沿海地区开发成国际旅游度假胜地，建成“东方加勒比旅游区”。印尼还与缅甸签订了旅游合作协定，将共同推进巴厘岛—额布里海滩—维桑海滩旅游线路，促使印尼婆罗浮屠和缅甸帕敢这两个佛教圣地成为友好城市。此外，印尼2009年初与迪拜的开发商毅马（Emaar）签订了一份项目协议，准备在龙目岛的南部修建一个投资额达6亿美元的度假村。

目前，印尼正积极与周边国家就发展海洋经济、保护海洋资源进行合作，其中一项重要工作就是实施“珊瑚礁三角区倡议”（CTI）。该倡议由五个行动计划构成：一是加强海洋产品的管理；二是在渔产品加工中推广使用环保方法；三是保护海洋环境；四是帮助沿海社区应对气候变化；五是保护海洋珍稀物种。2013年在印尼举办的APEC会议重点讨论了海洋经济问题，印尼就发展海洋经济问题与多个国家进行双边、多边磋商。

二 中国与印尼“蓝色海洋经济”合作提速

（一）渔业合作

印尼是我国的海上邻居、重要的水产品贸易伙伴和远洋渔业发展基地。渔业资源的开发是近年中国与印尼经济合作的重点领域之一。两国渔业合作已有十多年的历史，印尼是目前中国远洋渔业渔船最多、产量最高、效益也较好的国家。中国与印尼已签署《渔业合作协定》，在渔业捕捞、水产技术交流、海洋生物资源开发与养护以及水产品贸易等方面的合作不断增强。

（二）海洋生态环境保护合作

中国和印尼都是重要的南海周边国家，在海洋领域有许多共同关注的话题，并开展了长期密切的合作。2010 年 11 月 9 日，中国国家海洋局第三海洋研究所与印尼科学院海洋研究中心签署海洋科技合作备忘录。根据签订的合作协议，双方将在海洋生物多样性保护与生态系统管理、海洋环境保护与监测技术、海洋生物资源开发与利用等三个领域开展合作和交流。

（三）海洋旅游业合作

滨海旅游业是近年来海洋产业的一个新的发展方向，成了很多国家增加财政收入的重要产业。中国已成为印尼第四大旅游客源国，巴厘岛则是中国游客到印尼旅游的首选地。中国政府已决定，将在巴厘岛设立中国总领事馆，这将极大方便巴厘岛的居民就地办理中国签证，也将进一步促进中国居民赴巴厘岛旅游。印尼旅游和创意经济部长冯慧兰称，印尼计划增加和中国主要城市之间的直飞航班频率，当时争取在 2014 年完成年吸引中国游客 100 万人次的目标，以进一步加强两国间文化和经济交往。2013 年，印尼与中国政府签署了旅游合作谅解备忘录，提出的促进措施包括联合推广、共享咨询、旅游便利以及落实旅游投资等。

（四）海上互联互通合作

近年来，中国和东盟把互联互通作为合作的优先领域和重点方向，而海上互联互通是中国—东盟互联互通的新亮点。2012 年中方成立了互联互通委员会，加强同东盟相关机构的机制化交流。中国设立总规模100亿美元的中国—东盟投资合作基金，发布了250亿美元信贷，支持东盟基础设施建设。互联互通项目包括交通运输、信息与通信技术等领域。中国和印尼于2012年12月举行首次海事合作委员会会议，建立中国和印尼海事合作基金。印尼与中国联手建设新船厂计划早已启动。印尼工商会已与中国达成协议，将从中国进口2500艘船，价值50亿美元，从2013年开始进口，五年内全部到位，以期提升国内诸多港口的物流能力。

◇◇三　深化中国、印尼海洋经济合作的对策建议

（一）以联合开发海洋油气资源推动中国、印尼经济合作

中国与印尼是近邻，两国都重视海洋的保护与开发。印尼有海洋面积320万平方公里，深水油气和超深水油气（水深超300米海域定为深水油，水深超1500米海域为超深水油）储量非常丰富，印尼的问题是缺乏勘探开发所需要的高端科技和装备以及巨额的资金投入，而中国成功运作南海“海洋石油981”的深水石油钻井平台，正符合印尼当前的迫切需求和深海油气开发政策。印尼业界呼吁政府全力与中国磋商，加速落实与中国在海洋和能源工业上的紧密合作，特别是加速在印尼的纳土纳群岛和其他深海地区的海洋石油工业合作，通过使用中国的深水石油钻井高端技术，大力开发印尼的深海油田，以增加油气产量和储备量，缓解油气短缺的危机。印尼已不是油气丰富的国家，迫切需要勘探开发新油气田，重点开发其他能源，更重要的是大力向海洋领域进军，勘探开发海洋石油和其他能源。印尼更希望通过加强与中国在深海油气资源

勘探开发合作，使印尼能重新崛起成为亚太新兴能源大国。两国应加强海洋深海油气开发合作，推动经济合作上台阶。另外，两国还可探讨石油化工与煤化工、光伏产业、核能、海水淡化等方面的合作。

（二）积极鼓励和支持中国沿海海洋经济大省参与中国—东盟海洋产业合作以及“海上丝绸之路”建设

党的十八大提出了“提高海洋资源开发能力，发展海洋经济，保护海洋生态环境，坚决维护国家海洋权益，建设海洋强国”的宏观目标，把保护海洋、开发海洋资源摆在突出位置。国务院已正式批准山东、浙江、广东、福建作为国家海洋经济发展的试点省份，浙江舟山成为国家海洋经济新区。几个海洋大省应率先参与中国与东盟互联互通战略和海洋产业合作，根据各自海洋资源和海洋产业优势，合理选择合作项目与领域，开展与东南亚特别是印尼在海洋渔业、海洋运输、临港产业、滨海旅游、海洋科技与海洋文化等方面的交流与合作。“海上丝绸之路”是中国未来与东盟国家合作的契机。中国沿海的几个海洋大省，尤其是广东和福建作为历史上“海上丝绸之路”的起点或枢纽，应抓住机遇，进一步深化与东盟尤其是印尼在各个层面的经济合作，争取在国家“海上丝绸之路”建设中凸显其重要地位和作用。

（三）进一步加强在海洋渔业、船舶制造等领域的合作

由于中国多数沿海省份围填海规模不断扩大与海洋生态环境保护的矛盾日益凸显，近海捕捞过度造成渔业资源衰退的现象未得到有效遏制，需要发展远洋渔业、远洋捕捞业，而印尼是理想的“走出去”场所。在习近平主席 2013 年 10 月访问印尼期间，两国同意加强海上合作，建立

政府间渔业合作机制，启动渔业捕捞安排谈判。我国与印尼在海洋渔业领域有着良好的合作基础，福建、广东、海南等省的企业已在印尼开展捕捞、水产品加工等项目。建议两国尽早签订政府间渔业合作备忘录，把渔业合作项目纳入双边渔业合作框架协议，以进一步推动项目持续、健康发展。印尼渔业资源丰富，中国与印尼在渔业领域具有很大的合作发展潜力，双方可在捕捞、水产品养殖、冷链建设等具体项目上进行进一步的探讨和磋商。此外，印尼海域辽阔，造船业具有良好发展前景，而印尼的造船业比较落后，生产500吨位左右的船只居多，目前使用的航只多为旧船和进口二手船，急需提高高吨位船舶制造能力。中国造船业拥有较全面和成熟的技术、大量的专业人才，优势明显。在全球船舶市场仍在低迷、不少船舶企业面临产能过剩的严峻形势下，开拓印尼内海用船舶市场为我国船舶企业发展创造了极好的机遇。业界应关注印尼船舶市场，尤其关注印尼在中小型、自航式油驳、煤驳、岛屿间的渡船等船型需求，寻找机会，收获订单。我国要立足良好的造船工业基础，积极研发海洋石油平台、浮式生产系统、海洋石油开发专用船舶等，推进传统船舶工业向海洋工程装备制造业转型，并到印尼投资船舶制造业。

（四）开发印尼内海航运及相关产业，促进中国、印尼“蓝色”经济发展

近年来印尼经济增长较快，带动了如煤炭、油气、自然资源与工业产品等岛际运输需求量大幅度增长，为印尼内海航运业带来巨大发展机遇。由于印尼本地公司普遍存在船只设备落后、技术人员缺乏、运作效率低下等现象，内海航运运力及船只的供需缺口将明显加大，印尼内海航运业巨大的发展潜力越来越为外资所青睐。我国与印尼航运业已有多年的合作，具有进一步扩展合作领域的良好基础，因此，我国企业同样

应抓住开发印尼内海航运及相关产业的良好机遇。此外，印尼正在兴起港口基础设施建设高潮，我国应支持中国港湾工程等许多有实力的企业在印尼承揽港口疏浚、集装箱码头等海事工程项目建设，帮助印尼更新港口设备，建设新的码头，提高港口吞吐能力；应加强与印尼港口对接，通过信息交流、会议展览、人员培训等方式，推动港口物流行业内的交流，为两国港口物流企业间的合作创造条件。

中国与哈萨克斯坦经贸合作的机遇与挑战

中国社科院俄罗斯东欧中亚研究所研究员
张　宁

哈萨克斯坦是中国的全面战略伙伴。两国经贸合作和对接合作基础良好，不仅有较健全的工作机制，有具体的合作规划纲要，更有众多企业积极参与，已形成良性互动，未来进一步深化的潜力很大，前景诱人。与此同时，伴随国际和国内环境变化，两国合作也面临很多挑战，需合理应对，化风险为机遇。

一　“丝绸之路经济带”与“光明大道”对接合作的成绩

2015 年 5 月 8 日，习近平主席在阿斯塔纳会见哈总统纳扎尔巴耶夫时表示：“愿在平等互利基础上，推进丝绸之路经济带建设同哈方‘光明之路’新经济政策的对接，实现共同发展繁荣；双方要继续抓好基础设施互联互通大型合作项目，推动能源和金融合作，深化人文合作，继续加强安全合作。”纳扎尔巴耶夫总统表示：“哈方支持中方提出的‘一带一路’倡议，愿成为丝绸之路经济带建设的重要伙伴，做好丝绸之路经济带建设同‘光明之路’经济发展战略的对接，加强同中方在经贸、产能、能源、科技等领域合作。”“丝绸之路经济带”与“光明大道”实现战略对接，为两国未来发展注入新的增长动力。

“光明大道”与“丝绸之路经济带”的互补性至少表现在三个方面：一是基础设施项目互补，如连接欧亚的交通走廊、油气外运管道、水利基础设施等，均具有跨国意义。二是发展经济走廊沿线城市群，塑造网络型经济增长点，带动沿线经济社会发展。三是实现宏观经济稳定和经济结构调整互补。借助大量固定资产投资刺激内需，实现稳增长目标；同时借助改善产业布局，实现经济转型和繁荣。

截至2016年年底，中国的“一带一路”建设已形成“一轴两翼”合作布局：主轴是周边重点国家；西翼是非洲、中东和中东欧重点国家；东翼是拉美重点国家。作为周边国家中落实“一带一路”的重点国家，中哈在政治协作、战略合作、务实合作、人文交往等领域合作均达到高水平。两国“丝绸之路经济带”与“光明大道”对接合作已取得成绩如下。

一是双方顶层设计“战略”对接。在“全面战略伙伴”关系指导下，两国就“丝绸之路经济带”与“光明大道”对接达成共识，先后签署《关于共同推进丝绸之路经济带建设的谅解备忘录》《关于加强产能与投资合作的框架协议》《“丝绸之路经济带”建设与“光明之路”新经济政策对接合作规划》。哈成为“丝绸之路经济带”建设的最积极支持者。

二是建立和完善对接合作的工作机制。具体实施工作的牵头部门分别是中方的国家发改委和哈方的国民经济部，外交部、商务部、交通部等十多个部门参与其中，负责统筹协调两国合作规划。

三是产能合作进展顺利。截至2016年年底，产能合作“早期收获”项目清单共包括51个项目，总投资额268亿美元，鼓励企业参与纺织、食品、工程机械、汽车等传统优势产业以及新一代生物、新能源及新材料等新兴产业发展。截至2016年初，双方的汽车组装、聚丙烯项目已开工，阿斯塔纳轻轨、钢铁、冶炼、水泥等领域十余个项目已启动。

四是基础设施建设稳步推进。交通方面的重点项目西欧—中国西部公路（双西公路）哈境内部分已大部分竣工，2017 年可实现全线通车，俄罗斯段将于 2017 年初开始建设，并于 2020 年前建成。另外，中哈（连云港）物流基地、连云港上合组织国际物流园区、“霍尔果斯—东大门”经济特区等物流基地建设已正式启用，霍尔果斯铁路口岸开始运营。

五是金融支持力度较大，合作项目具有雄厚的融资能力和资金支持。哈本国财政和企业资金不足以负担国家发展战略所确定的投资项目需求，需要借助外部融资或外部投入。2011 年至今，中国提出一系列国际金融开发合作倡议，计划投入资金总计 3400 亿美元（其中中国至少 1500 亿美元），包括在“一带一路”框架内的“亚洲基础设施投资银行”（1000 亿美元，初始资金 500 亿美元）和“丝路基金”（400 亿美元）。此外，2015 年 12 月 14 日，丝路基金与哈出口投资署（KAZNEX INVEST JSC）签署《关于设立中哈产能合作专项基金的框架协议》，由丝路基金出资 20 亿美元，建立“中哈产能合作专项基金”，重点支持中哈产能合作及相关领域的项目投资。2014 年 9 月上合组织元首峰会期间，中国进出口银行和中国银行共同发起成立“中国—欧亚经济合作基金”，总规模 50 亿美元，目标行业包括农业开发、物流、基础设施、新一代信息技术、制造业等。除上述基金外，中国亦拥有国家开发银行、中国进出口银行、中国国际金融公司、中央汇金投资公司等巨型金融开发机构。

二 中哈合作的机遇与挑战

（一）未来两国合作的主要机遇

一是农业。如果中国在哈的农业种植和加工企业建设顺利，则未来从哈农产品进口可大幅增加。与此同时，伴随哈农业现代化改造，我对哈农机产品出口有望增加。

二是旅游。伴随丝绸之路文化的复兴与繁荣和边境基础设施改善，丝绸之路沿线旅游和边境国际合作区旅游亦逐年升温，相关的商贸、餐饮、住宿、交通等由旅游合作带动的行业也有望大幅提升。

三是能源。传统能源方面，里海的卡沙甘油田已恢复生产。中广核与哈国家原子能工业公司 2015 年 12 月签署《关于在哈萨克斯坦设计和建设燃料组件制造厂和在哈萨克斯坦共同开发铀矿的商业协议》，双方将在哈建设核燃料组件厂，直接将谢米兹拜伊开采的铀矿加工成燃料组件并供应中国市场。

四是产能合作。产能合作的效果不仅会带动产业“走出去”，刺激相关配套的设备设施出口，更重要的是，它会培育哈相关市场，扩大哈市场规模和市场需求，从而形成更大规模的经贸合作。

五是交通基础设施建设。哈政府测评后认为，依靠国家道路建设可创造出 20 万个新工作岗位，不仅扩大就业和提高收入，还会带动水泥、钢铁、机械、石化、设备制造及相关服务领域发展。

（二）未来两国合作的主要挑战

当前中哈经贸合作，以及“丝绸之路经济带”与“光明大道”对接合作面临的挑战如下。

第一，基础设施瓶颈。即现有的交通和口岸等基础设施的能力和效率在一定程度上限制两国经贸规模的提升，以及合作成本的降低。中哈口岸的年实际过货运输能力与现有设计能力之间仍有差距，提升空间较大。

第二，市场瓶颈。如果中亚各国的非资源领域工业发展规划顺利实现（加工业、制造业、高新技术等），则中亚市场规模将无法消化巨大产能，需要外部市场支撑，如中国、亚太、俄罗斯、欧洲等。这也是中亚国家积极寻求参与区域一体化合作机制的原因之一。

第三，规则瓶颈。即两国的法律法规、技术标准、认可认证等存在较大差异。鉴于历史原因，双方的市场规则和标准体系仍较难协调统一，在一定程度上阻碍双方的投资和贸易增长。当前，中哈投资协定主要采用“正面清单”模式，两国正商签新版投资保护协定，支持有实力的企业赴对方投资。这也是中国愿与周边国家发展自贸区的原因之一。

第四，资源环境瓶颈。哈全境处于平原向山地过渡地段，境内多平原和低地，约60%的土地为沙漠和半沙漠。从现有资源看，水资源约束是未来影响中哈合作的最大难题，中国企业不宜在哈投资高耗能和高耗水行业。哈政府2014年发布的《水资源管理国家纲要》认为，应参照该国2012年的发展速度和用水规模，加上气候变化因素，并假设与邻国签订水量划分协议。

第五，世界经济环境总体不景气。从2013年国际原油价格下跌开始的新一轮经济衰退对中哈均造成严重影响。两国对外贸易对欧美市场均依赖较大，在国际大宗商品价格下降和欧美市场需求萎缩的双重夹击下，中哈均呈现国内需求不振、出口乏力、增速下滑、货币贬值、对外贸易规模下降等挑战。

第六，欧亚经济联盟。自2015年1月1日欧亚经济联盟正式启动运作以来，欧亚经济联盟已有五位成员（俄罗斯、白俄罗斯、哈萨克斯坦、亚美尼亚、吉尔吉斯斯坦）。2015年8月吸收吉尔吉斯斯坦为正式成员后，联盟重新修订进口关税税率。伴随联盟关税降低，所有进口到联盟境内的商品价格均下降，早先具有低价优势的中国商品的价格优势变得越来越弱，面临竞争压力加大。

第七，哈对主权格外珍视，“中国威胁论”仍有一定市场。一方面，哈担心中国资金和技术力量太强大，本国企业和商品无法同中国竞争等，因此始终不敢向中国大幅度开放。另一方面，哈通常借助“大国平衡”策略，与所有大国保持友好合作关系，以此维护自身安全和利益。这在一定程度上限制了中哈合作规模。

三　加强中哈经贸合作的有关建议

在总结前期经验教训的基础上，对中哈经贸合作事宜注意的事项列举如下。

第一，更多发挥中小企业作用，尤其是西部的企业。从中亚国家现实环境看，尽管各国的投资环境（营商指数）不断改善，但市场风险依然很大。从实际签约合同看，进入中亚市场的中国企业以大型国企为主。这在一定程度上也说明，只有大国企有能力应对中亚市场风险，凭借其人脉资源、资金和技术实力、产业链条优势等，通过“大投入、大产出”的方式，打败竞争对手赢得竞标，或降低成本，确保赢利。因中国的央企规模远远大于中亚国家的企业，如果对接合作与产能合作总是以各国央企为主，往往会因实力差距巨大而影响合作效率，甚至有时给外界留下“中国企业狂傲”的印象。实践证明，规模实力相差不大、共同语言和利益相对较多的企业间更容易合作，通过更多规模稍小但参与更多的企业合作，有利于进一步夯实中国与中亚国家的合作基础。

第二，避免哈陷入“在中俄两国间选边站队”的两难境地。对中国来说，从当前地区力量格局看，中俄合作的战略利益更大，两国在中亚地区有更多共同利益，而不是零和博弈。中国的丝绸之路经济带和俄罗斯主导的欧亚经济联盟之间同样合作大于竞争。中俄应向包括哈在内的中亚国家清楚传达信息，避免中国与中亚国家的合作项目被贴上政治标签，防止被区外部分势力挑拨离间，成为政治斗争或民粹主义的关注目标。对哈而言，无论是欧亚经济联盟还是丝绸之路经济带，均有各自优势，可给哈带来不同的好处。哈既是欧亚经济联盟成员，享受与俄一体化的好处，又希望借助中国“一带一路”的便利条件，开拓中国市场。中俄两大市场对哈而言不是非此即彼，决不能出现类似俄罗斯与欧盟在乌克兰那样的竞争现象，以避免将哈变为“第二个乌克兰”。

第三，将中国西部（尤其是新疆）作为核心区，发展中国西部、南亚、西亚、中亚和俄罗斯基础设施互联互通。将中巴经济走廊同中国—中亚经济走廊及中国内陆经济相互衔接，将通往南亚的中巴铁路（计划中）同中吉乌铁路（计划中）、阿拉山口—乌斯季卡缅诺戈尔斯克铁路、霍尔果斯—阿拉木图铁路等在新疆相连，使新疆（而不是阿富汗）成为连接中亚和南亚的枢纽，成为欧亚大陆腹地的交通、能源管网（油气管道和电网）、物流、贸易、金融和文化中心。换句话说，在支持哈发展过境运输潜力和本土工业的同时，宜推动边境两边共同发展，避免出现大规模产业转移，弱化新疆自身产业。

伊朗经济与中国机遇

中国社会科学院西亚非洲研究所副研究员
陆　瑾
清华大学社会科学学院国际关系学系博士研究生、
德黑兰大学访问学者
刘岚雨

伊朗位于中亚、西亚至波斯湾、地中海经济走廊上，扼守着世界能源通道的咽喉——霍尔木兹海峡，地缘战略和地理位置极为重要，是我国在中东地区推动“一带一路”的重要合作对象。伊朗坚决支持中国“一带一路”倡议，有参与共建“一带一路”的强烈意愿。

◇◇一　伊朗政治经济发展趋势概述

（一）政治发展趋势

伊朗政局长期稳定，被认为是中东地区政治最为稳定的国家之一。伊朗伊斯兰共和国政权运行近40年来，积累了丰富的维护国家安全稳定、抵御外来干涉和颠覆的经验，被公认为是“阿拉伯之春”后中东地区为数不多保持了国内政局稳定的国家。而且伊朗在动荡的地缘政治环境中不断崛起，对地区安全的影响和作用日益增强，尤其在打击恐怖主义和维护地区安全方面是不容忽视的重要力量。伊朗现行体制和权力分配易于维护国家政权稳定。在伊朗法基赫体制中，现任最高领袖哈梅内伊掌握内政外交的最终决策权，顶层国家权力机关之间相互掣肘。自 20 世纪 90 年代以来，伊朗政坛主要活跃着三股政治力量：改革派、保守派（原则派）和温和派（务实派）。三股力量主导的派系斗争尤其是保守派与改革派之间的争权夺利导致伊朗政治内耗十分严重，但哈梅内伊能够通过“平衡力”调控内部斗争对政权稳定的影响。在 2016 年 2 月举行的新一届议会选举中，长期遭软禁的改革派政客、绿色运动领袖穆萨维及其夫人获准投票，表明哈梅内伊在对派系竞争进行一定程度的压制。

自 2013 年代表温和派的鲁哈尼总统执政以来，伊朗派系斗争呈现出弱化的迹象，而且在新议会中各派势力比较平衡，将更有助于伊朗政权的稳固及减少立法和行政两权之间的矛盾。为解决经济发展和改善民生问题，鲁哈尼政府坚持温和、务实的内政外交路线。达成伊核全面协议之后，对内转向以经济建设为中心，对外进一步加强与国际社会的互动，顺应了民众渴望国家经济发展、政治社会稳定的强烈诉求。但后哈梅内伊时代，伊朗政权稳定如何维护和发展路径的选择尚不明确。

（二）经济发展趋势

鲁哈尼总统一直致力于采取各种手段和措施大力吸引外国投资和技术，伊朗市场的商机和潜力也被外界普遍看好。2015 年 7 月伊核全面协议达成后，数百个外国贸易代表团涌入德黑兰，给伊朗在“后制裁时代”更快地重返国际社会和获取经济发展迫切需要的资源带来希望。

伊朗与西方尤其是欧洲国家经济关系改善已取得一定的成效。欧洲国家高级代表团络绎不绝地访问德黑兰，积极寻求经贸合作。2016 年 1 月伊核全面协议执行后，伊朗政府与多个欧洲国家签订了总计数百亿美元的经贸合作协议。伊朗与空客公司 2016 年 12 月签订 100 架空客飞机订购合同后，第一架飞机已经交付。然而，尽管伊欧贸易额已明显增长，但这些经贸合作大单都还未得到落实，国际资本流入伊朗的速度和数量也远低于预期。

美国的制裁给其他国家与伊朗开展正常的商贸活动带来严重制约。根据伊核全面协议，奥巴马政府解除了自 2012 年以来适用于非美国实体在美国以外从事涉伊活动的制裁，并表态不反对他国与伊朗发展经贸关系及允许离岸银行机构与伊朗开展美元交易。尽管伊朗金融机构已恢复与“环球银行金融电信协会”（SWIFT）的联系，但由于美国国会通过的《对伊朗制裁法案》《对伊朗全面制裁、撤资、问责法》等最重要的对伊朗制裁法案都仍然有效，而且美元的霸权地位决定了国际清算结算在很大程度上要经过美国金融系统。因此，即使国际商业机构使用其他货币与伊朗进行大额交易，在实际操作中也很难绕过美国金融系统。美国国会参议院现已将《对伊朗制裁法案》延长至 2026 年年底。除技术、法律等障碍外，美国还可能以导弹、人权和支持恐怖主义等其他问题为借口增加对伊朗的单边制裁。我们应当注意到，美国新政府将对伊朗采取更加强硬的政策，从而给伊核协议执行带来极大的不确定性。达成伊核全面协议的基础并不很牢固，10 年执行期内存在诸多变数。

达成伊核协议给伊朗带来的最大利好是对石油和海运的限制被消除。目前，伊朗石油产量已恢复至制裁前 2011 年的日产 400 万桶水平。未来伊朗石油产量是否能够继续提升和达到日产 570 万桶的远期目标，主要取决于拥有先进技术的国际石油公司投资伊朗能源项目的力度。伊朗的天然气资源还处在欠开发的状态，如果伊朗天然气领域能够获得投资，其产量有很大的提升空间。由于鲁哈尼政府的财政紧缩政策和全球大宗商品价格的下跌，以及国际制裁解除后进口成本降低，2016 年前四个月的伊朗居民消费价格指数增长从 2015 年的 13.7% 降至 8.5%，创近五年新低。但随着全球大宗商品价格恢复增长和美元走强，预计伊朗 2017—2018 年的通胀率将高于 2016 年并维持在 10.5% 左右。

◇◇二　中伊经贸合作的机遇

中伊两国长期以来保持着良好的双边关系，政府间具有较高的政治互信，这是中伊经济合作的坚实基础。两伊战争结束后，伊朗百废待兴，急需技术、资金和设备投入，在这种情况下伊朗将中国作为优先考虑的经济合作伙伴。20 世纪 90 年代，在中伊两国经济政策的激励下，部分具备“走出去”条件的中国企业和大量中国制造的机械设备进入伊朗市场，并逐渐被认可。进入 21 世纪以来，越来越多的中国企业以产品价格优势跻身伊朗市场，中伊经贸合作涉及贸易、投资和工程承包等领域，在 2000—2008 年不到 10 年的时间里，两国贸易额增长了近 10 倍，其中中国从伊朗进口石油量不断大幅提高是主要因素。2012 年，美欧开始对伊朗实施严厉的经济和金融制裁，西方企业纷纷撤离伊朗，但是中国企业仍然继续坚持与伊朗开展正常的商贸活动，并购买了近半的伊朗出口石油，这对于增加伊朗财政收入，缓解西方制裁带来的经济负担起到了重要的作用。目前，伊朗是中国海外工程承包、成套设备和技术出口的最主要的市场之一，而中国则是伊朗原油出口最大、最稳定的市场。截至 2016 年，中国已连续 8 年保持伊朗第一大贸易伙伴国的地位。2014 年双边贸易额达到 518.5 亿美元，创历史最高纪录。

进入后协议时代，伊朗与他国开展经贸合作的外部政治压力大大降低，如何实现未来 5 年年均 8% 的经济增长目标，突破资金和技术瓶颈成为关键。中国提出的“一带一路”倡议的主旨与伊朗经济发展的迫切需求可谓相得益彰，进一步增强了伊朗参与共建“一带一路”的意愿。2016年1月，习近平主席访问伊朗，中伊关系提升到全面战略伙伴水平，双方同意就达成25年全面合作协议进行必要沟通和磋商，并签署了《关于共同推进“丝绸之路经济带”和“21世纪海上丝绸之路”建设的谅解备忘录》《关于加强产能、矿产和投资合作的谅解备忘录》和《关于加强两国投资领域合作的谅解备忘录》等一系列双边合作文件。新时期中伊经贸合作的新机遇将集中在能源合作、交通基础设施建设、金融合作这三个领域。

第一，能源合作，尤其是石油贸易，仍将在中伊经贸合作中占据重要地位。随着伊朗石油合同模式的修改和油气行业全产业链对外开放政策的实施，中伊石油贸易合作有望从初级的能源合作扩大到涉及其产业上下游领域的全方位合作。首先，在油气投资方面，伊朗制定了开发新油田和提升成熟油田采收率的宏伟规划，中国石油企业与伊朗在提高采收率领域的投资合作机会巨大。其次，在技术服务方面，针对本国油气基础设施薄弱的现状，伊朗制定了南北管道项目、天然气出口管道、油气储库和码头建设等规划，为中国石油工程建设、物资装备等相关企业提供了良好的合作机遇。伊朗的炼化行业既需要投资，又需要技术，中国在炼油技术和产业方面具备优势，如果带资输出技术将会受到欢迎。再次，在装备出口方面，随着伊朗石油行业的回暖，对工程技术服务和装备制造的需求也将随之增长，这给中国油气装备制造出口和中国石油工程技术服务企业加强与伊朗合作提供了机遇。

第二，交通基础设施建设有望成为中伊经贸合作中的新亮点。伊朗正在马什哈德、伊斯法罕、设拉子等多个大城市加紧地铁项目的建设，并计划在未来8—10年内修建1万公里高速公路、1万公里普通公路、1.8万公里铁路、2个新港口，新建或改造8个机场，以及新建一批房屋等。中国地铁、高铁的承建能力、技术与服务性价比高，伊朗希望以共建“丝绸之路经济带”为抓手，借助中国的投资合作扩展其国内的铁路网络，带动运输业和旅游业的繁荣。交通基础设施的建设还将带动水泥、钢铁等建材的需求，有助于进一步推动中伊产能合作。

第三，长期被视为中伊经济合作“短板”的金融合作有望取得新突破。习近平主席在访伊期间提议，中伊要“积极探讨研究新的金融合作模式”。在2016年8月举行的第16届中伊经贸联委会上，伊朗财经部分别与中国进出口银行、国家开发银行签署谅解备忘录。根据备忘录，两家中资银行将为中伊经贸项目提供融资。中国进出口银行提供的贷款额度没有上限，中国国家开发银行的贷款额度为150亿欧元。此外，伊朗央行将在中国进出口银行开设欧元、人民币账户以促进银行合作、资金汇兑。中国进出口银行将向伊方提供长期的低息优惠贷款，涵盖道路、港口、交通、工厂、通信、工业园区、油气、医疗卫生、农业和旅游等领域。

三　中伊经贸合作中面临的风险

第一，伊朗市场投资风险仍然偏高。长期以来，美国因素是造成伊朗市场投资风险居高不下的最主要原因，其中包括美伊关系、美国主导的制裁和美国的中东政策等。伊核协议的达成并未使美伊之间的敌对关系得到实质性的改变，美国针对伊朗的单边制裁仍然存在，双方政府间严重缺乏互信。伊朗最高领袖哈梅内伊一直强调，信任美国将是“巨大错误”，并坚决反对与美国进行伊核问题以外的任何谈判。他警告美国，如果“重新开始”对伊朗的制裁将遭到报复。因此，短期内美伊关系改善难有实质性变化。

第二，制裁解除后中国企业在伊朗市场将面对来自西方及日韩企业的更多竞争，并可能会遭到“不公正”待遇。伊朗明确表示后制裁时代中国企业需要参与市场竞争。众多经济强国抢占伊朗市场使伊方合作选项增多，有了“货比三家”和打压价格的资本，对中国企业在融资方式、产品质量、价格和标准以及售后服务等方面的要求不断提高。对中国企业更为不利的条件是，伊朗人十分崇尚西方的产品和技术，要求中国设备采用欧洲标准。此外，欧美公司重返伊朗市场的积极态势激发了伊朗民众对西方产品的渴求，也加重了一些伊朗人对“中国制造”的反感和嫌弃。

第三，伊朗行政部门手续繁杂，政策多变，对合同执行力度不够。伊朗政府官员的岗位变动常常给正在执行或已准备签订的合同带来影响，继任者时常会中止其前任与外方签订的合同意向书或不再续签正在执行的合同，使投资者遭受经济损失。地方政府出台的对外资的优惠政策也存在不稳定性和落实不到位的问题。项目合作中，外方所购设备和供应商名单需经伊朗政府逐级审批。与伊朗人签订的商务合同一般规定依照伊朗法律或国际法解决争端，但伊朗法律条文解释使用波斯语，而且当地缺少国际法律师事务所。此外，投资利润无法通过银行汇出，存在着很大的贬值风险。

第四，融资难问题仍在继续困扰中伊双方企业。在中国方面，伊朗一直被视为投资风险较高的国家，中国银行机构在向伊朗项目提供投融资上持谨慎态度，达成伊核协议后这点并未有多少改变。在伊朗方面，政府的财政收入和国有银行的资金状况不能满足本国企业对于项目融资贷款的需求；同时，伊朗业主经常需要到自由市场以高价购买外汇，伊朗货币短期内大幅贬值的现象时有发生且很难预测，这些都将造成项目融资成本增加和失控。尽管中国进出口银行、国家开发银行分别与伊朗签署了谅解备忘录以解决融资难问题，但落实还需要时间。

◇◇四 化解中伊经贸合作风险的对策

化解中伊经贸合作中存在的风险一方面需要两国政府间建立有效的沟通机制，另一方面也需要中国企业在伊朗进行经贸活动时提升产品质量，遵守伊朗当地法律法规，探索新的融资渠道。为帮助中国企业有效应对和化解中伊经济合作中存在的风险，进一步扩大在伊朗的市场份额，笔者尝试向政府和企业提出以下四点建议。

第一，加强政府间的高效沟通和制度建设。中伊双方的政府执行机构应在增强互信、减少抱怨的基础上从政策层面予以配合，健全相关制度，加大支持力度。建议由双方执行部门联合组建专门的机构服务于“一带一路”经贸合作，负责协调工作。伊朗方面已先行一步，在国内成立了一个跨部门的专设委员会，其成员来自不同的政府相关部门，以及私有企业和经济实体。双方执行部门应在实际调研的基础上，列出彼此在各领域的重要关切和问题清单，进行对口协调、协商，争取获得本国政府在财税、融资、保险等方面政策上的支持。同时，中伊双方需进一步健全质检和海关双边合作机制，以法律法规约束中国劣质商品进出两国海关，共同维护伊朗人民的利益。

第二，提升在伊朗市场上中国产品的质量，改变伊朗部分民众对“中国制造”产品的偏见，从而提升对西方及日韩产品的竞争力。中伊经贸合作能有今天的规模和大批中国企业被伊朗市场接纳，是双方长期共同培育情感和市场的结果。中国产品要想在具有更多竞争对手的伊朗市场增加自己的份额，就必须在保证价格优势的同时保证产品的质量。以华为手机为例，之所以能够成为伊朗民众公认的一流的中国产品，是因为其在保证价格优势的同时还拥有全球领先的技术。如果有更多类似于华为手机这样的中国产品进入伊朗市场，势必将扭转伊朗民众对“中国制造”的偏见，从而提升中国品牌产品的受欢迎度。

第三，加强中国企业防范风险和遵纪守法意识。过去，长期活跃在伊朗市场的主要是中国大型央企、国企和民企，这些企业不仅积累了丰富实践经验，而且对伊朗了解较为全面，具备较强的抵御风险的能力。近两年来，大批中国中小民营企业蜂拥而至，到伊朗寻找商机，一些新问题随之出现：部分新涉足伊朗市场的企业只关注到共建“一带一路”和达成伊核协议能够带来商机，并未认真研判过市场风险；对伊朗的相关法律、法规等认识粗浅，甚至不知道酒类属于违禁品；不了解伊朗的商业文化环境或缺乏国际贸易的基本常识，对市场认识不充分、定位不准确，如误以为电子商务不发达的伊朗是低端市场；为进入中伊合作项目清单，不负责任地降低条件和承诺伊方业主能够融资等。中国政府研究机构和相关部门应该为国内企业提供更多的公共产品和服务。中国商务部有必要加强项目协调，继续坚持项目支持函制度和采取调控融资等手段，有效防范出现企业之间压低价格和扰乱市场的恶性竞争。

第四，积极探索新的融资渠道，加快推出贸易投资以中伊两国本币结算方式。西方大企业特别是能源巨头仍在观望美国对伊朗政策的变化和等待伊朗政府落实投资优惠条件，以及鲁哈尼政府在本届任期结束前最后几个月急于增添政绩，正是中国企业与伊朗签订合作项目的历史机遇。使用人民币替代美元进行交易能够更好地规避美国对伊朗制裁带来的制约和风险，并有助于中国企业参与国际竞争。把握机遇，减少顾虑，加大对伊朗基础设施建设、能源和采矿业等伊朗迫切需要吸引外资领域重大项目的投资，既可以增强中国对伊朗经济的影响力及相互依存度，又能够推动我国国内生产和就业。目前，伊朗已放宽在中国采购设备的条件，接受中国合资企业制造的西方品牌产品。

第二部分
蓝迪平台成员“一带一路”发展经验

本部分行业包括

行业商协会

能源和新能源

新技术、新材料

基础设施建设

服务业

中医药

金　融

园区建设

行业商协会

对外承包工程行业发展新特点及"一带一路"有关建议

中国对外承包工程商会

"一带一路"与国际产能合作战略的实施为我国企业，尤其是对外承包工程与高端设备制造企业发展注入了新的动力。"以基础设施互联互通为先导，以国际产能合作为核心，以产业集聚区建设为载体"的发展目标和要求，既符合我国企业成长特点，也与主要目标市场国家经济社会发展需求相吻合，两大战略自提出以来就得到了全行业的积极关注。行业企业"走出去"热情被进一步激发，积极探索各具特色的海外发展之路。

一　对外承包工程行业发展新特点

（一）业务规模稳步提升，市场格局逐步调整

据商务部公布的数据，2015 年我国企业在"一带一路"相关的 60 个国家新签对外承包工程项目合同 3987 份，新签合同额 926.4 亿美元，占

同期我国对外承包工程新签合同额的44.1%，同比增长7.4%；完成营业额692.6亿美元，占同期总额的45%，同比增长7.6%。对“一带一路”相关的49个国家进行了直接投资，投资额合计148.2亿美元，同比增长18.2%，占总额的12.6%，投资主要流向新加坡、哈萨克斯坦、老挝、印尼、俄罗斯和泰国等。

2016年前三季度，我国对外承包工程业务新签合同额1478.3亿美元，同比增长7%；完成营业额1001.5亿美元，同比下降0.7%。2016年以来，行业发展出现了一定波动，部分数据指标出现负增长。其中，亚非传统市场新签合同占比仍在80%左右；北美洲、拉丁美洲、欧洲地区市场受到大项目影响，占比显示波动态势；大洋洲等市场虽体量有限，但保持持续增长。在“一带一路”项目方面，2016年前三季度“一带一路”国家中企业新签合同金额745.6亿美元，占比50.4%，同比增长26.2%；完成营业额457.6亿美元，占比45.7%，同比增长4%。与2015年同期相比，我国企业开展“一带一路”项目建设热情进一步提高，“一带一路”项目对行业发展贡献度持续提升。总体来看，当前我国对外承包工程行业在“一带一路”与国际产能合作战略的推动下发展态势稳健，企业参与国际基础设施投资建设的意愿强烈。

（二）顺应时代潮流，积极探索新战略

从国内来看，我国经济发展进入新常态，经济结构仍在深度调整期，企业转型升级、提质增效任务艰巨；“一带一路”与国际产能合作战略的出台为对外承包工程行业提出了新的发展目标，新时期“走出去”企业发展任重而道远。从国际来看，全球经济危机影响尚存，外部风险和不确定因素不容忽视，全球经济发展缺乏明确的目标和方向。在此背景下，不少企业从调整发展战略入手，成功破解新时期发展这一重要课题。

我会副会长单位——中国交通建设股份有限公司结合工程企业转型发展方向，提出了“五商中交”的发展理念，依托“一体两翼”和“四位一体”海外发展平台和责任管理体系，着力提升海外业务五大核心能力，以搭建海外专业化平台为载体，不断推进产业链向价值链转化，实现由“工”到“商”转变。

我会副会长单位——中国电力建设集团有限责任公司面对日益激烈的市场竞争，从优化内部管理结构入手，提出打造“大集团、大市场、大品牌”的发展理念，“围绕主业，相关多元；产业整合、互为支撑”的经营原则，在 POWERCHINA 母品牌下区分各子品牌市场定位，形成了 SINOHYDRO、HYDROCHINA 等多品牌良性互动的发展格局。

（三）主动积极创新，培育发展新动力

随着国际市场竞争环境的加剧，国际基础设施投资合作的内涵更加丰富，我国企业也面临着更高的要求，合理规划区域开发、协助进行融资和项目运营管理、促进东道国就业和产业升级、改善项目周边生态等诸多新需求已成为外方选择合作伙伴的重要因素。此外，与欧美日韩承包商“同场竞技”的竞争压力、中高端市场准入和技术壁垒、与东道国社会文化的差异与隔阂，也成为摆在“走出去”企业眼前的新挑战。对此，我国企业积极适应新的市场环境，结合自身特色创新业务模式，涌现出很多典型案例。

我会理事单位——安徽外经建设（集团）有限公司依靠援外项目进入海外市场，公司结合自身实力及经营特点另辟蹊径，在宝石矿开采销售、物流运输、连锁超市及宾馆酒店等领域寻得了广阔的市场空间，规避恶性竞争风险的同时也赢得了客观的经济和社会效益，走出了一条工程企业海外发展的新路径。

我会副会长单位——中地海外建设集团有限公司长期扎根尼日利亚市场，为营造有利于公司发展的社会环境，联合隆平高科合作建设西非示范农业种子、蔬菜基地，在保证工程承包业务稳定发展的前提下，向当地农业科技开发和种植领域拓展，稳固了公司在当地的社会地位，也创造了一定的经济效益。

我会副会长单位——中国机械工业集团有限公司凭借雄厚的实力和丰富的海外发展经验积极响应“一带一路”倡议号召，成功投资建设中白工业园项目，现已与招商局物流集团、中国一拖、中联重科、中兴、华为等八家入园企业签订了入园协议，计划投资总额超过 1 亿美元，已租地面积 117 公顷。另与 21 家企业达成了入园意向协议。中白工业园项目也已成为我国境外园区建设的典范，为我国优势产能迈向国际市场提供了良好平台。

（四）投资业务引导，开拓建营一体化新领域

发展与对外承包工程相关的投资业务，是行业实现转型升级、保持可持续发展的重要途径。借助“一带一路”建设热潮，推动工程相关投资业务和“建营一体化”等新业务的发展，加强对 BOT、PPP 等国际承包工程市场流行的业务模式的探讨，对优化对外承包工程业务结构具有重要意义。

我会副会长单位——中国建筑股份有限公司基于优化国际市场布局、突破发达国家市场壁垒的考虑，收购美国知名承包商 PLAZA 建筑公司，不仅使中国建筑股份有限公司在美国的经营规模翻倍，在手合同额超过 30 亿美元，而且提升了在美经营资质并顺势进入了发展势头强劲的美国西部、南部市场，实现了跨越式发展。

我会副会长单位——中国交通建设股份公司收购澳大利亚建筑工程

公司 John Holland 的 100% 股权，成功拓展了中交建集团的服务和业务范围，其国际竞争力显著增强。

我会副会长单位——北京建工集团有限责任公司与英国曼彻斯特机场集团等合作伙伴共同出资建立合资公司，成功以 1200 万英镑投资获得曼彻斯特机场合资项目 20% 股权，探索出公司参与国际工程融资项目的途径。

二　对企业“走出去”的一些建议

目前，我国拥有对外承包工程经营资质的企业已有 4000 多家，在践行“一带一路”及国际产能合作战略方面获得了很多的经验与成果，承包商会结合当前国际形势及承包工程行业特点，为促进行业实现更好的发展，提出参考建议如下。

（一）把握时机，加快构建海外发展战略

在“一带一路”和国际产能合作战略指导下，海外基础设施投资建设已成为国内外各界普遍关注和支持的重要产业，应当抓住机会促进公司海外业务发展，以全球化事业布局国际市场，看准重点国别、重点领域、重点项目的投资机会，适时出手实现公司的跨越式发展。

承包工程商会紧抓时代脉搏，截至目前已在澳门成功召开了七届国际基础设施投资与建设高峰论坛。2016 年的第七届高峰论坛上邀请了来自 36 个国家和地区的部长级嘉宾，同行业内企业共商发展大计。论坛更签署了总金额超过 41 亿美元的合作协议。承包商会偕行业内会员企业积极参加国际大型会展活动，如中国—东盟博览会国际经济与产能合作展、

中国工程技术展等，为企业“走出去”提供了国际化平台。与此同时，承包商会整合资源，挖掘潜在商机，组织会员企业赴海外热点国别市场进行调研及业务开拓活动，为中国企业“走出去”创造了更多机遇。

（二）要注重提升风险研判和管控能力，同时做好项目的精细化管理

我国企业海外发展迎来新机遇的同时面临全方位的挑战，特别是近年来不同方面的风险考验持续提高，在外人员及项目安全、投资和贸易壁垒、技术标准歧视等因素对企业海外发展的影响不断增强，企业全面布局海外应特别予以关注。

为解决企业在安全及风险方面的需求，承包商会成立了境外安全服务平台，整合国内外相关机构帮助企业评估和控制经营风险，可以为企业的安全经营提供系统全面的咨询服务。另外，承包商会组织邀请国际关系、公共安全、安保防务、应急管理专家，以及国际工程项目各领域专家，整合各方面资源，组织行业内企业进行安全及风险培训，提升行业风险研判和管控整体能力，提升项目精细化管理。

（三）合作共赢是赢得国际市场认可的重要原则

新形势下，任何企业都无法仅凭自身实力迎接全球承包商的竞争，只有通过与国内外及行业上下游企业的互利合作才能实现企业的可持续发展，这也与“一带一路”倡议所倡导的“开放包容，互利普惠”的合作精神一致。企业开展合作应注意几个方面的内容：一是要找准发展定位，根据本企业特点承担与实力水平相适应的分工，既不盲目冒进也不畏首畏尾；二是要通过广泛的合作促进自身实力的提高，在合作过程中

主动学习中外优秀企业的先进做法，在市场开发、技术创新、管理提升等方面实现新的突破；三是要勇于创新，提高资本和股权运作能力，凭借专业技术以较少成本赢得更大市场。

为了服务企业更好地适应海外基础设施理念，承包商会联合泛美开发银行，编制出《可持续基础设施》联合研究报告，从治理、环境可持续性、社会可持续性以及财政和经济可持续性多个角度进行阐述，为企业在海外赢得多方认可提供了参考性意见。

（四）认真履行企业社会责任

企业要在海外“走下去”“走进去”就必须重视履行社会责任，这既符合东道国的发展需要，也是“一带一路”倡议中“亲诚惠容”和“共商、共建、共享”原则的体现。

为推动企业社会责任建设，承包商会也开展了大量工作，通过在行业内先后发布《中国对外承包工程行业社会责任指引》《中国对外承包工程行业社会责任指引实施手册》及《中国对外承包工程行业社会责任报告（2013—2015）》等一系列文件，组织社会责任绩效评价和相关培训等活动交流经验，提高了企业履行社会责任的能力。同时，依托行业信用等级评审结果，以及承包工程企业社会责任绩效评价领先型企业名单，有针对性地向国内外政府及相关机构推荐优秀履责企业。

积极推动行业企业参与“一带一路”建设

中国五矿化工进出口商会

中国五矿化工进出口商会是五矿化工行业进出口领域唯一的全国性行业组织，拥有会员企业6000多家，集中了本行业经营规模最大的企业和大批中小企业，中石油、中海油、中化集团、五矿集团、中国中材等都是我会的核心会员。近十年，我会所管辖商品年进出口额占全国的1/3左右。其中进口额和出口额分别约占全国的40%和20%，商会会员企业进出口总额在本行业中占据近30%的比重。

作为全国五矿化工行业协调服务的中介组织，商会拥有向政府和高层领导提出行业政策建议的渠道，一直致力于贯彻落实我国外经贸“走出去”战略，开展大宗商品协调、对外谈判、行业自律、贸易摩擦争端解决、贸易和投资促进、社会责任方案解决等。我会提供的社会责任方案解决服务和负责任商业行为促进服务是商会参与全球治理的最新实践，我会代表行业在国际上站在了道德的制高点，是争夺国际话语权的重要尝试。

商会与联合国开发计划署、经济合作与发展组织、世界银行、欧盟等多个国际组织和机构建立工作机制，与20多个国际行业组织签订合作备忘录，是国际化工分销商协会亚洲唯一执委。我会还建立并维护与我国驻外经商参处合作的国际网络。利用这些渠道和机制，我会为助力企业开拓国际市场奠定了重要基础。

◇◇一 商会对所在行业发展趋势的分析和研判

五矿化工产品涵盖金属矿产及制品、非金属矿产及制品、五金制品、建材制品、石油及制品、化工原料及制品。其中，我行业进口以石油和矿产品等原材料为主，是影响我国经济发展的重要资源性产品；我行业出口以五金、化工制品为主，是我国出口产品的重要组成部分。

当前，五矿化工行业发展面临的内部和外部环境喜忧参半，机遇和挑战并存。挑战方面，国际经济贸易仍保持低速增长态势，国际市场需求低迷，全球投资持续疲软。发达经济体虽步入企稳回升通道，但英国脱欧公投带来的不确定性增加。国内要素成本不断攀升，经济下行压力加大，经济结构调整的阵痛仍然存在，行业的去库存、去产能、去杠杆压力大。机遇方面，大宗商品价格的反弹使部分发展中国家和新兴经济体显现稳定迹象，其市场需求出现恢复性增长。国内供给侧改革稳步推进，促使行业更加集中，五矿化工行业的生产结构和贸易结构更加优化。国务院连续出台多份稳定外贸增长的政策文件，清理不合理收费、提高贸易便利化水平等多项措施得到了有效落实，有力地推动了我行业进出口回稳向好。

虽然近年来受大宗商品市场价格波动、国际市场环境等因素影响，我国五矿化工行业的进出口持续承压，甚至进出口情况一度差于全国平均水平。但我行业在国民经济发展中仍占据重要地位，矿产、石化等产品都影响了国民经济的命脉，是支撑国家经济发展的重要动力和国家能源安全、经济安全的关键一环。

为应对行业发展困境，五矿化工行业积极求变，以创新发展的姿态迎接挑战，培育质量、技术、品牌、服务等外贸竞争新优势，不断提升国际竞争能力，尤其在“新技术、新产品、新市场”上实现了突破。我行业企业不断研发新产品，占领国际先进技术前沿阵地，朝智能化方向发展。企业还注重研发应用原创设计，加强自主品牌建设，形成了明显的竞争优势，完成了自我转型升级。部分企业还主动迎接“一带一路”倡议带来的发展机遇，在“一带一路”国家沿线设立销售网点，承接沿线的工程承包及其配套项目。

我会预计，支撑整个行业发展的大宗商品2017年将继续小幅波动，但已经走出了低谷。2017年五矿化工行业进出口降幅也将进一步收窄。对于未来行业的发展，我会相信，在结构调整、转型升级等阵痛过后，行业会朝着更专业、更集中，市场更高端、更细分的方向发展。

二　商会的价值观和发展战略

（一）商会的价值观

做有担当、有责任的社会组织，不断推进自我革新，最终实现市场化、专业化、国际化的战略发展目标。

（二）商会的发展战略

2014年，商会提出未来发展的五年规划。规划提出，未来五年，商会建设发展的目标是：根据社会组织自身的发展使命，遵循社会主义市场经济对社会组织的发展要求，按照市场化、专业化、国际化的发展方向，有效整合商会内外资源，打造符合市场经济要求、具有较强行业影响力和国际影响力的服务性新型商会。

三　商会已在“一带一路”中开展的项目或所做的工作

早在“一带一路”倡议提出之初，商会就与时俱进地学习研究“一带一路”倡议，分析行业在“一带一路”国家中重要进出口伙伴的对外贸易、投资、合作及安全风险情况，探究“一带一路”背景下我国五矿化工行业的合作发展前景。我会积极推动会员企业抓住战略机遇，真正参与“一带一路”建设并从中受益，加入国家级研究平台——蓝迪国际智库和项目执行落地平台——“一带一路”服务机制，为企业实质进入“一带一路”建设架桥铺路。

（一）加入蓝迪国际智库

蓝迪国际智库由中国社会科学院牵头于2015年4月成立。商会作为首批加入蓝迪国际智库和专家委员会的机构，全程参与了蓝迪国际智库的创建和发展，在蓝迪向中央及地方决策层报送的研究报告中提供智力支持，在企业对接方面提供了行业资源，发挥了以下作用。

代表商务部门在智库中占有一席之地，协助智库为中央和地方建言献策，丰富商务部门在高层发声的渠道和声音；为各国及地方政府、研究组织、企业代表提供国际贸易数据、市场运行情况分析，是蓝迪国际智库在政策决策、整合资源、企业培训方面不可或缺的专家团队力量。

宣传推介商务部有关政策，推动商务部门与智库平台的联动。我会在蓝迪国际智库的各项活动中推介商务部配合中央政策的务实举措，介绍商务部有关“一带一路”最新政策和规划，宣讲国家关于境外经济园区和海外仓的相关政策措施；积极推进与“一带一路”国家商谈自贸区，促成与“一带一路”国家在商务战线上的高层对接。

提供企业资源，提高企业经营效率。蓝迪国际智库在宏观政策、中观资源平台的优势最终需要企业的项目合作与落实，我会积极推荐会员企业参与，我会及会员企业在“一带一路”建设中发挥了重要作用。同时，会员在蓝迪平台上与其他企业的交流受益颇丰，真正实现了平台交流、项目对接、合作共赢。

商会带领了一批会员企业积极参与蓝迪国际智库的活动，如“一带一路”系列战略研讨会，利用蓝迪国际智库搭建的平台成功与巴基斯坦、哈萨克斯坦、伊朗和印度尼西亚等国进行了项目对接，并帮助不少企业解决了在境外合作中遇到的问题。

（二）加入“一带一路”服务机制

商会联合德恒律师事务所、中国产业海外发展协会、中国开发性金融促进会等发起了“一带一路”服务机制，该机制系集合“一带一路”沿线国家的律师、会计师、金融信息、商会、公证、知识产权等各种服务机构，通过法律、政策、标准、信息、投融资保障、公共关系、能力建设等七个方面为中国企业“走出去”提供支持。服务机制以项目需求为引导、组织项目考察与落实、对项目进行尽职调查以及技术与交易结构设计评估，并将以 PPP 方式组织项目落地实施。截至目前，“一带一路”服务机制的服务地域已覆盖沿线 60 多个国家和地区，海内外的参与机构已近百家。目前，已有企业通过服务机制的平台，与外方签订合作备忘录，准备在境外建设经济园区。

我会还以网站、快讯、项目信息发布会等各种方式发布“一带一路”沿线项目信息，供各方选择参与。同时，我们也会根据项目信息来源及情况分析，参考平台内企业的情况，点对点地邀请相关企业与项目业主方或运营方进行一对一或一对多的对接。

四　我会企业“走出去”成功案例

通过蓝迪国际智库和“一带一路”服务机制，我会积极推动企业“走出去”，开拓国际市场，也在各种场合持续宣传“一带一路”的政策利好，鼓励企业抓住战略机遇，在新形势下推动企业自我发展。我会会员企业中也不断涌现成功案例。

（一）加快“一带一路”沿线战略布局

我会副会长单位——惠达卫浴股份有限公司借力国家“一带一路”倡议，建立海外运营中心，加速开拓新兴市场。2014 年年底，建立惠达马来西亚运营中心，辐射整个东南亚市场，是其“走出去”的关键一步。2015 年完成印度、利比亚、沙特、马耳他、乌兹别克斯坦共五家海外自有品牌专卖店的建设；参加印度、智利、法兰克福等国际高端展览会，特别是法兰克福展览会，惠达成为唯一进入国际馆的中国卫浴企业。另外，借助广交会集中专业布展，不断提高企业形象和品牌产品的认知度。目前，惠达品牌在国际市场的影响力不断扩大，海外市场竞争力不断增强，正逐步摆脱主要依靠价格竞争的被动局面，开始朝着海外市场自主品牌运营的战略转型。

（二）与工程类企业联合“走出去”

在“一带一路”倡议实施的过程中，我国企业帮助“一带一路”沿线国家进行了大量的基础设施建设项目，有力带动了相关产业链的发展。我会副会长单位——天津世纪五矿贸易有限公司生产的焊接产品、管材、建材、铁丝金属网类产品、研磨工具系列产品与基础设施建设密切相关。在国家“一带一路”经贸战略的助力下，公司产品销售大幅上升，每年出口量大幅增加。目前公司业务模式积极转型：一方面，在“一带一路”沿线国家增加布点，在巴基斯坦、斯里兰卡增加了两个代表处。另一方面，产品线也进行重新排列，加大具有自主品牌的产品在沿线国家的投放，如永久牌焊条、金杯牌小五金等在国际市场颇有名气，认可度很高。

（三）整合服务资源，瞄准“一带一路”市场

我会会员企业——广州市五金矿产进出口有限公司另辟蹊径，改变传统外贸“一对一”的买卖交易服务模式，在广交会上提供EPC一站式供应服务，联合建材企业、4G企业、建筑工程企业，全面整合了产品、4G平台、服务、技术管理、工程管理、金融服务资源，为“一带一路”沿线国家提供建筑的整体解决方案。该服务模式直接将建材产品和建筑项目提供给业主和用户，整合了国内外市场，缩短了供应链，扩大了企业的利润空间。广州市五金矿产进出口有限公司看好“一带一路”沿线国家对建筑工程等基础设施建设的需求和市场潜力，目前以一站式供应服务模式在印度和印尼等国建成了多个五星级酒店和别墅项目。此外，广州市五金矿产进出口有限公司成功将广交会的五金、建材、卫浴企业整合进平台，化竞争为合作，推动全产业链及产业链相关企业集体“走

出去”。

◇◇五　商会的“一带一路”规划

商会将继续落实“一带一路”倡议，促成企业项目对接与落地。借助蓝迪国际智库和“一带一路”服务机制的资源，为会员企业“走出去”提供系统、全方位的服务。重点推动江苏燕宁集团在巴基斯坦建设经济园区实现成功，推动惠达卫浴等在巴基斯坦等地建设海外仓。争取更多企业从“一带一路”建设中受益，将54家常务理事单位纳入商会“一带一路”服务框架之内，为企业提供更多的项目对接机会。建立“一带一路”沿线国家专家委员会和咨询委员会制度，为我国企业“走出去”提供更好的前瞻性服务。根据习近平总书记关于“一带一路”包容性、开放性的指示，将北美、欧洲等发达国家和地区纳入商会“一带一路”工作范畴，与国外相关机构建立紧密的联系工作机制，为我国企业对外投资合作创造更加便利的环境，撮合促成中粮集团等在美洲的农产品项目落地。

◇◇六　商会推进“一带一路”业务所遇到的问题和取得的经验

（一）问题

在“一带一路”建设中，将有更多的中国企业到海外寻求发展机会。但值得注意的是，“一带一路”沿线一些重要地区也正是地球上最为动荡不安的区域，包括阿富汗、高加索、巴尔干、东地中海地区、巴基斯坦等。因此，我会会员企业在开拓“一带一路”沿线国家市场的时候，遇到的主要问题是政治和部族冲突、地区动荡、法律和政策环境不透明、部分国家诚信危机等，这些为企业带来不明确的投资前景。

除“一带一路”沿线国家和地区存在的问题外，我国企业本身也存在一系列问题。一是企业对国际市场的认识和战略准备不到位，不择时机、盲目行事，或是单纯追求国际企业的形象。二是风险意识不足，风险分析、管控能力较差，在某些重大交易中容易出现冒进和决策失误的情况。三是企业内功不强，经营管理能力、竞争能力和国际视野都有一定局限。四是议价能力较弱，往往处于被动局面。五是缺乏有效信息支撑，对当地法律法规、市场环境等缺乏了解。

（二）经验

1. 客观评估投资环境

“一带一路”沿线国家多为发展中国家，发展需求旺盛，基础设施建设、油气、石化、交通、电力、通信、建材、冶金、汽车等领域的众多项目为我国公司的进入提供了机会。但许多国家的法律法规与国际不接轨，有关政策条件比较苛刻，政府部门之间缺乏协调，办事效率不高。因此，企业往往在投资前请专业机构评估其投资环境，做到心中有数。

2. 有效防范投资合作风险

在“一带一路”沿线国家开展投资、贸易、承包工程和劳务合作的过程中，要特别注意事前调查、分析、评估相关风险，事中做好风险规避和管理工作，切实保障自身利益。包括对项目或贸易客户及相关方的资信调查和评估，对项目所在地的政治风险和商业风险分析和规避，对项目本身实施的可行性分析等。企业应积极利用保险、担保、银行等机构和其他专业风险管理机构的相关业务保障自身利益。

3. 在“共商、共建、共享”原则下履行好社会责任

习近平总书记在“中国—阿拉伯国家合作论坛第六届部长级会议”上提出“一带一路”建设应坚持共商、共建、共享原则，这也是指导我国企业开展负责任的投资合作的基本准则。事实上，我国已经有许多企业在“共商、共建、共享”理念指导下与东道国社会、环境、民众、文化深度融合，实现了互利共赢。

以我会副会长单位——中国五矿集团成功收购澳大利亚矿业巨头 OZ 为例。收购之初因矿区内一个金矿被澳大利亚列为军事重区，较为敏感，所以我方收购申请被驳回。驳回之后，五矿集团立即调整策略，提出了针对澳方严重关切的第二次申请方案，放弃了军事禁区的收购，把原来的参股收购改为现金收购。第二次的方案得到了澳大利亚政府的批准，这也是澳大利亚政府第一次批准的中国投资者对澳大利亚本土再生产企业的收购。收购以后，五矿集团在澳大利亚注册了全资公司 MMG。MMG 保留了原来澳大利亚公司的管理团队，确保了 5000 名员工的工作岗位。另外，在经营策略上采取授权、放权的管理方式。在 2009 年当年项目就实现了赢利。2010 年实现了赢利和利润双丰收。这一项目得到了澳大利亚政府和民众的广泛支持。澳大利亚政府首脑也对该项目做了非常高的评价。

4. 推动新兴产业合作，谋求共同发展

国家发改委、外交部、商务部 2015 年 3 月 28 日联合发布了《推动共建丝绸之路经济带和 21 世纪海上丝绸之路的愿景与行动》，将新兴能源、新兴产业和新技术列为合作的重点领域。通过新技术新产业的合作，我们能与“一带一路”国家实现共同发展。我国已经有不少企业通过新兴技术“走出去”，与当地共同实现了经济、社会效益双赢。

我会出口基地龙头企业——巨石集团有限公司在埃及苏伊士经贸合

作区内投资建成年产 8 万吨的玻纤生产线项目，后续二期、三期工程还将陆续落地。为埃及引入我国玻纤领域的自主核心技术和先进设备，带动上游原材料价格增长数倍，扩大了就业并为当地培养了一批产业工人。另外，中国核电建设总公司与上海新源启能风力技术有限公司也计划在巴基斯坦信德地区投资建设 1000 兆瓦的风电项目，投资总额达 22 亿美元。目前，该项目已经与国家电网签订了并网协议，并得到了巴方政府五年免税的政策支持。这个项目一方面将为巴基斯坦引进我国先进清洁能源技术，缓解巴方用电短缺问题；另一方面将为企业带来颇丰的收益。

七 建议和期待

第一，国家“一带一路”建设项目更加透明，为更多企业公平、公正地享有机会参与“一带一路”建设提供条件。

第二，除与设施连通紧密相关的“铁公基”（铁路、公路、机场、水利等重大基础设施建设）项目，还应重视住宅、体育设施、学校建设等改善民生项目，让为这些项目配套的建材类企业一起“走出去”，最终为争取“一带一路”民心相通奠定基础。

第三，重视“一带一路”下的社会责任。只有切实履行企业社会责任，与“一带一路”国家建立长期信任合作关系，相关项目的实施和我国“一带一路”倡议的推进才能顺利实现。在这个过程中，我会将继续发挥积极作用，督促我国企业遵行国际上和“一带一路”沿线国家关于社会责任、环境与可持续发展的标准，创造和谐包容、互利共赢的投资氛围。

第四，推动中国 NGO 与企业一起“走出去”，更大发挥商会等行业组织在“一带一路”建设中的作用。总结国内外企业“走出去”的经验教训可以发现，本国 NGO 与企业一起“走出去”具有十分重要的意义。NGO“走出去”能够为企业海外投资保驾护航，为企业与当地社区及当地 NGO 之间搭建桥梁，促成对话与合作，在一定程度上缓解企业与地方社区的紧张关系。“一带一路”国家战略的出台，将迅速扩大中国海外投资规模。出于与投资东道国社区沟通等需要，应加大我国行业组织和非政府组织在“一带一路”沿线国家尤其是东南亚、非洲和南美国家的社会援助项目实施力度。

房地产业“一带一路”发展经验及建议

清华房地产总裁商会

“一带一路”是中华民族发展史上亘古未有的战略壮举，她承载着中华民族伟大复兴“中国梦”，是21世纪中国作为世界第二大经济体积极参与全球治理，与世界各国人民一道“共商共建共享”，建设各自美好家园的重大国家战略。

清华房地产总裁商会作为中国规模最大和最具影响力的房地产高端培训与房地产金融、投资、开发、运营、管理等综合资源协同与服务机构，致力于中国房地产高端培训15年，先后开办了80多期中国房地产总裁班，培养了4000多名房地产开发商学员，遍及中国200多座大中城市。在过去的十多年里，清华房地产总裁商会为中国的人居环境条件改善，以及城镇化建设发展，做出了积极和有价值的贡献。

一 清华房地产总裁商会的优势

清华房地产总裁商会通过十几年的房地产专业培训及房地产项目指导实践，在房地产开发与管理、建筑设计、金融投资、建材装饰、建筑工程、物业管理等方面积累了丰富的经验，形成无可比拟的竞争优势，具体如下。

（一）企业抱团优势

清华房地产总裁商会充分凝聚房地产行业力量，依托房地产专业化大市场，推进房地产专业化建设与发展，引导行业培育共享共建、共同发展的意识，共同推动土地开发、建筑设计、房地产产品的研发和营销等业务，加速企业抱团形成强大的地区集群和行业竞争力。清华房地产总裁商会在带领会员企业提高市场配置效率、协调行业利益关系、维护市场公平竞争、加强行业诚信自律、帮助会员企业做大做强等方面发挥着越来越重要的作用。

（二）资源共享优势

随着经济全球化、生活城市化、资源知识化和信息网络化的基本特征，政府资源、人脉资源、信息资源、项目资源等在企业发展中的作用越来越重要。清华房地产总裁商会作为连接政府与企业、企业与企业的桥梁和纽带，具有整合和凝聚这些资源的能力和职能，能够为会员企业之间、企业与政府之间、“一带一路”相关企业的交流、会员与社会各界人士之间搭建起一个交流沟通的平台，实现资源共享，优势互补。

（三）学习交流优势

清华房地产总裁商会与政府部门、国内外各大高校、房地产行业研究机构、金融机构等建立广泛合作机制，邀请各领域专家、学者、企业操盘手，通过组织各类培训讲座、进修学习、座谈交流等多种形式，帮助会员企业及时了解国家政策信息、行业动态信息、经济发展走势、企业管理知识等。立足国际视角的《华房国际房地产投资基金全球精选课程》课堂足迹遍布英国、美国、新加坡等多个国家，与国际知名高校与企业机构合作，旨在培养学员企业的国际房地产投资战略眼光与企业海外布局策略，为会员企业“走出去”提供了平台帮助与支持；一年一度的中国房地产改革与发展论坛，聚焦国内外房地产市场最热话题，邀请行业专家、企业操盘手和参会人员探讨房地产根本性、前瞻性、规律性问题。在多年房地产相关工作经验的基础上，清华房地产总裁商会形成了房地产城镇化、资本化、产业化、智能化、数字化、国际化的“六化”知识体系，并就每一个环节形成了各自专业的学习课程和解决方案，为房地产企业提供智力支持，解决企业发展中遇到的各项问题。

二 “一带一路”房地产行业研判

“一带一路”是中国在新时代环境下推动经济和社会全面发展的长远战略，为房地产开发投资带来很大利好的同时，一系列政治、法律、监管、操作风险也随之而来，中国企业如何在这些挑战中达成投资目标，并吸收更多国际经验以利公司发展，是需要在实践中不断积累经验的长期过程。近年来，清华房地产总裁商会结合自身多年来的经验，通过对“一带一路”房地产市场的探索，对“一带一路”房地产行业做出以下研判。

（一）技术及管理优势助力中国房企开拓“一带一路”沿线国家房地产市场

“一带一路”的沿线国家和地区，多为发展中国家，房地产市场处于待开发的状态。而中国房地产市场无论是在土地开发，还是建筑规划设计及技术、产品营销推广等方面都积累了十分成熟的经验，这些经验正是大多数“一带一路”沿线国家所欠缺和急需的。中国房企把在中国驾轻就熟的土地成片开发、住宅商业配套、封闭式小区、专业物业管理等硬件输出去，相信会逐步打开“一带一路”沿线国家的房地产市场。

（二）“一带一路”房地产投资呈现多样化

“一带一路”房地产投资有其自身特色，“一带一路”相关产业的投资中，房地产并不是第一位，但是，好多项目却以房地产落地。比如，“一带一路”的基础设施、贸易港口等。“一带一路”沿线国家不同区域经济发展程度不一，房地产市场发展也各不相同，因此，房地产发展机会与房地产发展已经成熟的欧美等国家不同，房地产也呈现多个投资机会，包括与港口、轨道交通相关的地产行业，与贸易金融中心相关的地产投资机会大量呈现。

（三）多类型企业进军“一带一路”房地产市场

“一带一路”上从事房地产开发的中国企业并不只有房企，其他类型的企业，如中交、中铁、中航等基础设施、制造业、商业贸易等企业也已经涉足房地产开发。这类企业已在国外扎根多年，熟悉当地土地金融政策，已成为“一带一路”房地产开发企业的主力。随着越来越多的房地产企业进入“一带一路”沿线国家，未来3—5年将迎来“一带一路”房地产发展的重要窗口期。

目前，已经有很多房企开始了在“一带一路”沿线国家的房地产布局。例如，碧桂园马来西亚森林城市项目是其海外布局的重要一环，计划未来20年总投入达2500亿元，将发展旅游会展、教育培训、医疗保健、外企驻地、近岸金融、电商基地、新兴科技、绿色与智慧产业等八大支柱产业。以地产基建见长的中交建，利用自身建大工程的优势，在“一带一路”咽喉地带开发斯里兰卡科伦坡的港口城项目，项目体量巨大，光住宅就有3万套。万科则在阿联酋马斯达尔城建立联合研发中心，覆盖未来创新可持续技术行业的新型集群式研发基地。万达在印度也开始布局。

三　清华房地产总裁商会的价值观及发展战略

清华房地产总裁商会积极发挥自身优势，致力于打造成房地产行业标杆联盟和价值平台。清华房地产总裁商会将发展战略定位于服务会员和整合资源。专注于服务会员是矢志不渝的追求，帮助会员企业成长，推动会员企业价值创造、做大品牌。在整合资源方面，清华房地产总裁商会将进一步整合国内外房地产行业专家资源，为企业发展提供专业解决方案，同时也将全面整合土地开发、规划设计、物业管理等房地产开发各个环节的资源，将会员企业打造成利益共同体，为会员企业投入到“一带一路”沿线国家的房地产市场开发中提供坚实的后盾和支持。

◇◇四　清华房地产总裁商会“一带一路”业务规划

（一）建设七大区域性华房“一带一路”服务基地

清华房地产总裁商会计划五年内在全国建设七大区域性华房“一带一路”服务基地，包括华北、华南、华东、西南、西北、东北和华中地区。

建设能力建设培训中心，提升培养和“一带一路”相关专业人才能力。华房“一带一路”能力建设培训中心，可为区域“一带一路”聚合和培养大批高层次管理人才，通过提供系统的“一带一路”倡议理论和知识、技能学习培训，为区域性“一带一路”建设提供坚实的、源源不断的人才保障。

建设区域性政策法律服务中心，学习和了解“一带一路”相关国家政策、法律。此中心便于丝绸之路沿线国家加强政策法律交流与沟通，同时，为区域内各级政府、机构、企业的“一带一路”业务发展，提供专业综合法律服务解决方案与强有力的法律支撑和保障。

建设信息资讯服务中心，学习和交流“一带一路”相关信息与机会。此中心负责收集整理相关国家的项目、企业、需求数据、投资机会、商业现状等重要信息，可为区域内的政府、企业、机构提供信息咨询支持。

建设“一带一路”标准服务中心，构建“一带一路”产品、商品质量标准和服务标准。此中心的建设可加强国与国之间产品、商品、技术、服务标准的协调沟通，以建立合作统一的标准范畴，为区域内政府、机构、企业提供包括但不限于产品、商品、技术、金融、投资、政策、法律、税收等服务支撑。

建设区域性华房“一带一路”高科技服务中心，聚合“一带一路”先进科学技术产品。此中心可加强国与国之间高新技术与产品的研发、交流与合作，为国内外科技创新型企业提供“一带一路”高技术和产品展示、合作、交流、研讨的汇聚平台。

建设区域性华房“一带一路”服务基地，是促进和发展“一带一路”商贸仓储物流配送的需要。建设华房“一带一路”仓储配送物流中心，可对“一带一路”沿线国家的贸易需求、商业机会进行系统调研，分析贸易的种类及表现形式，研究发掘需求与机会的机制创新，形成以国别和区域合作推动“一带一路”商贸解决的综合方案。可作为区域性商品物资集散中心，集约化统一配置商品物流资源。

建设区域性华房“一带一路”文化交流传播中心，促进和发展“一带一路”文化与文明传播交流。此中心通过对“一带一路”沿线国家文化与文明进行系统性研究、梳理、交流、开发和传播，以文化、艺术、表演、民俗、工艺品、体育活动为桥梁和纽带，加深中国人民与各国人民之间的情感交流，从而达到民心相通的目的。

建设区域性华房“一带一路”国际城市服务中心，推动“一带一路”国际城市合作发展与人居环境改善。此中心旨在分享中国改革开放数十年成功的城市发展理念和经验，开展国与国之间的房地产金融创新合作、城市基础设施合作、产业资源协同合作、房地产项目开发合作。

建设区域性华房“一带一路”国际投融资服务中心，建立和推动“一带一路”国际投融资合作。此中心通过整合国家主权资本、海外家族资本、民间资本等多方资本，积极参与“一带一路”国际合作项目与工程、商贸等，为中国参与全球金融治理和跨国金融实践提供强有力的金融支持与保障。

每个区域性的华房“一带一路”服务基地计划占地 300—500 亩，清华房地产总裁商会计划 2017 年开始启动建设首个区域性华房“一带一路”样板基地，其他六个基地预计五年之内全部建成。每个基地预计投资额在50亿元人民币左右，总投资额为350亿元人民币。

（二）“一带一路”全球业务布局

未来5—10年，清华房地产总裁商会拟围绕以下六个方面，开展“一带一路”全球业务布局。

一是开展房地产金融创新合作。完善“一带一路”沿线国家金融市场，创新房地产金融产品。

二是加强城市基础设施合作。积极参与“一带一路”沿线国家土地一级开发整理，联合进行旧城改造，联手城市功能新区建设。

三是加强产业资源协同。对“一带一路”沿线国家商业资源、旅游资源、工业资源等产业资源及相关资源与复合地产项目进行融合。

四是房地产项目开发。从规划、设计、投资、建设、施工、运营等方面，推动“一带一路”沿线国家的房地产建设发展。

五是建筑产业化创新。在建筑的生态化、工业化、智能化等方面进行合作。

六是资产管理市场合作。推动“一带一路”沿线国家写字楼、商场、酒店等专业技术协同。

（三）陆上丝绸之路业务布局

1. 国内

清华房地产总裁商会将选择丝绸之路沿线重要节点城市，发展和建立华房“一带一路”服务基地，包括在重点省份、重点城市，建设华房“一带一路”服务基地或丝路文化旅游小镇，目前相关合作项目正在规划推进中。例如，拟在新疆克拉玛依建设丝路国际演艺职业技术学院，为“一带一路”沿线国家培养国际演艺、技术、营销等影视传媒实用技术人才。

2. 海外

清华房地产总裁商会目前正在洽商的巴基斯坦丝绸银行股权并购项目，涉及金额16亿美元，该项目正处于前期法律沟通和尽职调查阶段。在伊朗，清华房地产总裁商会将继续就伊朗的Sarein温泉小镇和旅游度假酒店项目与伊朗方面进行沟通、协商。此项目规划1500亩，是集旅游、度假、康养、休闲于一身的高端产权式旅游地产项目，预计投资额10亿美元。

（四）海上丝绸之路业务布局

1. 国内

清华房地产总裁商会拟与国内古代海上丝绸之路沿岸相关省份及城市地方政府和企业合作，建立华房“一带一路”服务基地或丝路旅游文化小镇，包括山东青岛、福建泉州、广东珠海、海南三亚等。

2. 海外

清华房地产总裁商会拟与海上丝绸之路的重点节点国家和城市开展多种形式合作，包括但不限于地产开发、投融资并购、酒店管理等。目前已与美国塞班岛当局和马尔代夫政府合作，拟建设国际产权式康养旅游度假酒店。

塞班岛项目已启动谈判，年内可望签订协议。

在马尔代夫产权式酒店项目上，清华房地产总裁商会与马代华人旅游文化发展公司、中铁十七局集团公司、康年国际酒店管理集团等已达成四方合作协议。项目预计总投资超过30亿元人民币，建成后将拥有超过1000套别墅的国际超五星级旅游度假酒店。该项目第一座岛屿棕榈岛于2016年10月份开工，2017年上半年投入使用。与此同时，马尔代夫的机场、港口、太阳能等基础设施项目也将陆续启动。

◇◇五　清华房地产总裁商会“一带一路”的探索与实践

中国社会科学院蓝迪国际智库项目是一个专业服务于“一带一路”建设的新型国际智库平台。清华房地产总裁商会作为蓝迪国际智库的重要发起和支持机构之一，基于对国家“一带一路”倡议深刻理解，对蓝迪国际智库平台价值和理念的高度认同，从2015年3月创办伊始，就积极参与了多项“一带一路”实践，收获成果颇丰。

第一，中巴经济走廊中巴国际交流合作研讨会。2015年3月，清华房地产总裁商会参与在海南海口举办的中巴经济走廊中巴国际合作交流研讨会。商会充分认识到中巴经济走廊是中巴两国合作的重中之重，希望能够充分发挥商会的作用，为中巴经济走廊的建设献计献策。

第二，首届中巴经济走廊新疆克拉玛依论坛。2015年8月，清华房地产总裁商会执行会长金波出席会议并作“搭建企业联盟，服务中巴经济走廊”主旨发言。金会长表示商会要为企业能力提升提供无私的智力支持，同时提供实实在在的资金支持。

第三，首届“一带一路”中巴经济走廊国际企业家高级研修班。2015年10月，清华房地产总裁商会与蓝迪国际智库共同举办了首届“一带一路”中巴经济走廊国际企业家高级研修班。本研修班是中巴两国推动中巴经济走廊能力建设方面，做出的一项具有十分重要意义的举措。

第四，中国社会科学院蓝迪国际智库第三代表团访问巴基斯坦。

2015 年 12 月，中国社会科学院蓝迪国际智库能力建设项目负责人、清华房地产总裁商会常务副会长朱可率领中国社会科学院蓝迪国际智库第三代表团成功访问了巴基斯坦。考察团考察了巴基斯坦相关土地规划、土地政策、土地价格、房地产市场销售、房地产开发、工业园区建设等课题，并与信德省政府和巴方企业就在卡拉奇建设中国特别经济区、卡拉奇环城轻轨铁路项目和快速公交 BRT 项目，以及房地产开发项目进行会谈。

第五，中伊国际合作交流研讨会。2015 年 12 月，清华房地产总裁商会参与承办在海南省海口市举办的中伊国际合作交流研讨会。研讨会上，清华房地产总裁商会常务副会长朱可做了题为《能力建设助力“一带一路”发展》主旨演讲，受到与会者欢迎。

第六，中国社科院蓝迪智库考察团赴中铁十七局太原总部考察。2016 年 2 月，由赵白鸽博士带队的中国社科院蓝迪国际智库考察团赴中铁十七局集团对中铁十七局集团太原总部进行考察，为中铁十七局集团 200 多位中层以上管理人员作“一带一路”专题报告。

第七，中国社会科学院蓝迪国际智库第四代表团访问巴基斯坦。2016 年 4 月，商会组织中国社会科学院蓝迪国际智库第四代表团成功访问了巴基斯坦。考察期间，考察团成员就巴基斯坦方面基础设施建设、房地产开发、投融资方面取得了初步合作意向。

第八，中哈国际合作交流研讨会。2016 年 4 月，清华房地产总裁商会参与了在江阴举办的中哈国际合作交流研讨会。金波执行会长和朱可常务副会长分别在研讨会上做《房地产业合作与发展模式》和《能力建设助力“一带一路”更加光明与美好》的主题发言。

第九，中国社科院蓝迪国际智库“精准扶贫”第二考察团到湖南湘西花垣县十八洞村“精准扶贫”考察。2016 年 4 月，商会参与蓝迪国际智库组织的湖南湘西花垣县十八洞村精准扶贫投资考察访问活动。经过实地考察，清华房地产总裁商会提出花垣县要大力发展全域旅游，充分利用特色优势发展旅游产业，将花垣县打造成为一个苗族风情文化旅游产业聚集区的建议。

第十，“一带一路”珠海（横琴）国际投融资研讨会。2016 年 7 月，清华房地产总裁商会策划，并与珠海市人民政府、中国社会科学院蓝迪国际智库联合主办的“一带一路”珠海（横琴）国际投融资研讨会在珠海横琴自贸区成功举办。产业引导基金、平台公司、上市公司、金融和专业机构代表紧密围绕“一带一路”国家战略发展机遇，深入交流自贸区国际投融资业务创新发展模式，并就“一带一路”母基金和国际教育产业基金等具体项目进行闭门研讨。

第十一，主办“丝绸之路经济带”新疆·克拉玛依论坛（2016）·人居环境与城市发展分论坛（首届丝路国际地产节）及相关展览。2016 年 8 月，清华房地产总裁商会成功主办了“丝绸之路经济带”新疆·克拉玛依论坛（2016）·人居环境与城市发展分论坛（首届丝路国际地产节）及相关展览。人居环境与城市发展分论坛围绕城市、产业、金融三个方面进行深入研讨交流。

第十二，清华房地产总裁商会与马代华人公司等合作开发马尔代夫棕榈岛项目。清华房地产总裁商会与马代华人公司、康年国际酒店管理集团、中铁十七局集团合作，决定联合开发棕榈岛项目。2016 年 8 月，各合作单位代表赴马尔代夫进行实地考察。

2016 年 12 月，清华房地产总裁商会再次组团到巴基斯坦，推进丝绸银行股权并购业务。同时，与巴方一起积极成立中巴国际地产企业联盟及中巴国际地产股权基金，开展中巴投融资、房地产项目开发和商贸物流等务实合作。

◇◇六　推进“一带一路”所存在问题与困难

第一，思想认识不足。国家“一带一路”倡议很清晰，但各地各级政府和企业普遍对“一带一路”认识不足，即使有认识高度也不够，不明白“一带一路”究竟存在什么样的机会与市场，存在理解偏差现象。

第二，信息沟通不畅。企业参与“一带一路”过程中，对相关国家的信息、政策、法律了解不足，企业普遍外语人才缺乏，与相关国家和企业沟通不畅，信息不对称。

第三，支持政策不清。各地政府包括国家有关部委对“一带一路”具体支持政策不清晰，没有能够很好调动企业参与“一带一路”建设的积极性，政策支持力度不够具体。

第四，企业参差不齐。企业在人才、技术、资源、资金等方面参差不齐。参与“一带一路”的企业要么资金不足、技术不够先进；要么有实力的企业积极性不高，认为在国内做得足够好，或者说国内市场能够满足企业自身发展需要。企业实力达不到“走出去”的标准，就会出现雷声大、雨点小，项目无法落地的局面。

第五，专业人才缺乏。企业普遍缺乏“一带一路”专业的人才，通晓国际商贸、工程、技术、语言等方面的人才极其匮乏。这些都是“一带一路”倡议中企业不能很快“走出去”、迅速参与其中的重要原因。

第六，对民营企业支持力度不够。主要表现在“一带一路”投融资体系上还不够完善。国家主权资本在支持大型央企“一带一路”上给了很多政策支持，但是国家对于众多中小企业和民营企业参与“一带一路”支持甚少。

第七，宣传力度不足。国家在“一带一路”宣传上有待加强。虽然国家级媒体做了一定程度的宣传，但主要是在大的国家援建工程和基础设施建设上，对“一带一路”相关国家历史文化、文明资源、项目对接与投资机会宣传较少。

第八，奖励政策应及时落地。国家应尽快制定有关鼓励和奖励政策，对在“一带一路”上做出突出贡献的企业机构和个人，给予资金、政策、服务机制等方面的奖励。期待早日看到国家有关鼓励政策出台。

因此，清华房地产总裁商会认为建设区域性华房“一带一路”服务基地，是解决上述问题和推动“一带一路”发展的重要解决方案。

综上，通过在蓝迪国际智库平台上一年多的“一带一路”探索与实践，清华房地产总裁商会对“一带一路”国家战略有了更加清醒、深刻的认识。未来清华房地产总裁商会将继续与中国社会科学院蓝迪国际智库紧密合作，全力组织与协同国内外各级政府、民间、企业、智库、行业组织及金融机构资源，积极深入参与“一带一路”沿线国家投融资领域、基础设施与城市开发建设，扎实推进各项合作项目落地，使“一带一路”结出丰硕成果。

能源和新能源

引领全球能源的绿色和智慧转型

远景能源（江苏）有限公司

随着世界各国对能源安全、生态环境、气候变化等问题的日益重视，风电开发利用规模不断扩大，应用成本快速下降，加快发展风电已成为国际社会的普遍共识和一致行动。全球能源系统正在经历一场前所未有的转型和重构，传统化石能源巨头正走向没落，可再生能源时代已经到来，未来20年，将有超过万亿美元的资金投入绿色能源和其相关的基础设施。这次历史性的能源世界重构，将会由科技公司来主导。

一 风电产业全球发展趋势

（一）风电行业国际形势

1. 风电已在全球范围内实现规模化应用

风电作为应用最广泛和发展最快的可再生能源之一，已在全球范围内实现了大规模开发应用。截至2015年年底，全球已有100多个国家有风电项目投入运行，累计装机容量达4.32亿千瓦，其中“十二五”时期新增2.38亿千瓦，年均增长率达到17%，是装机容量增幅最大的可再生能源。截至2015年年底，亚洲风电装机容量达1.76亿千瓦，欧洲风电装机容量达1.48亿千瓦，北美风电装机容量达0.89亿千瓦，三大区域占全球风电装机总量的95%，非洲、南美洲、大洋洲风电装机也呈现快速增长的趋势。

2. 风电已成为部分国家新增电源和电力供应的重要组成部分

随着风电并网规模的不断增加，风电已在一些国家的电力供应中发挥重要作用。美国2007年以来新增发电装机容量的33%来自风电，欧洲2000年以来新增发电装机容量的30%来自风电。2015年，风电在丹麦、西班牙和德国电力消费总量中的比重分别达到42%、19%和13%，成为重要的供电来源。随着全球利用可再生能源的共识不断增强，风电在未来能源电力系统中将扮演更加重要的角色。美国提出2030年电力供应的20%由风电提供，德国、丹麦等国把开发利用风电作为实现2050年高比例可再生能源发展目标的核心措施。

3. 风电开发利用的经济性显著提升

随着全球范围内风电开发利用技术的不断进步及应用规模的不断扩大，全球风电开发利用成本迅速下降，千瓦时电成本在过去五年下降约30%。巴西、南非、埃及等国家风电招标电价已经低于本地传统化石能源上网电价，美国风电的长期购电协议价格已与化石能源发电达到同等水平，风电已开始逐步显现经济竞争能力。

（二）风电行业国内形势

“十二五”期间，中国风电装机保持快速增长，开发布局逐步优化，产业技术水平显著提升，政策体系逐步完善，风电已经从补充能源进入替代能源的发展阶段。

风电成为我国新增电力装机的重要组成部分。“十二五”以来，全国风电装机新增容量连续五年领跑全球，风电在电源结构中的比例逐年提高。截至2015年年底，风电并网装机容量达到1.29亿千瓦，其中“十二五”期间新增9800万千瓦，占同期全国新增发电装机总量的18%。特别是随着低风速风电技术快速进步和经济性显著提高，中东部和南方地区风电开发取得积极成果，风电并网装机从340万千瓦增长到2800万千瓦，“十二五”时期增长724%。2015年，风电年发电量达到1860亿千瓦时，占全国各类电源总发电量的3.3%，比2010年提高2.1个百分点。目前，风电已成为继火电、水电之后我国第三大电源。

风电产业技术水平不断提高。“十二五”期间，风电全产业链基本实现国产化，产业集中度不断提高，具有量产能力的整机制造企业数量已从“十二五”初期的80多家逐步减少为20多家，风电设备在满足国内市场的同时，已出口到28个国家和地区，多家企业连续数年跻身全球风电机组制造业前10名。风电设计、并网、检测认证、标准制定等领域逐步与国际接轨，风电机组设计制造水平和设备可靠性不断提高，已基本建成具有国际竞争力的完整风电产业体系。高海拔、低温、冰冻等环境适应性和并网友好性显著提升，特别是低风速区域风电开发的技术经济性显著提升，经济可开发风功率密度从300瓦/平方米下降到150瓦/平方米，使得全国风电技术可开发量从34亿千瓦增加至113亿千瓦，为未来推动我国整体实现能源转型、促进能源生产和消费革命提供了资源和技术保障。

风电产业管理和政策体系逐步完善。“十二五”期间，我国基本建立了较为完善的促进风电发展的政策和行业管理体系，出台了风电项目开发、建设、并网、运行管理及信息监管等各个关键环节的管理规定和技术要求，简化了风电开发管理流程，进一步完善了风电技术标准体系，组织开展了风电设备整机及关键零部件型式认证，建立了全国风电产业信息监测评价体系，基本形成了规范、公平、完善的风电行业市场政策环境，保障了风电产业的持续健康发展。

国家能源主管部门预计，“十三五”期间，我国风电开发总量目标：到2020年年底，全国风电累计并网容量确保达到2.1亿千瓦，力争达到2.5亿千瓦，其中海上风电并网装机达到500万千瓦；2020年全国风电年发电量确保达到4000亿千瓦时，力争达到4500亿千瓦时，风电发电量占全国总发电量的比例确保达到6%，力争达到6.5%。“十三五”期间，“三北”地区陆上新增风电7500万千瓦（其中特高压输电通道外送风电容量4000万千瓦）、中东部和南方地区陆上新增风电4200万千瓦、海上风电新增420万千瓦，风电新增发电量占全国新增总发电量的20%左右，成为我国新增电力的重要供应来源。

消纳利用目标：到2020年，有效解决弃风限电问题，“三北”地区平均弃风率下降到10%左右，全面实现全额保障性收购利用小时数的要求。

产业发展目标：产业发展集中度进一步提升，年度出货量排名前三位的设备制造企业的市场占有率明显提高。风电设备制造企业水平不断提高，3—5家企业全面达到国际先进水平，国际市场份额明显提升。

（三）机遇与挑战并存

为实现我国2020年非化石能源占一次能源消费15%、2030年非化石能源占一次能源消费20%的目标，促进能源转型，必须加快推动风电等可再生能源发展。但是，随着中国风电应用规模不断扩大，风电与现有的体制机制的矛盾日益突出。

现有电力运行管理机制不适应大规模风电并网的需求。现有电力系统的灵活性及管理运行机制对大规模波动性电源并网消纳的适应性问题日益突出。我国大量火电机组仍采用传统技术方案运行，没有进行灵活性技术改造。同时，由于辅助服务等激励政策不到位、火电发电计划和开机方式不合理等原因，现有火电机组调峰的技术潜力也未能充分释放，系统消纳新能源的能力未得到有效挖掘。再加上既有联络线输送能力及灵活互济能力未能充分利用，省间联络线计划制订和考核机制不合理，导致现有跨省区大电网调节能力未能得到充分挖掘。此外，我国需求侧响应还处于试点示范阶段，未能发挥真正作用。上述多种因素导致风电消纳受限问题突出，已成为制约我国风电规模化发展和成本降低的关键问题。

风电经济性和固有技术特性仍是制约风电发展的重要因素。在现有电价机制下，由于传统化石能源的环境成本未能得到有效的体现，与燃煤发电相比，风电经济性仍然相对较差，尤其是在风能资源丰富的“三北”地区，风电上网电价与当地燃煤发电平价上网仍有一定差距。风电固有的波动性和间歇性特征仍是制约风电消纳利用的关键问题，从季节特性看，风电大发期与火电供热期重叠；从日内特性看，风电大发期与负荷低谷期重叠，既增加了风电消纳的难度，也增加了其他常规电源的运行调节成本，不利于风电的消纳利用。

支持风电产业发展的政策环境尚需进一步完善。我国风电设备制造产业技术水平参差不齐，风电开发中存在较严重的地方保护问题，部分地方政府违反市场公平原则，要求风电开发企业优先使用本地生产的风电机组，导致低技术水平的风电设备仍占据较大市场份额，风电设备产业集中度仍有待进一步提高。风电设备质量管理体系尚不完善，风电产业优胜劣汰的机制尚未建立，不利于优势企业做大做强和产业结构优化。部分地区对可再生能源优先发展政策落实不到位，仍从自身局部利益出发，优先开发利用煤炭等化石能源，在污染环境的同时也挤占了风电消纳空间。此外，目前国家尚未建立反映化石能源环境外部成本的价格和税收机制，使得风电等清洁能源的环境效益无法得到充分体现。

挑战与机遇并存。我国中央和地方能源主管部门主张，结合低风速风电技术进步，发挥电网接入和消纳优势，加快开发中东部和南方地区风能资源。通过政策激励和利用方式创新，充分挖掘“三北”地区风电消纳能力，在解决现有弃风问题的基础上，结合具体情况适度增加风电就地开发利用规模。重点利用在建和规划的跨省区输电通道，最大限度保障新能源外送，有序推进“三北”风电基地建设。加快推进已开工海上风电项目建设进度，择优推动后续海上风电项目建设。

加快推进风电规模化开发。充分发挥风能资源分布广泛和应用灵活的特点，加快推进中低速风能资源区风电规模化开发。加强风能资源勘测，进一步查明中东部和南方地区风能资源。推动低风速风电技术不断进步，提高微观选址水平，做好环境保护、水土保持和植被恢复等工作，因地制宜推进常规风电、先进技术示范、低风速利用等形式的风电开发建设，加快中东部和南方地区陆上风能资源开发。按照“就近接入、本地消纳”的原则，确保风电接入和充分消纳。

因地制宜发展分散式风电。鼓励在风能资源相对丰富的地区，结合电网布局和农村电网改造升级，考虑资源、土地、交通运输以及施工安装等建设条件，按照“分散开发、就近接入、当地利用”的原则，因地制宜推动接入低压配电网的分散式风电建设，以及风电与其他分布式能源相结合的发展方式。

这些主张和政策趋势与远景能源的产品和发展战略不谋而合。

二　远景能源具备的竞争优势

（一）智能风机开创全球低风速风电开发新时代

2015 年，远景能源国内市场新增风电装机 2.54 吉瓦，同比增长

30%，稳居中国风机设备企业前三名。同年，远景风机的在保风场年利用小时数超过平均水平18%以上，在多个省份风场年利用小时数位居第一。其中，安徽宣城风电场2015年风速约为5.8米/秒，实际满发小时数为2598，位居安徽省第一。

远景能源引领低风速区域风电技术进步。2011年远景率先开展低风速风机的研发工作，第一台低风速风机于2013年在安徽来安并网运行。截至2016年9月底，远景能源在运风机3084台，运行风场159个。其中，低风速区域风场122个，低风速地区在运远景风机总量达2516台。远景在低风速复杂地形的创造性领先实践积累了大量实际的工程经验，在风机策略优化和对低风速的资源评价以及微观选址上均取得了行业领先地位。

远景能源全球首创的低风速风机的研发和投产加快了我国风电产业战略调整的步伐，在远景能源技术创新的引领和带动下，我国风电产业发展进入低风速时代。低风速技术的进步，使得我国中东部地区风资源可开发面积增加55万平方公里，潜在发电量增加1.8万亿千瓦时，全国风资源可利用面积增加35%。

远景率先提出的智能风机概念如今已被全行业接受。远景能源率先提出智能风机理念，通过自主研发并有效组合和应用各种技术，彻底突破并超越了传统风机的技术禁锢，使得风机发电效率提升15%以上。同时远景能源将智能风机控制技术与云计算相结合，突破性地将智能风机群升级为智能风场，通过与相邻风机的信息共享，每台风机可以感知到自己的工作状态并判断出与相邻风机的相互影响，从而可以通过智能协调，实现以全场发电量为最优的全局化目标。

远景能源率先在我国风电行业提出智能风机的理念，目前已经得到行业的响应，智能风机的概念深入人心，引领了风机行业的发展趋势，推动了行业整体的技术进步。目前，120米柔性全钢高塔是远景对智能风机的最新注解。随着风电开发走向更低风速的领域，要保证可靠的经济性回报，采用达到至少 120 米轮毂高度的超高塔架技术是必然的选择。目前远景主推的 120 米高轮毂技术方案为全钢柔性塔架方案，借助于 120 米轮毂高度的全钢柔性塔架显著的成本优势、成熟的生产质量控制工艺以及成熟的供应市场，远景能源国内领先的 120 米轮毂高度全钢柔性塔架必将大力提高超低风速风电场项目开发的经济性。

高水平质量体系为远景风机产品保驾护航。2012 年 3 月起，远景能源正式获得了 SGS 公司颁发的 ISO 9001—2008 质量管理体系认证，全面、系统化地围绕客户满意、不断提升风机质量的极客追求正式扬帆起航。秉承“以产品为中心，创造卓越；以客户为引领，超越期望”的质量方针，远景实施了全面的质量管理和过程控制，以实现“事事都是质量事，人人都是质量人”的管理目标。

远景能源的先进制造管理包含了不同的维度，即在工艺规范的指导下，以人的动作为中心，以没有浪费的操作顺序，通过先进的工装设备，安全、有效、保质、保量地制造客户满意的产品。改写了风电行业传统的制造流程，将精益管理的理念引入风电行业。

风电产业的加速发展带来巨大的供应链挑战，远景能源致力于开发智慧供应链产品，打造了柔性智慧的供应能力，充分满足客户的动态需求。远景首创的模块式叶片和局部变桨技术，也切实体现出智慧供应链智能响应、精益供应的特质。这样的交付保证体系，使远景在龙源电力集团的供应商年度评估中获得了六星评价，也是中广核集团 2014 年风机供应商中唯一的优质供应商。

从 2010 年开始，EHS 体系建设和运行成为远景企业文化的重要组成部分。EHS 之于远景乃至于可再生能源行业的意义在于，体现了对于人类可持续未来的关怀。远景 EHS 体系方针中明确：“在全球范围内安全、负责地运作，重视员工、客户健康与安全并保护所属社区的环境。环境、健康和安全价值观决不因利润或生产的需要而妥协。”在远景内部，EHS“高于一切”。

EHS是环境、健康、安全三个字母的英文缩写。E（环境）涉及对水、气、声、渣等环境因素的管理和控制；H（健康）涉及职业健康危害因素的管理和控制（如化学品暴露、致癌物、致突变及畸变物、噪声、粉尘、辐射等）；S（安全）涉及对火灾、爆炸、人员伤害等危险因素的管理和控制。

远景建立了涉及整个产业链的EHS管理体系，包括零部件制造、整机组装、检验认证、现场施工以及各种配套服务环节在内的EHS体系，并将其作为强制性内容列入公司管理层周例会的首个议题，在公司管理制度层面保障了EHS体系的有效运行。EHS管理坚持“谁主管、谁负责”的原则，实行全面、全员、全方位、全过程的管理，建立安全生产责任制。各部门总监是本部门的EHS第一责任人，对环境和安全生产负全面的领导责任。

远景认为，EHS要成为可再生能源行业的核心价值观需要行业的共同努力。远景希望通过自身体系的建立和价值的传递，成为风电行业安全和环境的标杆，推动可再生能源行业理性、健康、可持续发展。

（二）站在欧洲海上风电文明的制高点提升海上发电效率

远景能源于2009年在丹麦创建远景能源全球海上风电研发中心，开始整合全球资源研发海上风电。目前位于中国上海远景能源总部的超过100人的技术研发团队，在各个专业领域和远景能源丹麦研发中心的技术工程师形成co－lead的技术团队联合开发，在海上风电建模仿真设计、电气设计、控制软件设计、测试验证和软件平台等领域形成了核心开发能力。

远景能源是第一家在海外竖立起海上风机的中国风电企业。远景的海上风电产品理念是：智能化和产业化海上风电机组，通过一体化结构设计进一步降低支撑结构的造价成本，优化海上集电的解决方案，提高风机健壮设计的同时优化运维机制，并通过风机控制策略的协同优化和海上风电机组的排布优化，全面提升风电产品收益率并降低开发和运营风险。

2010 年，远景能源于江苏龙源如东潮间带 32 兆瓦试验风场树立两台 EN－82/1.5 兆瓦风机。2012—2014 年这两台机组年平均满发小时数为 2834 小时，高于其他厂商机组 7.76%—16.67%；时间可利用率为 98.46%，高于其他厂商机组 1.32%—9.02%，成为场内 8 个厂家 9 种机型 16 台风机中唯一完成样机回购的风机。

此后，站在欧洲海上风电文明的制高点，遍访全球上千例失效案例，历经数年的修炼，远景研发了 4.2 兆瓦平台海上智能风机，于 2013 年在龙源如东潮间带竖立样机，2014 年交付龙源如东海上 130 兆瓦项目，目前运行已两年。从实际运行数据来看，通过风机适应性控制策略优化，远景海上智能风机正逐步超越欧洲顶级海上风电场的高可靠性指标。2015 年 10 月至 2016 年 6 月，远景海上智能风机在龙源如东海上 130 兆瓦风电场平均可利用率超过 99%，整场平均故障间隔时间（MTBT）超过 4000 小时。每一次大风的来临，远景的 4.2 兆瓦风机都能给业主带来喜悦：2015 年 9 月 29 日，台风“杜鹃”在我国福建沿海登陆，受此影响，江苏如东地区风力好于往日，当天远景 4.2 兆瓦海上智能风机整场发电小时达到 23.65，排名第一；2015 年 11 月 27 日寒潮来临，当日远景发电量 23.84 小时，排名第一，且所有风机运行稳定，均无故障。值得一提的是，与相邻风场的风机相比，远景 4.2 兆瓦海上智能风机可利用率高出 5%，发电量高出 8%。

依托远景强大的研发团队，智能控制算法优化、风场级协同控制以及海上风机支撑结构一体化设计，远景将持续改进风机可靠性，保证较高的发电量和较低的投资、运维成本，保证业主的收益。凭借超过五年的中国海上风电机组运行经验和大量一手海上运行数据，具有完全自主设计技术的远景海上智能风机，势必成为中国未来海上风电开发的首选产品。

（三）智慧能源管理创新引领行业变革

远景能源是全球最大的智慧能源管理企业。远景的能源互联网操作系统 EnOS 已成为全球最大的能源互联网平台，目前正管理着包括北美最大独立新能源运营商 Pattern 能源、全球领先资产管理公司 Brookfield 等在内的超过 5000 万千瓦的全球新能源资产，覆盖风电、光伏、充电网络、能效等领域。近期，美国最大电力公司杜克能源、全球最大传统能源公司壳牌石油、亚洲最大电力公司香港中华电力纷纷战略选择远景能源推出的业内首款能源互联网管理平台 EnOS，加速在可再生能源时代实现数字化转型。

远景智慧风场 Wind OS 管理平台，帮助美国最大电力公司杜克能源位于北美的风电场实施资产管理和优化，以及全生命周期的风险管控，助力其实施数字化转型战略。远景的智慧风场管理平台 Wind OS 提供业界最为先进的系统架构，为智慧风场高级应用提供基础的数据平台。基于 Wind OS 良好的开放性和可扩展性，远景未来还将为杜克能源提供风功率预测、性能评估、资产管理、状态维护等一系列高级应用。

远景格林威治平台，为全球领先的风电开发商龙源电力集团和中广核集团的全生命周期投资开发创造价值，格林威治将成为整个风电场数字化、透明化的一块基石，为风电行业提供了一个基于大数据的评价体系和基于大量技术 know - how 的实施标准，这个去风险的平台将开启风电大航海时代。

阿波罗光伏云平台是光伏电站全生命周期大数据分析平台，依托于大数据计量模型，帮助开发商、投资商实现电站全生命周期数据管理。阿波罗光伏云平台目前已经成为中国最大的分布式光伏电站资产管理平台，管理超过 5 吉瓦的国内光伏电站。在海外市场，阿波罗光伏云™为北美最大的独立新能源运营商 Pattern 能源管理超过 500 兆瓦的全球光伏电站资产。2016 年年底，阿波罗光伏云™管理的电站容量突破 6 吉瓦。

阿波罗评级是于 2015 年 8 月推出的国内首个针对光伏电站资产风险评级的产品，通过 20 个维度以及超过 500 个风险点，对处于任何阶段的光伏电站资产进行精准的风险评级，实现针对光伏电站的贷前风险评级、贷中过程风险管理，以及通过阿波罗光伏云提供贷后电站绩效的实时监控。自推出以来，阿波罗评级已与国内数十家领先的银行、租赁、信托、基金、保险等金融机构开展全方位合作。截至 2016 年上半年，累计评估集中式电站 3 吉瓦、分布式电站 2 吉瓦，涉及总资产额超过 300 亿元。阿波罗评级创造的价值就在于帮助金融机构实现风险透明化，并服务于金融机构的风险管控和风险定价，最终让风控更简单，让资金更安全，让市场更理性。

（四）能源互联网全球布局

未来能源系统将由数以亿计的风机、太阳能电池板、储能设备、用电终端、充电网络等能源设备组成。能源互联网平台将利用物联网技术，将数亿能源设备、机器、系统连接起来，在此基础上整合运行数据、天气数据、气象数据、电网数据、电力市场数据等，进行大数据分析、负荷预测、发电预测、机器学习，打通并优化能源生产和消费端的运作效率，随时动态调整需求和供应。

围绕能源互联网平台，将开发出适用各种未来能源的互联网场景和应用，甚至是超级应用，包括可再生能源发电、储能服务、充电网络管理、能效优化、需求侧响应、虚拟电厂、电力零售等，并吸引众多全球顶尖的科研机构、高校、技术初创企业、风险投资基金等参与进来，构筑起能源互联网生态系统。远景能源将以能源互联网操作系统 EnOS 为核心，整合全球垂直领域最顶尖的合作伙伴，构筑能源互联网生态系统。远景战略投资了全球最大的电动汽车充电网络公司 ChargePoint、全球领先的智能电网大数据技术公司 AutoGrid、欧洲最大的储能服务公司 Sonnen，以及欧洲可再生能源管理软件领军企业 BazeField。

ChargePoint 运营着全球最大、最为开放的电动汽车充电网络，在北美拥有超过 28000 台充电站，在公共充电桩市场的占有率高达 80%，为苹果、谷歌、Facebook 等硅谷技术领军企业提供服务，是无可争议的业界翘楚。ChargePoint Home 已经成功将自身的充电网络与 Google 的 Nest 等家庭能源终端连接，意味着 ChargePoint 迈入户用能源领域，成为智能家居生态链中的重要一环。

2011 年成立于硅谷的 AutoGrid 专注于通过大数据帮助电网各端匹配电力供应和需求，降低电网各端的成本，为客户描绘出了一幅完整的能源生产及能源消费动态图景。AutoGrid 凭借其 PB 级的数据分析和预测能力，其能源互联网应用软件组件被广泛运用于全球公共事业、售电企业、可再生能源项目的开发和能源服务供应商，包括 E. ON、微软、美国的 Silver Spring 网络公司、City of Palo Alto Utilities 等。

Sonnen 专注于能源储存、能源管理、智能电网应用、太阳能储能等家庭能源领域，在成立的六年间，已经成为德国最大的家庭储能系统提供商。Sonnen 曾获“彭博新能源先锋奖”、全球清洁技术 100 强“年度欧洲和以色列的公司”、“德国最优工业奖”，并被麻省理工学院评为全球“50 强最聪明的公司”。

BazeField 在欧洲深耕八年，是欧洲第二大资产管理软件公司，管理着风电、光伏等新能源资产。BazeField 为客户提供新能源资产实时监控、损失电量分析、故障告警、发电量预测等服务，来帮助他们减少停机时间，提高发电量，优化资产绩效。未来，BazeField 将结合远景的全球能源互联网平台，为客户提供覆盖发电侧、用电侧、充电侧、储电侧的综合能源管理产品。

◇◇三 远景能源的价值观和发展战略

（一）远景能源的价值观：为人类的可持续未来解决挑战

远景能源以“为人类的可持续未来解决挑战”为使命，致力于引领全球智慧能源革命。在九年时间内，远景发展成为全球最大智慧能源管理公司、全球领先智能风机和海上风电技术公司，得益于远景在技术创新上的偏执，全球布局创新资源投入研发，广纳全球精英。

远景能源在丹麦、美国、德国等国家设立了全球技术创新中心。远景智慧能源管理平台 Wind OS、阿波罗平台管理着包括北美最大独立新能源运营商 Pattern 能源、全球领先资产管理公司 Brookfield 等在内的超过 5000 万千瓦的全球新能源资产，覆盖风电、光伏、充电网络、能效等领域。远景通过能源互联网操作系统 EnOS，构筑智慧能源生态系统，战略投资全球最大的电动汽车充电网络公司 ChargePoint、全球领先的智能电网大数据技术公司 AutoGrid、欧洲最大的储能服务公司 Sonnen，以及欧洲可再生能源管理软件领军企业 BazeField。

远景利用自主研发的核心智能控制技术研发创新并设计出“智能风机”，彻底突破并超越了传统风机的技术禁锢，使得风机发电效率提升

20%，从而显著提高开发商的资产投资回报。远景丹麦创新中心全球首创了采用局部变桨技术和碳纤维主轴技术的3.6兆瓦新概念海上风机，在丹麦风场独树一帜，能有效应对台风工况，并大幅降低海上风电建设成本20%以上，成为全球未来风机的标杆。

远景一直在朝能源科技的最高峰攀登。远景丹麦创新中心主导的超导风机研发项目在2015年获得了欧盟“地平线2020”1亿元人民币的赞助，这是中国企业迄今为止在欧盟获得的最大研发资金支持。这款风机成功后将会是一个革命性的、颠覆性的产品，将会使整个风力发电成本下降30%，风电的千瓦时电价格将会降到0.2元/千瓦时。

（二）远景能源的发展战略

未来3—5年，远景要实现三个全球第一，引领全球能源的绿色和智慧转型。

第一，全球第一的能源互联网平台。远景将以基于能源互联网操作系统的智能平台，连接和管理数以亿计的风机、太阳能电池板、智能终端、储能电池、充电网络等能源资产，通过物联网、大数据、云计算等技术，真正地将上游供给与下游需求无缝对接，像指挥交响乐团一样。未来3—5年，远景管理的智慧能源资产容量将实现2亿千瓦，成为全球第一的能源互联网平台，相当于英国装机容量的2倍。远景将以能源互联网操作系统为核心，整合全球垂直领域最顶尖的合作伙伴，构筑能源互联网生态系统。

第二，全球第一的智能风机公司。未来远景海上风电和低风速风电技术的全球引领，加上超导风机的商业化，远景超过50%的风电装机将会来自国际市场，成为全球第一的智能风机公司。

第三，全球第一的储能系统公司。远景已经战略控股欧洲最大的储能公司，将通过基础研发实现电池技术突破，将储能系统与信息技术深度结合，加上整合供应链，未来3—5年可将这家储能公司打造成为全球第一的储能系统。

颠覆性技术正让可再生能源成本加速降低，全球能源转型将更加迅猛。最终的世界属于可再生能源，远景要加速这一进程，让可再生能源的汪洋大海早日到来，通过能源互联网让可再生能源时代的能源系统更加高效、智能地运转。

◇◇四　远景能源“一带一路”业务规划

“一带一路”作为中国政府提出，并得到沿线国家充分认同的新的全球化战略，已有100多个国家和国际组织参与其中。中国同30多个沿线国家签署了共建“一带一路”合作协议，同20多个国家开展国际产能合作。

远景能源作为一家致力于解决人类可持续发展所面临挑战的公司，一直推动前沿的新能源技术在海外的应用。由于经济高速发展所带来的用电量需求快速增长，很多“一带一路”沿线国家都存在着不同程度的现有发电设备装机容量与峰值用电需求不匹配问题。考虑新能源发电尤其是风力发电成本随着技术发展而不断降低，已经逐步接近火电等传统化石能源发电成本，同时考虑节能减排等环境保护需求，各国在国家电力发展规划中均对风力发电等新能源发展给出了非常积极的建设计划和优惠政策支持。例如，泰国国家电力发展规划中计划2022年风力发电装机容量达到1.8吉瓦，越南计划2020年和2030年风电装机容量达到1吉瓦和6.2吉瓦，巴基斯坦计划2030年新能源装机容量2.9吉瓦。

远景能源目前针对“一带一路”沿线国家市场开拓，主要依托两种模式：一种是通过与电力相关央企的战略合作伙伴关系，作为其风力发电解决方案和设备提供商，协助其完成海外风力发电的投资或项目总包工作。另一种是远景能源直接对沿线国家的风力发电项目进行投资，或者作为对应项目的解决方案和设备提供商为本地业主提供支持。针对相应业务模式，远景能源的国际业务分别组建了“一带一路”央企市场团队、欧洲市场团队、南美市场团队、印度市场团队、澳洲市场团队、西亚和非洲市场团队、东南亚和南亚市场团队，从而更好地为央企和本地业主提供业务支持。

远景能源计划2020年年底实现海外市场收入占比50%的远期目标，计划2016年实现海外市场销售610兆瓦，截至第三季度已经超额完成对应目标。远景能源2014年完成第一单智利项目的签订和供货，又接连完成丹麦项目、黑山项目、墨西哥项目、法国项目和阿根廷项目的连续中标和发货，目前正在跟踪运作的储备项目规模接近5吉瓦。

远景能源在“一带一路”等国际业务的拓展过程中，已经完成了以下内外部工作。

以外籍和中方高端人才引进和内部人员培养的方式，完成了国际市场高端人才、中层骨干和新入职种子人才梯队的建设。从行政和业务两个维度，建立了与客户经理团队、解决方案团队、交付团队、财务和融资团队等不同职能对应的完善的横向行政组织架构；建立了央企市场团队、欧洲市场团队、南美市场团队、印度市场团队、澳洲市场团队、西亚和非洲市场团队、东南亚和南亚市场团队等以客户为导向的纵向业务组织架构；从而实现兼顾内部管理和外部客户的矩阵式管理架构。通过建立以“铁三角”为主导的项目运作方式，实现市场团队不同职能成员的无缝联合运作，并对“铁三角”进行充分授权，实现项目团队成员责权利的平衡。

以LTC端到端项目管理为基础，完成了项目机会挖掘—项目立项和标前引导—项目投标—合同谈判与签订—项目售前售后交接—项目交付及收款—项目维护及后评估优化等各个项目阶段的流程制度建设，从而对项目全过程中的各个细节进行规范化管理。

通过各个职能团队的不断完善，建立了对于投资项目、融资项目、EPC项目、纯设备供货项目等不同类型项目的，针对当地政府高层、政府业务审批人员、业主高层、业主技术人员、本地合作伙伴等不同客户对象的，满足不同项目类型在项目开发、风资源获取、项目协调、项目标前引导、项目投标、项目交付等不同项目阶段的，市场、解决方案、交付和财务融资等各专业文档库建设。

通过各个市场团队的不断开发，完成了各市场主要目标国家的市场机会和客户对象扫描，初步建立了完善的项目储备信息库和客户关系信息库建设，并针对各个项目机会和客户对象建立了明确的里程碑计划，持续不断地进行跟踪推动和项目管理。

五　问题和经验

远景能源在“一带一路”等国际业务的拓展过程中，针对不同项目遇到了多种多样的困难和问题。

（一）项目建设期融资

“一带一路”沿线很多的发展中国家，其新能源建设正处于高速发展的前夕。考虑新能源技术发展所带来的成本大幅降低，及国家环境保护和国际社会节能减排要求，各个国家都对新能源建设非常重视。风力发电作为新能源技术中发电效率最高、度电成本最低的发电方式，更是受到各个国家青睐。但这些国家在能源、交通、水利等各个行业同样存在基础设施严重滞后问题，新能源行业由于项目资金规模相对这些行业的项目较小，同时电力类项目投资盈利性较好，各国政府普遍倾向于通过补贴电价等优惠政策，鼓励国内外企业对新能源项目进行投资。因此项目的融资主体大多为持有项目开发权的国内外企业，无法在项目融资中获得相应国家主权担保，而其公司规模又不足以为项目提供足够的企业担保，需要通过以项目本身作为担保的项目融资方式获取金融机构融资支持。

从风电场类项目生命周期的角度来看，包括风电场项目 License 申请及当地政府核准对应的项目开发期、项目建设期和项目运营期。项目开发期，资金需求量不大，一般项目业主自有资金均可满足。项目运营期，由于风电场已开始运营，有实物资产可以抵押，同时风电场已按政府买电协议开始经营，未来项目收益明晰，金融机构贷款风险低，融资难度不大。项目建设期是整个项目主要投资注入的阶段，而风电场还在建设阶段，尚未产生项目收益，因此金融机构对项目建设期融资非常谨慎，对项目融资主体要求严，贷款审批周期长，甚至会要求提供强担保。

目前中国国内的新能源项目，对于项目建设期融资问题，已经有非常多样的解决办法，包括银行贷款、融资租赁、基金注入等各种方式。但针对国际项目建设期融资，由于海外风险评估难度大，各金融机构都非常谨慎。银行方面，目前中国进出口银行、国家开发银行和中国工商银行等都已开展了新能源的海外融资服务，但一般要求项目融资主体具有较大的资产规模，同时需要搭配中国出口信用保险公司、项目业主或供应商针对项目贷款的全额担保，从而规避项目中的贷款风险。实际项目中，很多项目本身虽然非常优质，但项目业主为项目公司方式，自身资产规模小，基本无担保能力。同时中信保也很难对整个项目贷款金额提供全额担保，由项目供方提供担保则规模有限，无法可持续发展。国内融资租赁公司和新能源基金公司，由于缺乏海外投融资经验及对海外国家的了解，项目风险评估的难度更大，目前尚无海外投融资案例。

鉴于目前情况，希望蓝迪可以发挥产业链整合平台的作用，将远景等新能源设备和解决方案提供商，信保、银行、融资租赁、基金等金融机构，电力设计院等第三方项目评估机构，牵头整合并组建海外新能源产业基金。发挥远景能源在海外项目资源挖掘和风险评估能力上的优势、国内金融机构的资金优势，解决项目建设期融资这个瓶颈问题。

（二）项目运营期风险

考虑很多"一带一路"沿线国家风力发电处于起步阶段，其很多优质风资源尚未得到开发，投资回报率较高，因此远景能源及国内很多风电场开发商也在积极考虑在海外投资风电场。但"一带一路"沿线很多国家的政治稳定性和安全性有所不足，投资风险对于企业来说较高；而且电力行业的投资回报及项目运营周期较长，一般项目周期会在 20 年左右，未来不确定因素较多。

目前，除了投资企业本身对项目风险的评估和规避，国内保险公司也在积极介入相关投资保险业务，包括中信保对当地国家存在的政治风险（如当地政府换届可能存在推翻前届政府所签订的买电合同风险，甚至是将对应项目收归国有的风险）和战争风险提供的保险业务，包括平安保险对商业风险（如台风、洪水等自然灾害带来的投资损失，风机大部件更换带来的项目成本上升）提供的保险业务。但一方面不同类型保险公司所提供的保险内容还比较分散，而且还有一些投资风险找不到合适的保险公司来覆盖；另一方面，目前针对单个项目的特定风险由投资方与保险公司逐个洽谈，周期较长。针对新能源项目的海外投资，尚未形成系统的风险评估和保险机制。

鉴于现状，希望蓝迪可以发挥平台作用，牵头国内各大保险公司和新能源投资企业，针对海外新能源项目投资的风险和保险机制，进行系统性梳理，将对中国企业海外新能源投资有非常大的促进作用。

（三）政府公共关系

目前远景在海外风电市场的主要竞争对手为丹麦的 Vestas、西班牙的 Gamesa 等，这些企业在某些市场经常会举办一些大型行业交流会，通过其当地使领馆协调对应市场国家电力部高层，邀请当地行业内主要企业和政府人员参加对应交流会，从而提升其品牌形象和影响力。远景能源也非常希望能够配合国家外交部、商务部及驻各国使领馆、经商处更好地开展各块工作，并得到相关部门和领导的指导和支持。目前远景能源在“一带一路”上的重点目标国家包括巴基斯坦、泰国、菲律宾和越南，如果可以得到蓝迪在对应国家使领馆的支持，从而协助引荐对应国家电力部门政府高层，将对远景海外业务帮助极大。

结　语

远景能源在“一带一路”等国际业务的拓展过程中所取得的经验，如上所述，最重要的是锤炼并提升自身实力，所有工作以客户需求为中心。通过外部引进和内部培养两种方式，搭建高素质的人才梯队。通过矩阵式的组织架构建设，兼顾内部管理和外部客户。通过“铁三角”和“项目化运作”实现项目团队的“招之即来，来之能战，战之能胜”，同时确保各团队成员的责权利均衡。完成 LTC 端到端项目流程制度建设，尽可能实现项目中各阶段各环节的规范化管理。通过有效的市场和客户扫描，确定可量化的项目里程碑计划和目标，并纳入项目管理。

未来，远景能源将努力引领“一带一路”国家，特别是其中的发展中国家实现能源领域的跳跃式发展，从以相对低水平、粗放的化石能源为核心，跳跃到以低成本、高品质的可再生能源为核心。同时通过能源互联网平台，从根本上降低能源系统的协同成本，让人类享用美好、低廉、没有污染的能源，开创美好的能源世界。

江联国际的海外进程之路

江西江联国际工程有限公司

江西江联国际工程有限公司成立于2007年，系由江西江联能源环保股份有限公司携手国内著名的设计研究院——天津华冶工程设计有限公司联合组建。

公司拥有A级锅炉和一类、二类、三类（AR1、AR3、CR2）压力容器设计、制造许可证，取得了美国机械工程师协会颁发的ASME证书（S、U、PP钢印）以及机电设备安装工程专业承包资质和化工石油设备管道安装工程专业承包资质，并获得了ISO 9001质量管理体系、ISO 14001环境管理体系、GB/T 28001职业健康安全管理体系认证证书。

公司专注于节能环保和碳减排产业，拥有诸多发明专利和自主知识产权的节能、高效、环保产品和技术，其中“高效低耗流化床燃煤工业设备关键技术及应用”于2014年荣获国家科学技术进步二等奖，是江西省人民政府重点扶持的国家高新技术企业，进入国内同行业前十位。

在国家实施“走出去”战略的大环境下，江联国际也看到了国门外的亮丽风景。2007年始，公司顺利地承揽了印尼金光、龙目岛、MGK、KUPANG、BATURAJA以及印度RAMKY、PEL、IMFA、SMPPL、RKPP等电站总承包项目。

2012年，公司以具有自主品牌的生物质综合利用技术打入印尼制糖行业，顺利承接印尼 PT Sumber Mutlara Indah Perdana 公司 600 吨/天精制糖项目。从此，江联不仅在海外热电和能源综合利用领域站稳了脚跟并有了一席之地，而且在制糖业等新领域崭露头角。为进一步开拓海外市场积累了经验，聚集了力量。

2013 年 8 月，公司与埃塞俄比亚糖业公司 Omo Kuraz 5 糖厂项目签订糖厂合作协议，该项目合同总金额 6.47 亿美元，为江西省外经贸史上单笔合同金额最大的机电工程出口项目，标志着公司成功进入非洲市场。2015 年，江联持续了海外市场良好的发展势头，分别中标和签约近 5 亿美元的合作项目。

公司从一开始销售单台锅炉设备到锅炉岛承包，再到整个电站工程总承包，再进入糖厂总承包领域，合同金额从几十万美金到过亿美元，在海外市场逐步树立了江联品牌。历经海外近十载，其中有许多酸甜苦辣，有成功的喜悦，也有失败的教训，但更多的是收获，更深刻地感受到海外市场大有可为、大有作为。

一　行业发展趋势

公司由最初的通过外贸公司进行单纯的设备出口，发展到如今依托自主知识产权的机电成套设备出口以及国外工程总承包。江联国际的目标市场主要集中在亚洲和非洲的电力、石化、制糖市场，市场目标主要定位于中小型电厂设备成套和工程总承包。在行业选择上，江联的目标市场主要集中在电力及制糖行业及其周边行业。

在项目国别市场选择上，中国对外承包工程行业的地区分化情况很明显，亚非市场约占 80%，其中合同额前 10 位国家所占比重约 40%，合同额前 20 位国家所占比重约 55%，合同额前 60 位国家所占比重约 90%。

特别是“一带一路”国家沿线增长迅速，2015 年 1—9 月，我国企业在“一带一路”沿线的 57 个国家新签对外承包工程合同 3059 份，新签合同额 591 亿美元，占同期我国对外承包工程新签合同额的 42.9%，同比增长 24.9%。公司的市场区域将集中于东南亚、非洲、南亚、中亚等新兴国家，符合国家“一带一路”政策。

在项目开发模式上，根据中信保统计数据，融资担保模式上，东南亚国家有较发达的私人企业，融资渠道较成熟，主要以项目担保为主；非洲、拉美、南亚、中亚等新兴国家发展迅速，主要以主权担保为主，但因项目以买方信贷政府担保额度影响，波动较大。东南亚市场公司将集中于中小型现汇及部分投融资项目，非洲、南亚、中亚等新兴国家主要以主权担保项目为主，公司将主要集中于政府融资项目。

对于电力市场，对于单台设备出口，主要靠国内设计院和工程公司推荐，由于目前绝大多数仍以燃煤锅炉为主，而公司燃煤锅炉产品在国内设计院和工程公司的声誉不佳，市场影响力小，很难得到推荐。另外，单台设备出口合同额较低，因此设备出口不作为公司的主要产品定位。公司的市场目标主要定位于中小型电厂设备成套和工程总承包。

从目前的电力市场来看，亚洲的电力市场主要集中在南亚和东南亚，特别是印度、巴基斯坦、印尼和越南市场占据绝大部分份额（常年位于前二十大市场）。印度、越南因受经济环境影响，从几年所跟踪项目来看，私人投资资金不足，启动项目多为大型信贷融资项目，主要由大型央企垄断。其他国家因经济发展情况，项目信息非常少。非洲市场上，利用埃塞俄比亚糖厂项目的机遇，通过非洲分公司的网络优势，积极开发糖厂项目、电力及周边项目。从公司近年市场开发情况来看，成交项目也集中在南亚市场和东南亚市场及非洲市场。符合国家的“一带一路”及非洲政策。

（一）南亚市场

1. 印度市场

印度目前总装机容量约为 2.23 亿千瓦，年发电量 0.91 万亿千瓦，约为中国的 20%（中国总装机容量为 11 亿千瓦，年发电量约 5 万亿千瓦）；高峰期用电赤字达 9%，人均用电量更是处于世界低端，还有很大的发展空间。我国电力设备之前在印度占较大市场份额的主要原因是印度 2004—2012 年经济增速快，曾出现两位数的增长，私人开办了大量的电力项目。但从 2012 年开始由于印度国内的融资成本增加、关税政策变化以及项目审批向大容量项目倾斜（煤、征地、环评等方面）等诸多原因，私营企业投资电站的积极性受挫。而印度中央政府和各地方政府投资的项目向印度本土制造的电力设备倾斜，使用中国设备的可能性极低。

2014 年 6 月份，纳伦德拉·莫迪出任印度总理，新政府推出了许多促进经济的措施，同时政府大力鼓励再生能源发电项目，像生物质发电、垃圾发电、余热发电、太阳能发电和其他一些环保项目。印度当地发电设备制造商通过过去 10 年的发展，在传统的燃煤发电设备的制造技术及产能上得到了空前的发展，但在再生能源发电项目上却是刚刚起步。印度市场结构已发生变化，印度当地制造商的技术能力和生产能力已大大提高；加上新政府的 Made in India 号召，在电力设备领域，单独“买和卖”的商业模式或许已经不符合如今印度市场的要求。

印度市场是公司的传统市场，也是主要市场之一，加上印度市场还有两个项目工地在执行过程中；另外，公司也期待印度电力市场会有所改变。针对印度市场的价格低，公司将通过与印度企业联手，实现本地化采购，从而获得成本优势。同时，针对印度货币贬值快，项目融资难度大，公司将通过项目融资杠杆来启动市场。针对政府大力鼓励再生能源发电项目，像生物质发电、垃圾发电、余热发电、太阳能发电和其他一些环保项目这一特点，公司重点关注印度的垃圾发电项目。同时关注江联具有比较优势的项目类别。印度市场环境与中国比较相似，多劣质燃料、钢厂、生物质燃料、城市垃圾丰富。目前公司已承接十几台锅炉及电厂，从承接的项目来看，也主要集中在垃圾焚烧项目、钢厂高炉煤气项目、劣质煤项目、生物质项目。

垃圾焚烧发电是处理城市年产生量 4 亿吨以上生活垃圾最经济环保的方式。炉排焚烧炉为未来重点发展趋势（国际上炉排焚烧炉占有 70%的垃圾焚烧炉市场），目前正在洽谈的就有印度 6 ×600 吨/天项目。公司的劣势在于无炉排技术和流化床炉型业绩。目前江联品牌已在印度有一定知名度。

印度钢产量约为中国的 1/10（5900 万吨，第五产钢国），现各大钢厂投资 600 亿美元力争 2012 年产量达到 1.2 亿吨（达到中国的 1/6），由此可估计印度的高炉煤气项目容量约 200 兆瓦。生产由印度七大钢厂垄断，将是公司工作重点。

目前江联在国内市场占有率最高。

印度煤产量约为中国的 1/6.6（5 亿吨），由此可估计印度的煤矸石发电项目容量约为 600 兆瓦/年。中印度国营煤矿公司（coal 印度 Ltd.）产量约 4 亿吨，占 80%，这将是工作重点。另外，从印尼约进口 10% 印尼煤，正是公司优势产品。

印度秸秆产量和中国相似，印度 MNES 估计总容量为 19500 兆瓦，已建成 290 兆瓦独立电厂和 437 兆瓦糖渣电厂。

2. 巴基斯坦市场

巴基斯坦市场环境和印度基本相似，不同之处是巴基斯坦目前工业化不足，能接受中国产品，同时市场主要以融资项目为主。把握中巴经济走廊的政策，公司将主要集中于融资项目。

（二）东南亚市场

印尼面积 190.4 万平方公里。人口 2.24 亿。作为千岛之国，电力市场主要以中小型机组为主。印尼电力比较缺乏，全国电力缺口为 25% 左右。印尼政府三年计划建设 35000 兆瓦发电站，其中 IPP 私人电站占 25000 兆瓦。10 年规划 70000 兆瓦电站，其中可再生能源占 20%。但受经济大环境影响，货币贬值快，本国项目融资基本暂停，项目转向投资及融资项目为主。项目主要集中为私人投资电厂 IPP 项目、私人自备电站和生物质电站。

鉴于印尼国内工业基础薄弱，公司的经营模式以承接 EPC（全厂设计、供货及安装总承包）形式为主。同时加强本地化以满足政府要求。

从近年的项目信息来看 PLN/IPP（独立发电商）项目规模估计在 3 亿美元左右，项目集中在 7—50 兆瓦，以燃劣质煤为主。一般需支持业主申请 PPA（卖电协议）批文，受政策影响大。目前公司已承接多个 IPP 项目，市场影响力日趋扩大。有融资能力的大型 IPP 投资集团将是公司的主要目标，公司已和金光集团建立合作关系，金光集团规划五年建设 5000 兆瓦私人 IPP 发电站。

从近年的项目信息来看企业自备电厂项目规模估计在 2 亿美元左右，主要集中在造纸行业、纺织行业和食品行业，项目集中在 7—50 兆瓦的热电联产项目，目前燃料也逐步转为以燃劣质煤为主。因经济波动较大，项目启动周期非常长，金光公司的 2 × 130tph + 50 兆瓦的市场号召力很大。

目前印尼规划四年内实现食糖自给，计划投资 4 亿美元左右。糖厂年投资约 1 亿美元（锅炉设备占 30%），甘蔗渣锅炉主要通过原来当地的日本锅炉代理商或设计公司来开发（日本锅炉占80%市场）。目前150tph甘蔗锅炉样板点，起到很好的示范效应。印尼现计划大力发展生物质电站项目，计划建立200兆瓦棕榈壳发电项目。主要申请CDM（清洁发展机制）项目，但该类型锅炉技术不太成熟。

目前印尼规划10家新糖厂，相比电力市场已进入恶性竞争阶段，糖厂还处于高端市场。

公司已初步打入该行业，但因该行业属于资金密集型行业，项目大多需融资，因产品无长期卖出合同，不像电站有卖电协议，并且中信保项目融资承保条件比较严格，故需解决融资这个短板。

东南亚其他国家市场环境和印尼基本相似，市场主要以私人融资项目为主。需要把握“一带一路”的政策，通过项目融资杠杆推动项目。

（三）中亚、东欧及非洲市场

中亚、东欧市场是“一带一路”政策的重要支撑地，市场主要以国家主权融资项目为主。目前处于网络建设阶段，公司将积极建立高端关系。非洲市场上，主要为国家主权融资项目，利用埃塞俄比亚糖厂项目的机遇，通过非洲分公司的网络优势，积极开发糖厂项目、电力及周边项目。

二　江联国际的价值观和发展战略

依托两大股东的支撑，江联国际专注于海外市场的节能降耗、环保和资源综合利用领域的开拓及发展，力争成为科、工、贸一体的国际化知名公司。专注于中小型电力总承包行业，以江联重工的核心产品为支撑，进一步完善延伸产业链，向设计、采购、安装、服务集成化的 EPC 总承包方向发展。面向世界，着重于东南亚市场，通过与国际知名公司合作，逐步由亚洲市场扩张到其他中高端市场，不断扩大市场份额和品牌影响力；通过国外目标市场的业内合作、合资、代理等方式实现行业内上下游资源的整合，扩大公司规模和市场地位；实现公司业务由单一的中小型电力总承包向全行业工程总承包过渡。

在未来发展道路上，公司必须加强自身能力建设，向资金密集、管理密集、技术密集发展；向设计、施工一体化，投资、建设一体化，国内、国外一体化的方向发展；向技术、管理密集型的工程总承包企业发展。随着国际工程承包市场的不断发展，国际分工进一步深化，江联公司正在向国际化的经营模式转变，走智力密集、技术密集和资金密集的道路。进一步加强职工培训，培养一批熟悉国际通用的专业化的管理模式、熟悉工程索赔的合同条件及法律条文、熟悉相关国家的政治文化的专门人才。进一步提升江联公司在海外当地化经营的能力，争取与欧美企业合作，获得更多的市场准入机会。借鉴我国制造业企业通过跨国并购和股权置换等方式加大“走出去”步伐的经验，通过并购当地建筑业企业，进入发达国家工程承包市场。积极开拓高端市场。随着国际工程承包业的利润重心向产业链前端和后端转移，BOT 等集工程建设和项目运营于一身的项目大幅增长。江联公司在继续关注东南亚、中东、拉美、非洲市场的同时，将进一步加快进入欧美市场的步伐。重视属地化经营，规避法律障碍。由于一般国家都对本国承包商提供各种方便与支持，而对国外承包商设置一些障碍。因此，江联正在谋求经营属地化，充分利用当地人力资源和政策法律环境，降低企业运营成本、规避风险。

三 企业的“一带一路”业务规划

目前江联国际市场渠道已初步建立，且符合国家的“一带一路”倡议规划，但与其他国内外总包公司比较并无特别之处，技术在特定领域有领先优势，价格竞争力不足（从最近几个项目的主流公司报价比较）。公司的工作重心将立足于市场创新工作，打破常规，探索新项目承接方式、新合作方式、新渠道合作模式、新项目领域、新采购模式、新售后服务模式，力争取得市场开发的制高点，以创新来建立核心竞争力，改变看天吃饭的模式，进入持续跨越式发展，为其他市场开发积累经验。

根据市场数据分析，在项目国别市场选择上，公司的主攻市场应是集中于承包金额前20名国家，辐射承包金额前60名国家。目前公司在南亚和亚太市场及非洲市场上已有一定的沉淀，公司在下一步的市场开发重点是做实南亚和亚太及非洲市场，抓紧政策走势，积极开发其他承包金额前20名国家。同时通过主要市场辐射承包金额前60名国家市场。

在项目开发模式上，公司中心思路是生效一批合同保生存，储备一批融资项目合同保发展。2016年公司市场开发的基本策略是在成熟市场上主要集中于中小现付项目，保证公司的正常营运。在“一带一路”和非洲区域，主要集中于大型融资项目，保证公司的跨越式发展。具体就是：东南亚印度市场，公司将集中于私人投资中小型现汇及部分投融资项目；非洲、南亚、中亚等新兴国家主要以主权担保项目为主，公司将主要集中于政府融资项目。

在东南亚印度市场等成熟私人企业市场上，将以公司自有优势产品为基础，通过融资杠杆推动工程总承包业务，走以产品促进市场开发的道路。目前煤电行业已进入低端恶性竞争的态势，公司将遵循总公司差异化的路线，从垃圾发电、高炉煤气发电、劣质煤和生物质发电项目上力争突破。同时在不同国家主推侧重点不同，如印度以垃圾发电为主导，印尼以劣质煤和生物质发电项目为主导。在非洲、南亚、中亚等新兴国家主权担保项目上，公司将以项目融资方案为基础，通过整合行业产品推动工程总承包业务，以市场开发整合行业产品。

目前常规市场渠道合作模式只有独家合作和单个项目合作模式两种，其他公司几乎全部是这种模式。公司大多采用单个项目合作模式，在运作中有优势也有劣势。现在公司急需寻找新的合作模式。公司尝试在单个项目合作模式基础上，借鉴江联股份的经验，划出部分专业市场领域进行独家开发，这样有利于建立稳固的合作和稳定的市场。在适合的时候将在垃圾发电领域、制糖和压力容器领域进行分步试点，同时借鉴股份公司的专业市场开发领域组建相应的销售技术班子。目前各公司大多采用通用的代理佣金制度，由于经济环境恶化，项目开发成功率低，开发成本高，代理方获利不多，积极性不高，导致渠道萎缩。尝试打破常规，改代理模式为合作模式，使得代理商能够与公司共同发展，这将大大提高代理商的积极性。

目前，整个市场环境仍处于低迷时期，融资成本大幅攀升，大项目的国内融资难，在短时间内难以改观，市场将转向卖方融资项目（2000万美元以上）和小型项目为主。投融资项目将慢慢成为市场的主流，这就要求公司顺应大流，把公司业务重心慢慢从现金项目转到投融资项目上来。目前经济环境下，资金问题是困扰项目启动的主要问题，如融资难、融资成本高等，因此有待在常规 LC 付款模式的基础上，采取一些新模式，争取早启动项目。

根据产业发展规律，在传统工程领域，随着技术进步和普及，产业一般遵循欧美发达国家、日本、中国台湾地区企业、中国等发展中国家、更落后国家转移规律，利润率也是随着产业转移逐步下降。目前公司业务主要集中在燃煤火力发电领域。从目前的市场情况来看，该行业竞争越来越大，几乎进入恶性竞争，企业市场生命周期将缩短。长此以往，公司将重走当年欧洲公司、日本公司、台湾地区公司、中国进出口公司、中国工厂轮回的老路，最终被后续者取代。首先，公司必须改变中国产品的低端印象，进行质量升级计划。把公司质量目标定位在中高端产品（特别是公司锅炉产品质量），价格保持在中端。其次，公司需开始探索目前仍处于项目发展周期前期的市场领域，提前进入，以迎来新发展机遇。重点将尝试进入糖厂总包领域（欧洲、日本、泰国）、垃圾发电总包领域（日本、韩国）、水泥总包领域（欧洲三大水泥公司）。同时尝试以工促贸，由以工程为主转向建设与投资相结合，发展投资领域。

目前公司售后人员不足，长远来看将会影响公司品牌建设。采用售后外包模式，支持合适的安装公司或当地合作伙伴积极开发公司项目的售后服务，实现公司与售后单位双赢（公司解决售后，同时可以卖配件，安装公司取得市场盈利）。

四　企业已在“一带一路”开展的项目或所做的工作

埃塞俄比亚 OMO5 糖厂项目。2012 年下旬在对外友协的帮助和指引下获得项目初步信息，公司即派员前往埃塞俄比亚就项目合作进行接洽，并开始着手准备各项工作，虚心吸取各方宝贵经验，以 OMO2、OMO3 项目文件为基础对新项目文件进行了修改和完善。2013 年 3 月中旬，经过激烈的竞争，公司以独有的生物质（甘蔗渣）综合利用技术和循环经济理念深深地打动了用户，最终击败众多国内外强手脱颖而出，与埃塞俄比亚糖业公司签订了糖厂项目的 MOU。当时，进入埃塞俄比亚市场还需相关政府管理部门的许可，他们对公司的经验和能力了解不多。但江西省政府大力支持，成立了专门推进小组强力推进项目，在政府有关部门的大力协助下，通过多次澄清、交流和汇报，并把公司这么多年的海外项目经验呈现给他们，最后在各方的共同努力下，于2013年8月13日，公司与埃塞俄比亚国家糖业公司签署项目EPC总包合同。

OMO5糖厂项目属买方信贷项目，由埃塞俄比亚国家主权担保，由国内融资建设。所以，项目的签约仅仅是个良好的开头，融资具有巨大的难度。但恰逢国家提出“一带一路”的宏伟构想和“走出去”的伟大战略实施的大好时机，在江西省政府强有力的推动下，公司得到中信保的鼎力帮助、工总行的积极支持、商务部的高度认可，经国务院批准，终于在2016年，20%的合同预付款到账，项目进入正式实施阶段。

作为一家首次踏入非洲市场的地方性装备企业，没有央企的知名度，客户也一度对公司的实力存在质疑。当时公司遭受来自各方的不理解，面临巨大的压力、煎熬和信任危机。在如此艰难的情境下，公司坚定“走出去”的信心，借助一切可以借鉴的力量，通过自身的努力以及政府部门的全力支持，最终成功拿下埃塞俄比亚项目！埃塞俄比亚项目的成功，得益于国家“走出去”政策，得益于省政府的大力支持，得益于保险金融机构的鼎力偕同，也得益于公司的专有技术。

五　企业推进“一带一路”业务所遇到的问题和取得的经验

“一带一路”沿线65个国家的连通与合作，覆盖范围超过40亿人口，有着庞大的市场需求。为了更好地开拓“一带一路”沿线国家市场，公司对整个海外市场进行了重新部署，划分东南亚、南亚、西亚、中亚

—中东欧、非洲五大片区，并在印度、印尼、非洲等地设立分公司，进一步加大“一带一路”市场开发力度。

2016 年，公司近 20 万平方米的节能、环保产品制造、研发基地全面竣工，公司即将完成整体搬迁和产业升级。至此，公司将真正实现融节能环保产品的设计、制造、工程、运营及服务为一体的全产业链能力，真正实现制造型企业向服务型企业的转变，为海外客户提供系统集成的全方位解决方案。

◇◇六 建议和期待

公司有近十年的海外市场经验，深悉海外市场需求巨大、潜力巨大，深知平台作用的巨大。相信有蓝迪这个大平台，公司将站得更高，走得更稳，走得更远。公司未来的发展战略是，发挥自身优势，与“一带一路”沿线各国加强互联互通和产能合作。积极贯彻国家“走出去”战略新布局，秉承“江联四海、自强不息”的企业精神，积极探索，努力走出一条符合自身实际的国际工程与投融资相融合、携手开拓国际市场的新路子，为国家“走出去”战略做出应有的贡献。

光伏产业国际化之路

晶科能源控股有限公司

在全球气候变化的背景下，“低碳经济”日益受到世界各国的关注，多数国家纷纷提出可再生能源发展目标。在全球多个国家推动下，光伏产业化技术水平不断提高，产业规模逐渐扩大，成为促进能源多样化和实现可持续发展的重要能源。随着国际化步伐的加快，我国光伏企业“走出去”的需求与趋势越加明显。

一　光伏行业发展趋势的分析和研判

在全球气候变化的背景下，“低碳经济”日益受到世界各国的关注，多数国家纷纷提出可再生能源发展目标，如丹麦提出到 2050 年全部摆脱对化石能源的依赖；德国则提出到 2050 年可再生能源消费量占终端能源消费总量的比例达到 60%，可再生能源发电量占总发电量比例达到 80% 的目标；中国也提出 2020 年非化石能源占一次能源消费比重达到 15%，2030 年非化石能源占一次能源消费比重达到 20% 的目标。1 座兆瓦级电站年发电量可达 180 万度，在 25 年寿命期内总产出 4500 万度电，累计可节约标准煤 17794 吨，减排二氧化碳 46264 吨。

在全球多个国家推动下，光伏产业化技术水平不断提高，产业规模逐渐扩大，成为促进能源多样化和实现可持续发展的重要能源。全球光伏产业年均增长率达到70%以上，在世界各种能源增长速率中名列第一。截至2015年年底，全球累计光伏装机容量超过230吉瓦，过去10年年复合增长率达到42%。传统光伏应用市场如中国、日本、美国等继续领跑全球，新兴市场如印度、拉丁美洲诸国及中东地区则亮点纷呈。在政策引导及市场驱动下，2015年中国光伏新增装机容量高达15.13吉瓦，同比增长42.7%，连续三年位列全球第一大光伏应用市场，累计装机达到43.18吉瓦，超越德国成为全球光伏累计装机量最大的国家；日本全年新增光伏装机量约为11吉瓦，较2014年增长18.5%，年新增装机量蝉联全球第二。受税收减免政策变化影响，美国新增装机量再创历史新高，2015年新增装机量达7.3吉瓦，同比增长17%。欧洲地区年度新增装机容量约为8.5吉瓦，同比上升21.4%；增长点主要是英国，因该国补贴政策将于2016年截止，因而出现抢装热潮，全年装机量约为3.5吉瓦，同比增长近100%；德国市场则继续遇冷，装机量跌至1.4吉瓦，同比下降26.3%。

国际能源署（IEA）预测，到2030年全球光伏累计装机量有望超过1000吉瓦。另据欧洲欧盟委员会联合研究中心（JRC）预测，至2050年，太阳能光伏发电将占全部发电量的25%，到2100年达到64%，太阳能将成为未来能源结构的主导。

随着国际化步伐的加快，我国光伏企业“走出去”的需求与趋势越加明显。一方面，在我国“一带一路”倡议指导下，我国光伏企业也欲通过实施“走出去”战略开拓新兴光伏市场。据不完全统计，我国已建成投产海外电池与组件产能分别达到3.2吉瓦与3.78吉瓦，在建及扩建产能分别达到3吉瓦以上。另一方面，欧美等国家与地区相继对我国光伏产品出口实施“双反”调查，并出台高额税率，影响占我国光伏产品产量40%左右的出口市场，倒逼我国光伏企业海外建厂以规避“双反”措施。我国光伏企业除了通过并购等方式在美国、欧洲、日本等地布局产能外，也通过新建、改扩建等方式在马来西亚、泰国、印度等地设立工厂，质优价廉的光伏产品为全球光伏产业快速发展做出了巨大贡献。同时，光伏产业发展具有明显的社会带动作用，辐射效应极为明显。光伏产业的迅猛发展给半导体设备的发展提供了一个大好的机遇和广阔的市场空间，既促进了国产设备技术水平的提高，又有利于企业资金的循环和积累，为设备商营造了研发、再投入、再开发的良性循环发展氛围。

◇◇二　晶科所具备的竞争优势

作为世界领先的太阳能光伏企业，晶科能源控股有限公司成立于2006年，2010年成功纽交所上市（代码：JKS）。2015年，公司实现营业收入160多亿元人民币，跃升至2016年《财富》中国500强第330名。2016年，凭借出色的业绩，晶科能源成为全球最大的组件制造商，行业内排名升至全球第一。晶科年出口额超过10亿美元，在中国赴美上市光伏企业中市值排名前列，技术创新优势明显、经营管理效益优异，被业界誉为“毛利润之王”。

晶科能源拥有垂直一体化的产能，截至2016年9月30日硅锭和硅片产能达到约4.5吉瓦，电池片产能达到约3.7吉瓦，组件产能达到约6.5吉瓦。公司目前拥有我国江西省、浙江省、新疆维吾尔自治区及马来西亚、葡萄牙和南非六个生产基地，全球营销中心位于上海，并在日本、新加坡、印度、土耳其、德国、意大利、瑞士、西班牙、美国、加拿大、墨西哥、巴西、智利、澳大利亚以及南非等设立16个海外子公司，在中国、英国、保加利亚、希腊、罗马尼亚、阿联酋、约旦、沙特阿拉伯、科威特、埃及、摩洛哥、加纳、肯尼亚、哥斯达黎加、哥伦比亚、巴西和墨西哥拥有18个全球销售办公室，销售网络遍及五大洲。全球员工数量达到15000名，其中，研发人员超过200名。

晶科能源始终专注于为客户提供世界领先水平的光伏产品，专业化生产优质的硅锭、硅片、电池片以及高效单多晶组件，产品销往欧美以及亚太多个国家，包括意大利、德国、比利时、西班牙、美国、加拿大、东欧、澳大利亚、中国、印度、日本以及南非等主要光伏市场。晶科能源全球均衡发展迅猛、增长态势喜人，尤其是美国和新兴市场的表现最为亮眼，欧洲销售团队成绩不俗。2016年上半年，晶科能源组件出货量达3.316吉瓦，总收入为114.3亿元人民币（17.44亿美元），跃居全球光伏行业第一位。

晶科能源自成立以来，始终坚持“自主创新，掌握核心技术，实现企业可持续发展”的理念。2015年，获得了由国家工业和信息化部、财政部联合颁发的“2015年国家技术创新示范企业”奖牌，标志着晶科能源有限公司长期保持高水平研发投入，技术创新能力、水平得到国家层面的高度认可，这是2015年国家工业和信息化部继颁发晶科能源“工业领域品牌培育示范企业”之后，又一国家层面的平台荣誉。近年来，公司创新成果不断涌现，已跻身国际一流、国内领先企业行列，成为带动国家光伏行业技术创新的骨干力量。2016年，成功获批国家发改委“国家企业技术中心”平台。

晶科能源兄弟公司——晶科电力有限公司，是专业从事光伏电站开发、建设、运维、投资管理、电力生产和销售等主要业务的全球性投资企业。公司目前正处于强势增长期，已持有的光伏电站规模达1.52吉瓦，在建及筹建项目近3吉瓦。为中国、中东、非洲、东南亚、美洲及其他地区的地面电站、商业以及民用客户提供光伏电站投资、系统解决方案和技术服务。

◇◇三　晶科的价值观

晶科能源一直坚信，“人”是企业营运的基石，“文化”是企业呈现的品格特质。公平、责任、务实、超越，形塑了晶科的企业文化，不仅是晶科内省的标准，也是晶科择人的条件。

公平：公平、公正是晶科对所有员工、所有客户、所有供应商的承诺。反对“关系”，不容派系，严惩贪腐，开放沟通，每个人赋予同样的机会和待遇，每个个体都被同样地尊重、看重和回馈，营造平衡健康且透明客观的雇佣关系、伙伴关系。责任：对工作尽心、尽力、尽责、尽职；对家庭尽情、尽意、尽孝、尽道。勇于接受挑战，对抗难关；敢于倾力执行和承担结果；做出承诺就不计代价，全力以赴，使命必达。“欢喜做，甘愿受，我在，我做，我扛。”务实：坚守谦虚、踏实、勤俭、崇本的正道；诚实守信、专注本业；忌好高骛远，少说空话，多行动；选择适合自己的策略，相信“不是好的就是最适合的，而是适合的才是最好的”。超越：不自满，不懈怠，不中庸，持续不断地自我精进，追求卓越。保持青涩、拒绝成熟。

晶科，以改变能源结构、承担未来责任为愿景，以成为行业标杆、提供清洁能源整体解决方案为使命，以信任凝聚成一个圆，每一份力量都是如此的不可或缺。圆满，就能生生不息。晶科念兹在兹，力求本业成长，创造更高附加价值。因为晶科知道，这是所有责任的开始。回馈社会是晶科永续的进行式。晶科蓄积基业长青的能量，迈步向前。

四 晶科能源技术领先优势

晶科能源十分重视科研投入，在浙江、上饶、马来西亚等地均设有研发基地，拥有独立的分析测试实验室，在新加坡、澳大利亚、美国、德国、荷兰等世界知名实验室，海内外多个高校、研究机构均有共同合作项目。晶科浙江研发中心配备国际领先水准的研发设备和检测仪器共280台套，价值约2亿元。研究院2016年增资5000万元，用于采购研发设备、中试线设备以及检测设备等。到2019年，设备投入总额计划将达到3.5亿元。

晶科技术中心现有行业领军技术专家20名，外部专家顾问人数超10人，技术人员617名（研发人员300人以上）。此外，晶科能源以项目为载体，聘请众多海内外专家为兼职人员为项目提供技术指导，如新南威尔士的S. 韦纳姆（S. Wenham）教授、澳大利亚国立大学的克劳斯·韦佰（Klaus Webber）教授、新加坡国立大学A. 阿尔佰特（A. Alberl）教授、浙江大学硅材料国家重点实验室杨德仁教授、南昌大学周浪教授等。

晶科能源已申报专利共464项，国际专利6项，发明专利235项。已授权233项，其中发明专利18项。

作为全球最大的组件销售企业，晶科光伏组件的技术领先水平主要体现在以下三个方面。

第一，高效技术突破。2015年，经第三方权威机构TüV莱茵认证，晶科多晶组件以60片335.6瓦功率创世界纪录。2016年，晶科在高效技术方面取得的成绩更是硕果累累：经第三方权威机构SERIS测试，晶科多晶组件以21.63%的转换效率创世界纪录；经TüV莱茵测试，晶科60片单晶组件功率高达343.95瓦创单晶组件功率世界纪录。成为全国首家同时获得 CQC“领跑者”多晶和单晶一级能效认证的企业；获得 CGC 先进领跑者认证；“质胜中国”组件效率竞赛第一。晶科现有产品 60 片多晶组件量产主流功率达 275 瓦，单晶 60 片达 295 瓦，领先行业平均水平 5—10 瓦。

第二，高发电量。全球权威测试机构 PHOTO 实验室公布数据显示，P 型晶硅组件中，晶科产品连续两年发电量表现排名第一，为行业树立了组件质量和长期可靠度标杆；2016 年荣获 TüV 莱茵光伏系统组件发电量优胜奖。

第三，高可靠性认证。晶科能源是太阳能组件认证最齐全的中国企业。生产的单、多晶太阳能组件获得 TüV、UL、CQC、CGC、CEC、ETL、JET、MCS、SGS、CSA、VDE 等多项产品认证。2016 年成为国内首家获得“Q+”认证的中国光伏企业；同时，也是行业内首家通过 TüV 低温动载测试的光伏企业。

随着企业技术的提升，晶科能源产品的竞争力越来越强，在行业内的影响力也越来越大。下一步，公司计划在三年内做到技术全面领先，在国家企业技术中心的平台上展开更多国际合作，促进行业标准的制定，进一步提升中国企业在光伏行业的话语权。

五　晶科的“一带一路”业务规划及开展的项目

李克强总理曾在“两会”上重点提案的“一带一路”政策，不仅成为中国构建新时期全方位开放新格局的重要一步棋，更为晶科“走出去”拓展经济发展新空间提供了绝佳的契机。

从全球销售到全球制造，再到全球投资，是晶科实施“走出去”的战略部署。为了更贴近客户，以及积极响应中国政府提出的“一带一路”

的大战略，晶科在2012年、2013年分别在南非（120兆瓦）、葡萄牙（50兆瓦）两地开建了电池组件工厂，投资总额超过2000万美元。葡萄牙和南非工厂于2014年5月和6月先后进行投产，投产当年完成组件产量17.2兆瓦和36.8兆瓦，产值分别超过1100万美元和2400万美元，雇用员工400余名。2015年5月26日，投资1亿美元的晶科能源马来西亚槟城厂举行奠基仪式，意味着中国已经成功跨进了芯片制造这一高科技领域。它是晶科在海外的第三座工厂，也是其在中国以外地区的第一个电池厂。工厂设计产能950兆瓦，其中500兆瓦电池片、450兆瓦光伏组件，计划在启动生产后两个月内实现满产。晶科马来西亚工厂将进一步完善晶科在全球的电池和组件生产网络。

晶科海外工厂，除了投入最先进的生产设备、引进先进生产工艺和技术外，十分注重员工本土化及当地人才培养。以南非晶科能源有限公司为例，南非晶科是中国光伏企业在非洲投资成立的首家光伏企业，也是中国在南非最具代表性的企业之一。工厂于2013年成立，于2014年6月正式建成投产，工厂总投资约800万美元，占地约100亩，年产光伏组件120兆瓦，年产值达8000万美元。目前员工人数约270人，其中，仅10名管理人员为中国人，其余均为南非本地人，本土化程度达95%以上。本土管理人员及员工对工厂的生产运转情况均十分了解，并且十分认同晶科价值观。在国内外员工的共同努力下，南非工厂2016年产量达到143兆瓦，比计划产能提高19%；成品率达到业界一流水准，组件销量在保持南非市场占有率第一的同时，远销美国、欧洲和非洲其他区域。晶科南非工厂为当地的就业、人才培养、治安稳定均做出了很大的贡献。

全球销售向全球制造成功转型的同时，晶科开始布局全球投资。作为晶科能源的兄弟公司，晶科电力有限公司是专业从事光伏电站开发、建设、运维、投资管理、电力生产和销售等主要业务的全球性投资企业。

公司目前正处于强势增长期，已持有的光伏电站规模达 1.52 吉瓦，在建及筹建项目近 3 吉瓦。为中国、中东、非洲、东南亚、美洲及其他地区的地面电站、商业以及民用客户提供光伏电站投资、系统解决方案和技术服务。依托股东优势，加之本身的专业技能，晶科电力在全球市场飞速发展。晶科电力立足于快速增长的本土市场，通过具有海外 EPC 和运维资质的海外项目团队，积极在光伏政策有吸引力的国家，如墨西哥、阿根廷、约旦、泰国等地进行海外电站开发（见下表）。

目前，晶科已中标海外项目三个共 250 兆瓦。进行及洽谈过程中的项目，覆盖了中东、非洲、东南亚及美洲，其中，中东及非洲等地为项目集中区域，占比接近 70%。以肯尼亚的 50 兆瓦项目为例，已经签订完了总包协议，该项目将由江西国际主导，由晶科提供设备及技术支持，后期将由晶科一并代维。海外电站的项目开发、建设及运维将成为晶科能源未来发展的重要一环。未来，中国企业不是来跟其他国家抢市场，而是带给其他国家就业机会，带给其他国家技术、资本和经验，贡献 GDP，帮助其他国家解决能源和环境问题，帮助其他国家实现可持续发展。这是体现中国企业的实力、全球观的高度和社会责任感。

晶科海外项目

国家	容量	状态
墨西哥（第二轮）	250MW	已投标
阿根廷（第一轮）	130MW	已投标
阿布扎比	350MW	投标澄清阶段
约旦（第三轮）	100MW	准备阶段
埃及（第二轮）	250MW	准备阶段
日本	300MW	已评估

2016 年是晶科成立 10 周年，10 年时间，晶科已成功实现了从“全

球销售”到中国、东南亚、欧洲、南非的“全球制造”布局，并开始启动“全球投资”。成功建设和前瞻性布局体现了晶科能源从“全球销售”到“全球制造”再到“全球投资”的清晰发展战略，且恰恰吻合“一带一路”倡议，也促进了“一带一路”沿线国家新能源的生产和利用，以及光伏技术人才培养、经济和生态协同发展等方面的进步。

◇◇六　问题和建议

“一带一路”倡议构想对有意进一步“走出去”的晶科，提供了新的机遇和动力。晶科其实也是较早部署“走出去”的企业，在实际的工作中，晶科还是碰到一些困难和挑战。

（一）信息渠道问题

对于光伏制造业而言，全球各种形式的贸易保护层出不穷，已成为“新常态”。为避免过多中国光伏产品扎堆出口，同时推行“走出去”战略，海外建厂是必然趋势。但是，对于中国光伏企业来说，不熟悉国外投资环境，是面临的最大障碍之一。

建议以相关主管部门或行业组织为主导，统筹整合海外市场光伏政策、投资环境、环保政策、劳工政策等信息，及时反馈给全行业，保证信息畅通。同时，引导拥有雄厚实力的产业领军企业为龙头，引领光伏上下游企业“抱团出击”，建设境外产业园区，容易形成规模效应，降低成本，提高竞争力，也有助于提升中国与这些国家的贸易往来，优化贸易结构。

（二）政策风险问题

近年来，全球经济复苏乏力，世界主要国家对光伏产业支持力度有所减弱，光伏政策均有不同程度改变。如日本和英国即将削减光伏补贴，美国可再生能源税收减免政策（ITC）于2016年年底到期，西班牙甚至可能征收“光伏税”。对于我国“走出去”的企业来说，一旦项目所在国政策发生改变，投资风险急剧增大。我国光伏产业主要集中在民营企业，民企的现金流有限，资金压力本就紧张，一旦投资出现问题，企业可能面对资金链断裂风险。

建议尊重市场规律，鼓励光伏企业创新国际贸易方式，优化制造产地分布，在境外开展投资生产合作，推进光伏企业国际化发展。支持骨干企业，正确引导“走出去”，保持国际竞争优势。一是国家加大对“走出去”企业的支持力度，同时对“走出去”企业进行把关，加强对“走出去”企业的监管力度。二是要积极发挥行业组织作用，加强行业自律，引导企业根据自身实力有序“走出去”，不能一哄而上，同时积极鼓励骨干企业积极“走出去”。

（三）融资难问题

海外建厂，初期投资巨大，而金融机构对光伏制造业融资政策正在逐步收紧，贷款条件越加严苛，“融资难”已成为制约“走出去”的重要因素。2015年，晶科马来西亚槟城项目总投资额1亿美元，遇到了融资进度跟不上项目进度的实际困难，该产能扩张项目需要企业使用自有生产经营资金进行垫资，庞大的沉没资金对于制造型企业来说压力巨大，无形中放缓了公司在其他方面的前进步伐。公司资产前期抵押给银行贷款，导致后期项目担保困难。同时，国内金融机构一般提供短期贷款，而光伏电站项目融资需求通常为20年左右的贷款期，目前国内的金融机构少有相应的贷款品种。

希望政府和金融机构能够解决海外项目融资担保难问题，在贷款额度、年限及利率上给予支持，盘活资金用途，这样企业才能加快“走出去”的步伐。同时，银行等金融机构也要跟上时代的步伐，提前布局，超前于企业的战略布局。国家有关部门应尽快协调金融机构进行金融创新，为企业海外投资建厂、兴建光伏电站项目量身定做贷款和保险品种，加快了解贷款项目评估，助力龙头企业进行海外电站投资以及EPC服务。

（四）汇率问题

企业在海外建厂、投资电站或收购国外企业，需要的外汇数额较大，而我国对外汇管理比较严格，在外汇使用、外汇审批等方面较为严格，程序较为烦琐，批准额度也有限。这在一定程度上制约了企业“走出去”的步伐。此外，电站项目签署的发电采购合同常根据本国货币进行结算，新兴市场如巴西的汇率浮动较大，也为企业投资带来较大风险。

建议适度放宽外汇限制，加快对光伏企业在外投资、收购等业务外汇需求的审批程序，适当加大外汇支持力度。

（五）出口退税问题

中国企业在海外设立工厂还是需要用到中国产物料，如果物料出口退税率能够受到特殊对待，视同组件成品出口退税率，达到17%，这样可以大大缓解资金成本的压力，改善现金流。

光伏产业是中国的王牌产业，是中国少数具有国际领先地位的战略性新兴产业。中国光伏企业掌握全球独家的产业核心技术，未来能源又涉及国家安全，是国家经济和可持续发展的命脉，各国都把发展新能源提升到国家战略高度加以重视。未来的争夺就是能源的争夺，谁掌握了能源，谁就掌握了主动权。所以晶科强烈地希望得到政府的支持，站在全球的视野，站在全球能源大战略的角度，助力优质的新能源企业大阔步“走出去”，并赢得国际的尊敬。

新技术、新材料

积极响应“一带一路”倡议，强化国际科技服务合作

启迪控股股份有限公司

启迪控股股份有限公司（简称启迪控股）成立于2000年7月，其前身是成立于1994年8月的清华科技园发展中心。启迪控股是一家依托清华大学设立的综合性大型企业，是清华科技园开发建设与运营管理单位，是首批国家现代服务业示范单位。公司控参股启迪桑德（股票代码：000826）、启迪古汉（股票代码：000590）、世纪互联（纳斯达克：VNET）、启迪国际（香港主板：00872. HK）、紫光股份（股票代码：000938）、中文在线（股票代码：300364）、兆易创新（股票代码：603986）、北控清洁能源（香港主权：01250. HK）等上市及非上市企业500多家，总资产超过1000亿元人民币。

作为启迪控股的旗舰产品，清华科技园（TusPark）是世界上单体最大的大学科技园，园区总面积77万平方米，入驻企业超过1500家。目前，清华科技园已经成为跨国公司研发总部、中国科技企业总部和创新创业企业的聚集地，是清华大学服务社会功能的重要平台，是推动区域自主创新的重要平台，已经发展成为世界科技园行业的知名品牌。

经过20多年的发展与探索，启迪控股在科技园区开发建设和运营管理领域积累了丰富的经验，形成了一支高素质的经营管理队伍，积极推动创新资源与区域经济的有机互动，成功构建起以140多个孵化器、科技园、科技城为载体的全球创新服务网络，辐射网络覆盖中国香港、美国、韩国、俄罗斯、巴基斯坦等国内外50多个城市及地区，成为中国创新体系中的一支生力军。

启迪控股积极响应国家创新驱动发展战略，落实清华大学服务社会职能，在“致力于成为科技服务业的中国引领者和全球典范”这一总体目标下，以互联网、大数据等新一代信息技术为依托，形成知识、信息、人才、资金等资源共有共享的创新网络，集群式服务创新、推动创新，已经形成“科技园区、科技实业、科技金融”三位一体、相互协同的业务格局，已经成为中国科技强国建设进程中的一支生力军，成为拥有丰富经验和智慧、具备全面业务能力的科技服务提供商。

一 科技服务行业发展趋势研判

（一）近年来科技服务领域的政策环境

2012年1月，科技部制定并发布《现代服务业科技发展“十二五”专项规划》，提出科技服务业五大发展重点和六大支撑工程。2014年8月19日，国务院总理李克强主持召开国务院常务会议，部署加快发展科技服务业，为创新驱动提供支撑。会议强调：发展科技服务业是调整结构稳增长和提质增效、促进科技与经济深度融合的重要举措，是实现科技创新引领产业升级、推动经济向中高端水平迈进不可或缺的重要一环。2014年10月28日，国务院发布了《关于加快科技服务业发展的若干意见》（简称《意见》），提出到2020年科技服务业产业规模达到8万亿元，成为促进科技经济结合的关键环节和经济提质增效升级的重要引擎。政策红利的释放，为科技服务业的突破迎来巨大利好，未来将重点发展研究开发及其服务、技术转移服务、检验检测认证服务、创业孵化服务、知识产权服务、科技咨询服务、科技金融服务、科学技术普及服务和综合科技服务九大重点业务。

（二）科技服务业的现状

科技服务业是现代服务业的重要组成部分，具有人才智力密集、科技含量高、产业附加值大、辐射带动作用强等特点。近年来，我国科技服务业发展势头良好，服务内容不断丰富，服务模式不断创新，新型科技服务组织和服务业态不断涌现，服务质量和能力稳步提升。但总体上我国科技服务业仍处于发展初期，存在的主要问题包括：市场主体发育不健全，产业规模偏小，发展不平衡；专业化程度不高，高端服务业态较少，缺乏知名品牌，具有核心竞争力的、成功运作的商业化科技服务机构偏少；发展环境不完善，科技服务机构获得信息和知识的成本高、途径少；资源配置不合理，政府介入过多，垄断了部门行业的资源配置，部分分割现象没有得到明显改善，科研院所的科技资源效率低；相关科技中介服务的法律政策体系不健全，行业自律机制急需加强；科技服务机构人员素质偏低，复合型人才缺乏等。

（三）科技服务业的发展趋势研判

科技服务业不同于传统行业概念，是“科技+服务”的概念，而各行各业都会跟科技相关联，因其内涵非常丰富，同时随着国家政策红利推动，加之科技对各行各业影响力的提升，笔者认为科技服务业到了一个爆发窗口，必将迎来一个大跨越发展，其潜在趋势体现在以下方面。

在政策环境方面，行业标准及内涵得到界定，产业内涵将得到权威部门界定，甚至会纳入常用统计口径，利用社会认可和可持续发展，相关法律法规、优惠政策也将得到落实。在产业规模方面，随着科技在经济发展中的作用越来越显著，其相关的行业体量也将快速增加。在领军企业方面，随着业内企业的专业化能力提升和资源的整合积聚，科技服务业将逐渐出现拥有核心竞争力和知名品牌的领军企业。在人才聚集方面，随着行业的体量及经济效益的提升，自然将吸引越来越多高素质的人才加入行业，从事相关领域工作。在企业分层方面，随着产业链、价值链的逐步清晰，企业将细化分工，将出现高端、低端业态并存，各取所需、协同发展的态势。在发展模式方面，随着全球化和互联网化进程，科技服务业作为一个泛领域行业，将呈现出全球化、网络化和平台化趋势，平台型、全球性企业将占据产业发展制高点。

二　启迪控股价值观与发展战略

（一）价值观

1. 愿景

致力于成为科技服务业的中国引领者和全球典范，成为科技园领域的世界级巨人及行业领导者。

2. 使命

搭建创新与创业的舞台，铺设机遇与成功的道路，架筑科技与经济的桥梁，作为清华大学教育、科研、服务社会三大功能的有效平台，启迪控股肩负着创造社会效益和经济效益的双重使命。

3. 核心价值观

成为推动科技发展和区域创新的重要力量。

（二）发展战略

1. 战略定位

以科技园区、科技实业、科技金融三位一体的集群式创新模式为特点的全链条科技服务提供商，打造全球最大的创新创业生态系统，平台化运作。

2. 发展理念

集群式创新，平台化运作，空间有形，梦想无限，通过跨界整合，逐步构建创新创业生态系统，占领产业链的制高点，走可持续发展之路。

3. 核心产品

以孵化器、科技园、科技新城为主要形态的创新创业发展空间开发建设，企业孵化，运营管理和配套服务；通过科技实业导入环保新能源、数字经济、大健康、文化体育、教育等相关产业的提供商，通过科技金融提供科技创新领域的资金融通服务。

4. 战略方向

公司未来总体战略方向是借助启迪 22 年的科技服务经验和品牌积累，以科技园区、科技实业、科技金融三位一体的集群式发展模式，打造创新创业生态圈，提供科技服务的集成解决方案，努力成为地方区域经济转型、产业升级的驱动者和创新创业生态建设的培育者。

◇◇三　启迪控股“一带一路”发展愿景

（一）战略背景

为充分发挥我国在新时期的地缘优势，秉承丝绸之路的融合精神，加强与沿线国家的经济交往，打造文化包容、经济融合的利益、命运、责任共同体，国家科学提出“一带一路”倡议，旨在推动区域增长方式转变、产业转型升级、区域空间组织延伸和优化。当前，随着“一带一路”倡议推进，我国与“一带一路”沿线国家的合作更加深入和广泛，合作领域已从基础设施、农业、能源开发逐步拓展到科技创新、教育培训等。在“大众创业，万众创新”的时代背景下，科技服务已成为我国实施对外科技合作战略的重要内容，加快推进国际科技服务合作不仅有利于加强双方政界、科技界、商界之间的沟通、合作和交流，以改善我国与欧亚非国家的关系、提升国家国际战略布局，而且有助于企业在更广区域内进行科技资源配置，为企业和产品走向国际搭建了桥梁。启迪控股作为全球领先的科技服务商，积极响应国家创新发展战略和“一带一路”倡议，依托启迪控股20多年的科技服务经验，以及建立起的国际科技服务网络，在推动国内创新创业发展的同时，正加快推进科技园区、科技金融、科技产业等业务在全球尤其是“一带一路”沿线国家的全面布局，力争成为支撑国家“一带一路”科技合作的先锋和领军企业。

（二）战略举措

第一，提升业务战略地位。把“一带一路”业务合作作为启迪控股国际业务战略的核心组成部分，将启迪的“一带一路”业务战略与中国的“一带一路”倡议尤其是与“一带一路”科技合作战略密切对接。

第二，扩大业务布局范围。加大对具有发展条件与价值的“一带一路”国家科技投入和业务布局，增加在“一带一路”国家的科技服务合作节点，扩大启迪控股“一带一路”倡议的辐射范围和影响力。

第三，深化业务合作领域。以科技园区合作为引擎，以科技产业合作为支撑，以科技金融合作为纽带，推动启迪控股在“一带一路”沿线开展全业务领域合作。

（三）战略目标

第一，打造启迪“一带一路”国际创新走廊。国家“一带一路”规划提出“加强科技合作，共建联合实验室（研究中心）、国际技术转移中心、海上合作中心……积极开拓和推进与沿线国家在青年就业、创业培训、职业技能开发等共同关心领域的务实合作”，明确将科技创新创业合作作为其重点内容。启迪控股将以科技部、外交部等国家部委的科技合作战略为导向，推动孵化器、科技园区、科技城等科技创新载体在具备发展条件的“一带一路”国家进行布局，努力扩充既有的“一带一路”合作节点，增强科技创新基地群的密度和辐射带动效应，构建与国家“一带一路”倡议覆盖范围相吻合的、切合当地发展实际的、具有启迪特色的“一带一路”国际创新走廊。

第二，推动启迪科技产品全面“走出去”。国家“一带一路”规划提出“推动新兴产业合作，按照优势互补、互利共赢的原则，促进沿线国家加强在新一代信息技术、生物、新能源、新材料等新兴产业领域的深入合作，推动建立创业投资合作机制”。启迪控股将发挥自身产业优势，依托已建立起的国际科技创新基地群和科技服务网络，强化与合作区域政府、大型企业等机构合作，通过科技产品运作与代理、技术和服务输出、生产基地共建等方式，推动环保新能源、数字信息、大健康、教育培训等板块的科技龙头企业，如启迪桑德、清华阳光、亚都环保、世纪互联、启迪国信灵通、启迪古汉、启迪教育等产品、技术和服务输出至“一带一路”沿线国家，力争成为我国在“一带一路”沿线开展科技产业合作的典范。

第三，以科技金融支撑合作区域发展。探索与我国金融机构、大型企业，以及合作区域政府、科研院校等单位成立“一带一路”科技园区开发基金和科技产业投资基金，重点支持“一带一路”科技园建设和合作区域相关科技产业的融资，通过跨国投资并购，增强科技产业发展实力和辐射范围，提升启迪控股对合作区域的科技服务能力。依托启迪控股在科技金融领域的经验和资源优势，为科技创新载体入驻企业提供全生命周期的融资服务，推动合作区域产业发展和创新能力提升。

四　启迪控股“一带一路”业务合作现状与总结

（一）业务合作现状

整体上来看，启迪控股的国际科技服务合作主要呈现出以下三个特征。

第一，以“基地＋平台＋服务”模式构建国际科技服务网络。启迪控股积极响应国家“一带一路”愿景与行动号召，创新发展模式，以“基地＋平台＋服务”模式，将20余年的科技园发展运营的成熟经验，成功运用到俄罗斯、埃及、巴基斯坦、马来西亚、泰国等多个国家的科技园规划建设与运营管理、科技产业发展、科技服务平台搭建等创新创业相关领域，成为中国科技服务输出的先锋企业和旗帜企业。截至2015年年底，启迪以孵化器、科技园、科技城等业态在中国和全球布局了134个科技创新基地，已在“一带一路”沿线上和APEC的多个国家实现布局，在美国、韩国、俄罗斯、中国香港等国家和地区建立了国际化的孵化网络基地群。

第二，围绕科技创新载体建设提供规划咨询、运营管理等全方位服务。依托启迪在科技园、科技城规划设计、建设及运营管理方面积累的20多年经验，为“一带一路”沿线国家提供规划设计、产业定位、运营管理、融资招商的全产业链服务。比如，启迪承担马来西亚宏愿谷科技园（MVV SP）的战略规划任务，重点围绕马来西亚宏愿谷如何对接中国“一带一路”倡议，如何确定宏愿谷科技园总体目标、产业发展定位，如何搭建创新体系等事关科技园运营发展的关键问题展开咨询服务。再如，启迪控股受埃及BUE大学委托，通过承担“BUE大学科技园建设可行性研究”课题，为该科技园的规划、建设与管理提供全面的咨询与顾问服务，提升BUE科技园在促进埃及经济发展与创新创业上的引领示范效应。

第三，以投资并购、产品和技术合作等方式推动科技产业国际合作。启迪的战略构想是完成百亿级的跨国并购，比如同像霍尼韦尔（世界500强）这种代表新经济的企业积极洽谈，拟在城市及产业数字化升级、节能环保、技术孵化加速等领域开展合作，为启迪跻身世界级的企业打下坚实基础。产品和技术合作方面，启迪旗下启迪桑德、清华阳光、亚都环保等一批科技实业公司随着孵化器、科技园等创新基地“国际化”加速推进，积极实施“走出去”战略，与“一带一路”沿线国家积极洽谈，在垃圾和水处理、太阳能发电、空气净化器等领域应用其产品和技术，提高科技载体整体的科技含量和经济效益。

（二）面临的问题

虽然启迪控股在开展国际科技服务合作过程中取得了可观的成绩，但同时也面临着一些问题或制约，主要可归纳为以下三个方面。

首先，政府对国际科技服务合作缺乏系统顶层规划，支持力度还不够。由于“一带一路”沿线国家经济发展水平大多相对较低，以承接产能输出、生产加工为核心功能的产业园在发展过程当中备受关注，因此现有的很多相关扶持政策还主要集中在产业园。同时，以往沿“一带一路”地区实施“走出去”战略的主要是能源和建筑领域的大型央企，政府对其支持力度很大。而在科技服务领域，像启迪控股这类的混合所有制企业，缺乏政府足够的支持。事实上，在全球经济持续低迷和创新浪潮涌起的今天，无论是发达国家还是欠发达国家都已经意识到科技产业发展和科技创业的重要性，但缺乏顶层设计，相关的配套政策与激励机制尚未形成。

其次，地区文化习俗、行政管理等方面的差异，往往会制约项目的推进效率与效果。“一带一路”沿线拥有多个不同民族、不同生活习性、不同宗教信仰的国家，这些国家在生活习性、时间观念、处事态度、办事方式与效率等方面与中国存在较大差异。受诸多差异的影响，启迪控股的国际科技服务合作项目在推进过程中往往面临行政审批手续多、审批周期长、合作方决策时间久、合作方未按时履行相关内容等一系列问题，这也导致许多项目未能如期进行，未能达到预期效果。

再次，国际拓展与管理人才还比较缺乏，影响了国际科技服务合作进展。国际化人才是开展国际合作的先决条件。在“一带一路”国际科技服务合作过程中，启迪控股不仅需要熟悉当地环境甚至在当地工作过的员工，而且还要求员工在科技园运营管理、跨国企业并购重组、科技产品的营销拓展等领域拥有工作及管理经验。随着国际业务不断扩大，启迪控股对这类拥有综合能力的国际人才的需求量也逐年增加，但事实上，这类人才的培养及供给难以有效满足相应需求，进而制约了“一带一路”业务战略实施及相关项目深入推进。

（三）取得的经验

经过多年的探索与总结，启迪控股在推进“一带一路”科技服务合作中积累了丰富经验，以下重点谈三点。

首先，针对“一带一路”沿线国家的差异与特色，探索制定一系列科技服务合作风险防范措施。依托既有的国际科技服务网络以及长期积累的国际合作经验，启迪控股通过对“一带一路”沿线相关国家进行走访考察与交流洽谈，充分掌握了合作地区和国家的政治、经济、文化、科技、民生等基本情况，并基于对这些国家的深入研究，从政治、经济、文化、管理等多个维度系统总结出风险识别与防范措施。与此同时，还按照经济发展水平、文化差异等对这些国家进行归类，形成了一系列针对不同类别国家的、较为完善的科技服务合作风险防范策略，充分保障了启迪控股在“一带一路”国际合作中的风险预警与监控。

其次，为合作机构提供精准服务，并“以点带面”延伸拓展合作广度与深度。前期启迪控股通过为“一带一路”地区合作机构提供孵化器、科技园、科技城建设和运营管理方面的咨询服务和顾问服务，获得了合作地区高层政府、科研机构、大学、企业等各界的高度认可，为后期进一步深化合作内容奠定了坚实的基础。例如，2015 年启迪控股所管理的研究机构——清华大学启迪创新研究院受埃及 BUE 大学委托，为 BUE 大学提供涵盖科技园区规划、建设、运营管理等的全方位咨询服务。为全面掌握 BUE 大学建设科技园的基础与潜力，清华大学启迪创新研究院先后对埃及的通信部、投资部、高教科研部、开罗大学、BUE 大学、智慧村（Smart Village）科技园、希腊校园（Greek Campus）孵化器、三家大型工业园、多家知名科技企业等进行了实地走访调研，获得了丰富的信息，所形成的研究成果也深得当地各界机构的高度肯定与赞赏，BUE 大学随后与启迪控股签订了科技园运营管理合作协议。通过此次走访调研与洽谈，埃及政府高层也对启迪控股了解更加深入，达成了更多的合作共识。例如，通信部与启迪控股签订了关于全面推进埃及国家科技园建设的战略合作协议。

再次，注重物理空间与虚拟空间结合，营造良好的创新生态环境。随着信息技术发展，以平台为代表的“虚拟空间”逐步独立于传统的物理空间而快速发展起来。但事实上，绝大多数科技产业的发展仍然对物理空间有所依赖，只有将物理与虚拟双重空间紧密结合，才能真正构建起适宜产业发展的生态系统。结合启迪控股的经验来讲，物理空间方面，其建设通常是结合地区发展实际，因地制宜，推行国际领先的科技在建筑、设施、开放空间等上的运用，提升物理空间的科技水准。同时，立足大区域发展情况，合理确定好各种功能用地配比，提升物理空间的服务水平。虚拟空间方面，依托大数据、物联网、云计算等信息技术手段，构建区域管理信息系统，提升管理水平；同时，整合利用合作地区和国家乃至全球范围内的科研院所、生产机构、金融机构、行业协会，以及知名高校、关联科技企业等资源，搭建跨组织、跨行业、跨区域的科技合作服务平台，为区域发展提供各类解决方案。

五　“一带一路”科技服务合作建议

“十三五”国家科技创新规划提出：“发挥科技创新合作对共建‘一

带一路’的先导作用，围绕沿线国家科技创新合作需求，全面提升科技创新合作层次和水平，打造发展理念相通、要素流动畅通、科技设施联通、创新链条融通、人员交流顺通的创新共同体。”科技创新合作是“一带一路”的先导，而科技服务合作则是科技创新合作的重心。开展国际科技服务合作需要政府和市场紧密结合、共同发力，要充分发挥政府的引导和支持作用，以及科技服务商的市场主导作用。

（一）政府层面

1. 对科技服务跨国合作加强顶层设计

加强与沿线各国政府科技合作，分类制定国别战略，推进与科技发达国家建立创新战略伙伴关系，与周边国家打造互利合作的创新共同体，拓展对发展中国家科技伙伴计划框架。围绕研发合作、创新政策、技术标准、知识产权、跨国并购等开展深度的沟通与谈判，共同消除法律法规等方面障碍，出台大力支持平台建立的政策措施，简化建立平台的审批程序，普遍赋予合作平台以合法身份并建立保障平台参与者依法获得应有权利的制度环境，等等。

在产业园区的规划建设过程中，要把科技合作作为产业园区建设的重要内容，在产业园区未来的产业发展方向定位上，考虑国际科技合作的可能领域，既包括合作研究与开发层面的合作，也包括我国科技成果在产业园区实现产业化和商业化的前景。

在顶层设计基础上，进一步引导企业、科研机构、服务组织等社会力量参与并成为国际科技合作的实施主体，探索并最终形成政府搭台、社会参与、企业为主体的合作模式。

2. 为科技服务合作提供更有力的配套服务支撑

基于沿线国家和地区的科技基础和未来发展的需求，结合我国的实际情况，可考虑联合沿线国家和地区之外的高等院校、科研机构、企业等其他国家，特别是发达国家的科技力量，共同建立合作研究中心。

提高政府对外投资合作专项资金中科技合作的支持比例，鼓励国际大型保险公司、担保企业为科技服务跨国合作提供担保服务，对科技服务商投保海外投资保险给予扶持，以降低科技服务跨国合作过程中的风险。

通过双方政府引导，加大丝路基金等资金对科技合作的支持力度。在建立国有金融机构和投资基金的同时，出台相应的政策鼓励各类金融投资者、工商企业、研究机构、个人投资者等，独立或者合作建立更多的金融支持机构与基金。另外，借助于沿线国家及全球范围内的其他国家政府及金融机构积极关注和参与“一带一路”建设及其中的国际科技合作事项，从而构建起一个遍布全球广大发达国家和发展中国家的立体式金融支持网络体系。

（二）科技服务商层面

1. 综合评估合作风险并制定应对策略

在科技园的国际合作过程中，往往要面对政治风险、制度风险、管理风险等多重风险压力。因此，在开展合作时首先应当对合作项目所在的国家和区域进行综合性风险评估和项目合作可行性论证，充分考虑国家和区域的政局稳定性、经济社会发展水平、科技发展基础、基础设施的完善程度、外商投资和知识产权等法律体系的健全程度、行政审批等政府机构办事效率，等等。通过综合分析，探索提出合理的合作方案和风险应对策略。

（1）按照合作内容，科技园区的合作模式可分为咨询顾问支持型、管理服务和品牌输出型、联合共建型等，合作的层次和深度也依次提高。随着合作层次和深度的提高，科技园合作的风险也会不断增强，因此，前期建议提供以科技园区规划、管理咨询、平台搭建、人才培训、品牌塑造与推广等为重点的“软”服务；在此基础上，通过对区域合作条件进行持续观察、研究和评估，稳步推进合作深度以及“硬件”建设。

（2）随着国家战略实施，由政府主导的跨国合作产业园越来越多，如马来西亚—中国关丹产业园、印尼—中国综合园区、中俄丝路创新园等。后期在科技园合作过程中，可与产业园运营主体进行协商，在既有的跨国产业园中设立科技园，作为产业园的“园中园”，这样既可以享受产业园相关优惠政策，也可有效降低合作风险。

（3）当科技园合作正式进入投资建设阶段时，可通过申请融资担保、投保海外投资保险等方式尽可能防范或规避合作过程中的风险。

2. 科学规划科技园合作内容

基于前期项目合作可行性论证及方案选择研究，与合作方共同探讨确定合作模式与内容。无论是提供规划咨询服务、运营管理服务还是共同开发运营，都应当对科技园进行科学规划。首先，要科学选址，综合考虑经济、科技发展水平以及与我国/所在国家科技合作的未来前景，政局稳定性，交通、商业、居住等基础设施配套完善程度；其次，制定合理定位和发展策略，定位既不能不切实际又不能过于保守、毫无特色，应当根据区域独特的地理环境、发展基础、资源禀赋、文化内涵以及国际科技园区发展先进理念与经验等实行差异化、特色化、国际化定位，既体现与其他同类科技园的差异和特色，也体现出开放合作、与国际接轨的思路。基于总体或战略定位，再结合区域产业导向、产业基础等进一步确定园区产业体系、功能布局、发展策略。另外，结合地方发展实际导入启迪控股的相关科技产业，并将启迪先进的科技产品、孵化理念、运营管理经验运用到科技载体建设发展中。

3. 争取政府支持搭建科技合作服务平台

积极争取“一带一路”基金、亚投行、国开行等相关基金支持，同时联合两国政府、企业、金融机构等跨区域跨领域共同成立针对科技园建设的开发基金和针对科技产业发展的投资基金，支持科技园区建设和科技企业融资等。

依托两国政府，联合两国高校、科研院所、科技企业、中介机构等共同搭建跨区域科技服务平台，积极引导和推动技术转移交易、互联网金融、知识产权保护、创新创业服务等平台的建设，为两国科技企业走出去、科技资源共享共用、跨国创新创业、技术创新交流合作等提供桥梁。

附表　**启迪控股“一带一路”沿线国家合作历程**

时间	合作国家或地区	具体内容与战略意义
2014 年 10 月 14 日	俄罗斯	启迪控股与斯科尔科沃创新中心签署了双方《战略合作框架协议》。在共设创新基金、推进两国青年共同创业计划、共建孵化器、共建技术转移中心、技术创新服务等领域开展全方位合作
2015 年 6 月	巴基斯坦	巴基斯坦联邦计划和发展部长、巴基斯坦高等教育委员会主席共同见证启迪控股与巴基斯坦 NUST 大学签署合作协议。根据 NUST 和启迪控股的合作协议，启迪控股将在该园区的规划、建设和运营方面与 NUST 进行全面合作
2015 年 10 月 13 日	芬兰	携手芬兰顶尖创新创业机构 Slush，联合中关村软件园和北欧科技园、启迪之星在北京中关村软件园共同主办全球创新创业省会“Slush China 2015”
2015 年 11 月	蒙古	蒙古国总统额勒贝格道尔吉与启迪控股常务副总裁陈鸿波就蒙古国科技园建设合作亲切交谈。双方在科技园区的软环境与硬环境建设，科技型中小企业的孵化与成长等方面进行了深入洽谈与合作

续表

时间	合作国家或地区	具体内容与战略意义
2015 年 11 月 19 日	马来西亚	启迪控股与马来西亚天龙集团正式签署马来西亚宏愿谷（MVV）科技园战略规划合作协议。马来西亚宏愿谷项目规划面积 1085 平方公里，总投资约 8000 亿元人民币，整个项目包括运动休闲城、生物医药与健康产业城、世界知识与大学城、高科技产业园区以及交通枢纽工程等功能板块，堪称目前世界最大的国家级创新区域开发项目。根据协议，清华大学启迪创新研究院承担高科技产业园区战略规划，面积约 25 平方公里，是马来西亚宏愿谷的核心组成部分
2015 年 12 月 22 日	泰国	泰王国国家科技部部长见证启迪控股与泰国 NIA（国家创新局）签署合作意向书。启迪控股与泰国 NIA 将在双方国家鼓励的技术领域内，促进双方政府及企业层面的技术交流与相关投资领域如清洁能源、环保产业、智慧城市相关产业等展开深入合作
2016 年 1 月 19—21 日	埃及	启迪与埃及通讯与信息部就共同建设埃及科技园区等方面的合作内容签订全面战略合作协议。利用启迪控股 20 多年整合各方资源，通过培训骨干、分享经验、搭建金融投资平台和共同运行管理等各种方式，支持和协助埃及政府规划和建设国家科技园区
2016 年 4 月 8 日	瑞士	在习近平主席和瑞士联邦主席施耐德·阿曼的见证下，启迪控股与瑞士国家创新园签署了友好合作协议。内容主要包括双方积极分享与交流科技创新园区的建设与运营经验、探讨促进双方大学科技成果转化方面的合作路径以及为双方企业在对方的发展提供便利条件。标志着启迪控股在国际化的过程中，正在向包括发达国家在内的国家和地区输出先进科技管理、园区运营以及创新经验，成为全球科技创新服务领域的知名品牌

电科国际与“一带一路”合作

中电科技国际贸易有限公司

中电科技国际贸易有限公司（简称电科国际）成立于2002年7月，是中国电子科技集团公司（简称集团公司）的全资子公司，注册资本10亿元。

电科国际是从事电子信息产品贸易及国家特许经营防务电子产品的综合性公司，融产品供应、系统集成、解决方案、售后服务为一体，以中国电子行业科研院所及高科技企业的雄厚科研、生产和服务力量为后盾，面向国际市场开展军贸、民品、进口、国际工程、国际合作和国际投融资业务。

电科国际具备了所有的军贸资质和外事资质，立足打造集团公司的国际化经营平台。成立十余年来，电科国际足迹遍布世界100多个国家和地区，建立起以东南亚、南亚、西亚、中亚、北非及海湾国家、其他非洲区域、东北南美、西南南美等8个业务大区为中心，巴基斯坦、埃及、苏丹、阿尔及利亚、委内瑞拉、叙利亚、缅甸等30个海外办事机构为触角，覆盖全球主要国家和地区的市场营销网络。并成立了多家专营进口、海外工程、投融资以及国内外物流业务的专业子公司，形成了市场线、技术线、保障线协同运作的经营模式。

电科国际十分重视人才的培养与发展。电科国际本科及以上学历员工占91.37%，硕士及以上学历的占48.73%。2016年集团公司首次进入《财富》世界500强排名，列第408位。

一　全球电子信息产业发展趋势

未来全球电子信息产业将实现稳步增长，电子信息产品市场规模稳中有升，将维持4%—5%的增速，其间电子信息产业格局保持稳定，产品市场结构局部微调；移动互联应用将成为未来热点，以服务为核心的发展趋势明显；以“智慧”和“安全”为特点的信息化进程受到世界各国的普遍重视，信息工程将成为新的增长点；并购重组加速，垄断格局向深层次发展。

（一）市场结构多极化发展

当下全球经济复苏的脚步依然脆弱而缓慢，西方主要发达国家正面临着难民危机、失业率高企、银行不良贷款等下行风险，加之英国“脱欧”带来的不确定性，未来主要工业体的经济前景不容乐观。相反，亚洲与撒哈拉以南的新兴市场和发展中国家经济发展依旧强劲，发达国家产业转型以及将部分生产环节逐步向发展中国家转移。排名前十的国家中，市场规模增速超过5%的只有中国、巴西、印度三个金砖国家；美国的市场增速仅为1%，日本等其他发达国家甚至出现负增长。而中国有望在3—5年之内超过美国，成为全球第一大电子产品市场。

（二）信息服务业发展趋势明显

建立在信息技术应用基础上的生产性服务业将保持高速增长，特别是电子商务、网络金融、软件和服务外包等新型生产性服务业，进一步加速了全球范围内的资源优化配置和产业转移。电子信息产业正从 PC 时代步入移动互联网时代，以服务为核心的趋势促使旧有垄断格局开始瓦解，带动新兴格局逐步形成。在新一代信息技术产业领域，全球各主要经济体业已同步进入一个领域更为宽广、增长更为迅速，但竞争程度更为激烈的新战略发展阶段。

（三）信息工程将成为新的增长点

根据近年全球对外发包的工程情况可以看出，不管是发达国家还是发展中国家，电信工程大量涌现，其中有国际电信巨头等大公司的投资项目，还有各国政府投资的电信网络改造、新建工程。加之全球城市问题日益严重，恐怖极端势力蔓延，安全风险挑战形势严峻，传统安全与非传统安全交织，基于大数据与云计算的智慧与平安城市工程将成为国际工程承包新的增长点。国际工程项目日趋大型化，传统的工程承包正逐步被工程承包、国际投资、项目融资、国际信贷、设备贸易、技术转让、BOT、BOOT 等相互融合的综合性合作方式所取代，EPC 等总承包方式将越来越多。

（四）企业寻求自主创新发展

全球新一代信息技术集成化、融合化、多样化演进趋势日益突出。

高附加值、高技术含量和综合性的项目增多，国际工程技术承包领域中，新材料、新工艺得到普遍应用。近几年来，为获得较高的利润率，行业内有实力的大型企业基本上都开始从 OEM 向 ODM 转型，从以收取加工费为主要利润来源向自主可控、系统集成以及产业链延伸方面发展。

（五）能源电子行业潜力巨大

由于全球性的资源危机和各国对环境保护的重视，今后相当长一段时间内，绿色和环保项目必将呈增加趋势。尤其是 2016 年在杭州举办的 G20 峰会，中美两国同时提交应对气候《巴黎协定》的批准文书，二十国集团领导人均在联合国应对气候变化倡议主旨下积极反应，承诺尽早完成国内审批程序，推动《巴黎协定》尽快生效。这在相当程度上预示了未来各国在绿色环保上的资源投入和市场潜力将加大。

（六）军贸电子信息领域前景良好

当前国际战略格局深刻演变，军贸热点地区地缘政治角力日趋激烈，安全风险挑战形势严峻，局部战争时有发生，军事威胁与对抗长期存在。世界主要军事强国军备竞赛加速，高新装备更新换代步伐加快，产品进入新一轮更新换代期。未来战争呈现体系对抗、信息对抗、空间对抗、非接触对抗的新特点，武器装备体系化、信息化、无人化趋势明显，以电子信息技术为引领的新一轮科技革命和产业变革蓄势待发。反恐防暴、国际维和、打击海盗、稳边控边、抢险救灾、快速反应、应急指挥、信息安全、公共安全等需求日益增加，为电子军贸业务发展提供了良好的机遇。

◇◇二　电科国际的发展战略

电科国际秉承“责任、创新、卓越、共享”的核心价值观，坚持以国家“一带一路”建设和“走出去”战略为指引，牢记“引领电子科技、构建国家经络、铸就安全基石、创造智慧时代”的企业使命，按照“市场客户化、业务专业化、保障综合化、人才一体化”的四化方略要求，致力于“安全”和“智慧”两大事业，坚持以军贸为核心、国际工程为重点，协同推进民品出口、进口、国际合作“五位一体”共同发展，努力打造成为“国内卓越、世界一流”的电子信息领域综合平台型企业。

（一）打造开放的国际市场平台

作为电子信息领域的综合平台型企业，电科国际在“十三五”阶段将夯实国际化经营平台建设基础，重点在于打造开放的国际市场平台。通过建设海外投融资平台、海外项目整体解决方案论证中心、项目支撑平台、项目管控平台以及项目信息平台，努力提高国际化经营平台的市场分析把握运作能力、对公司资源的管控能力、对系统内外资源的系统集成能力、对国外客户合作的控制能力、对集团资源的调度组织能力、对国家政策理解执行能力。

（二）渠道建设

充分发挥国有企业优势，继续加强同海内外政府、金融、学术机构以及企业合作伙伴的沟通与协作。巩固和深化同外交部、商务部和科技部等政府部门的沟通与交流，加快对接各类融资金融类机构，最大限度地拓宽贸易、融资、基金渠道，积极参与国外顶级的学术论坛，同国内外重点大学、科研院所加强协作，顺应科技发展潮流，巩固公司行业地位，拓宽合作领域，巩固和深化现有海内外合作伙伴的关系，深化跨领域合作，积极探索，互利共赢。

（三）产品结构

以军贸为核心，以民品及国际工程为重点，以军民融合一体化综合发展为目标，充分利用“军贸溢出”效应，重点在智慧城市、公共安全、新能源、电子信息基础设施、产业园区建设等方面，努力将公司打造成以高科技为特色的高端国际工程承包商，以及电子信息领域国际知名的解决方案提供商，并以重点项目为突破口，延伸产业链布局，以电子信息领域为中心带动相关土建、交通、能源、航空领域综合发展，不断提高集团公司产品的国际市场竞争力和占有率。

（四）市场布局

不断巩固扩大南亚、东南亚、北非等传统军贸市场，借助“军贸溢出”效应，深耕军民融合发展领域，大力开拓中亚、中东、前苏联地区、南美、中东欧等新兴市场，形成国际市场全面布局良性态势，以传统主导市场为中心辐射周边市场，以重点项目为突破口拓展全球市场，建成覆盖全球重要区域的国际经营网络。

（五）竞争优势

电科国际通过多年积累，市场网络逐步完善，在商业运作和综合项目管理上形成了一整套的成功经验和运营模式，并具备了较强的大系统项目集成能力。

第一，电科国际所属集团公司是经国务院批准、国资委领导的大型中央企业，是中央直接管理的十大军工集团之一。电科国际是集团公司市场信息交流和分享、项目策划和商务运作、实施和管理等国际工程业务的实施载体，产业联动发展的国际工程业务平台，在外事、渠道等方面都享有诸多优势。

第二，凭借过硬的产品和优质的服务，电科国际在主要市场已树立起了良好的品牌形象和品牌信誉。多年来与客户的良好互动使电科国际的品牌影响力显著提升。

第三，在实践中形成了拥有客户关系管理、市场开拓、项目运作等多种能力的市场团队，以及在法律、商务、融资、语言等领域的专业队伍。专业、高效的团队为未来不断开拓新市场、提高市场占有率、增加市场话语权奠定了基础。

第四，通过大系统、大项目的策划和实施，积累了一定的跨专业、跨行业国际系统工程项目的综合管理和运营能力。在诸多复杂的国际工程项目中，形成了“六位一体”的国际工程管理体系，通过领导小组统筹资源和指挥部署，使整个项目管理体系健全高效，为重大项目提供了可以复制的管理模式。

第五，电科国际具备了所有的军贸资质和外事资质，如军贸、军免以及设备援外、外事审批权、核高基项目引进代理权等，为产品、工程类项目进入海外市场提供便利渠道。

第六，电科国际通过提供平台的增值服务形成独特的产品优势，作为专业的产品出口商与集团内外供应商和集成商形成互补共赢关系。

◇◇三 “一带一路”业务规划

（一）市场开拓

南亚市场，以军品出口业务为基础，借力“中巴经济走廊”国家战略机遇，积极开拓民品、工程领域，在安全维稳、智能交通、电子政务、新能源等领域打造 CETC 知名品牌，2020 年实现收入 40 亿元。

东南亚市场，借助军品出口业务发展，推动中国在东南亚地区的和平稳定战略落地，重点推进智慧/平安城市、新能源、海岸监控与要地安防等领域，2020 年实现收入 30 亿元。

非洲市场，紧抓中非全面战略合作伙伴关系建设的良机，积极拓展北非、东非、南非等市场。北非市场、埃及市场通过重大军、民品出口项目的推进，增进中埃两国政治互信及军事交往。2020 年实现收入 30 亿元。

中东市场，业务涉及军品、安防、战后重建与新能源等多领域。广泛树立 CETC 品牌，通过建立分公司、办事处、售后服务中心、大修厂等提升品牌服务质量和影响力，2020 年实现收入 20 亿元。

前苏联地区市场，充分利用好上海经合组织的政治优势，积极开拓俄语区市场，2020 年实现收入 20 亿元。

欧洲市场，积极参与科技创新园（暨国际化经营欧洲基地）建设、开展国际贸易，通过国际合作助力国际科技协同创新。

南美市场，重点发展信息安全、边境监视、指挥控制、电子侦察飞机、智慧/平安城市等业务，2020 年实现收入 20 亿元。

（二）业务开拓

以军贸为核心、国际工程为重点，民品出口、进口、国际合作综合发展为目标，充分利用“军贸溢出”效应，深耕军民融合领域，以“智慧”和“安全”两大产业为核心，重点在智慧城市、智慧医疗、智慧制造、智慧能源等智慧产业，以及平安城市、反恐装备、网络安全等安全产业方面，努力将公司打造成以高科技为特色的高端国际工程承包商，以及电子信息领域国际知名的解决方案提供商。并以重点项目为突破口，延伸产业链布局，以电子信息领域为中心带动相关土建、交通、能源、航空领域综合发展，不断提高集团公司产品的国际市场竞争力和占有率。

1. 智慧城市与平安城市

（1）市场开拓。在巴基斯坦（伊斯兰堡、卡拉奇）、孟加拉（达卡）、马来西亚（吉隆坡）打造智慧城市样板工程，对已成功的试点项目加以复制，实现由单点项目向整个城市体系过渡。并将智慧、平安城市项目拓展到有市场潜力与需求的柬埔寨、印度尼西亚、哈萨克斯坦、文莱等国家。大力开展目的国城市间的互联项目建设，实现不同城市、不同区域间的信息资源共享，通过波及与带动效应，形成区域信息一体化格局，深化产业链结构，拓展市场布局。

（2）产品开发。完成“智慧城市专项通用功能平台”产品化建设。

（3）科技创新。在物联网共性支撑技术、云计算技术、大数据技术等关键技术方面获得突破。

（4）生态链构建。建立覆盖新型智慧城市网络设备、网络运营、应用系统开发等产业链环节的有效生态链。重点模式：以承接系统集成项目及采用 PPP 模式为主。

2. 智慧制造

（1）市场开拓。重点在东欧开拓电子元器件市场、缅甸电子产业园区建设，马来西亚、印度、印度尼西亚等国家开展全产业链的光伏设备生产线。

（2）产品开发。机器人、智能装备（机器视觉）、无人机、电子智能系统解决方案。

（3）科技创新。关键智能工艺、生产管理软件、微电子组装智能制造示范线等。

（4）生态链构建。建设人、机、物深度交互融合的系统。通过示范验证，形成系列智能生产线装备标准体系和提供的能力。

3. 智慧能源

（1）市场开拓。巴基斯坦、斯里兰卡、马来西亚、印度等市场重点开展光伏生产线投资与光伏电站工程建设；在伊朗、沙特阿拉伯等市场，重点推进数字油田以及配套基础设施建设。

（2）产品开发。太阳能光伏业务覆盖材料、电池、组件、系统集成、电站、光伏装备等，形成了完整的太阳能光伏产业链，已拥有可年产500兆瓦光伏发电全产业链建设能力。油气资源勘探、数据采集与监视控制系统。

（3）科技创新。电池片测试分选机、硅片太阳能离子注入机、激光边缘刻蚀机、石墨舟插片机等一系列光伏设备的核心技术已取得重大突破，突破铸锭炉热场技术研制出的高产能高效多晶铸锭炉、多线切割机摇摆切割技术、新一代减压扩散炉、高产能PECVD设备产能达到国际领先，整体性能达到国际先进水平。

（4）生态链建设。在能源投资领域，以出售（BT）和建设运营出售（BOT）为主，在投建的项目中选取部分建设周期短、融资条件好、投资回报高的精品项目自主持有（BOO）。在设备生产线投资领域，采用与当地合作伙伴合资方式建设能源产品海外生产基地。

4. 反恐装备体系

（1）市场开拓。当前全球反恐局势严峻，以全球高度重视的人员管控难、预警效果差等反恐具体难题作为突破口，重点推进人员管控、视频监控与综合安检系统、应急响应指挥调度系统，以及爆炸物、危险品预警监控应处设备。

（2）产品开发。包括太赫兹综合安检系统、要地安防系统、社区管理系统、视频监控系统、大数据服务平台、统一指挥调度系统、应急响应指挥中心等一系列商品化、模块化的系统，以及爆炸物检测仪、专业雷达、无线通信频谱监测、测向、干扰系统、侦察打击一体综合反恐车、枪声探测仪、反恐机器人、无人机等装备产品，可根据用户的具体需求进行定制、裁剪和拓展，为反恐信息化建设提供规范样本。

（3）科技创新。遵循反恐信息化建设标准化解决方案总体要求，突破太赫兹安检、三维人脸识别、三维实景地图等先进技术和视频结构化处理技术的深度开发，分布式光纤应变测试技术、基于薄膜传感技术的安全生产检测系统。

（4）生态链构建。充分调研海外市场推进模式，尝试 PPP 等多种创新运营模式；借助公司在海外政府渠道方面优势，选取战略联盟国家，重点推广。

5. 网络安全技术装备

（1）市场开拓。针对网信、公安、武警、国安、政法等部门，提供舆情监测预警。构建国家网络空间舆情监管和应急响应，开拓金融安全工程，拓展移动互联网安全等行业。

（2）核心产品。安全芯片和密码设备、基础软硬件、安全网络信息设备、通用信息安全产品、工控信息安全监控系统、大数据安全存储等产品。

（3）科技创新。舆情大数据建模、舆情传播建模、工控信息安全防护、云平台安全防护、数据隔离交换、网络靶场构建、量子密码、基础软硬件安全可靠等技术。

（4）生态链构建。建设完成支撑国家网络空间安全审查与测评的可扩展的试验平台；通过上市平台，设立产业基金，开展融资业务。

四 “走出去”风险分析与应对经验

“一带一路”沿线国家发展差距显著，经济、文化水平各具特色，既有基础设施发展水平较高、经济发展良好、投资环境整体非常成熟的国家，也有自然资源丰富但基础设施条件薄弱的国家，还有一些国家刚刚经历战争的洗礼，处于百废待兴的阶段。根据多年在一线市场打拼的经验，电科国际总结出走出国门、开拓海外市场最易遇到的风险和问题，并给出了自己的答案。

（一）政治风险

在实际业务中，电科国际曾遇到对象国政府更替、经济政策不连贯导致项目进展不顺等问题。如果发生种族冲突、内乱，会对项目人员安全造成极大的威胁，使工程项目面临中止、延期甚至终止的局面，从而造成增加成本、利润损失等情况。

应对措施：建议选择风险较低、政府信誉较好的贸易伙伴开展国际贸易；尽量选择与中国签订了双边或多边贸易协定或者投资保护协定的国家开展国际贸易。当在一些相对不稳定的国家开展业务时，可以购买保险转移政治风险，并要求贸易伙伴提供信誉度较高的银行或金融机构来担保。

（二）社会文化、环境风险

“一带一路”沿线国家众多，宗教信仰和民族风俗差异较大。某些国家治安环境较差、医疗卫生水平较低，还可能有严重的环境污染。这些因素都会影响国际贸易业务的开展。

应对措施：电科国际的海外合作伙伴中包括一些伊斯兰国家，在这些国家开展业务前，电科国际会对业务人员进行全面的培训，业务人员在目标市场国家尊重当地习俗非常重要。建议在进入新市场前，借助驻外使领馆，了解目标市场国家宗教信仰、民族习惯、社会治安总体状况、医疗卫生水平、生活环境等信息，以便更好地在目标国家开展业务。

（三）法律风险

法律风险包括法律环境风险、法律审核风险、法律纠纷风险等。“一带一路”沿线国家采用的法律体系与我国并不完全相同，如果对目标国家法律法规不熟悉、合同法律审核不严谨，容易产生纠纷，甚至导致损失。

应对措施：开展业务前，一定要多方面了解目标国家的法律法规，对于合同中模糊的条款切勿想当然。电科国际针对国际业务有一套专业的合同管理流程，加强对合同、制度等文本的法律审核，确保合规、合法、权利义务清晰。在合同谈判前会做好当地法律环境的调研，利用谈判法律专家对东道国法律稳定性进行预测。

（四）汇率风险

汇率由外汇市场的供求情况决定。汇率风险包括：以外币计价成交的交易因汇率波动而引起收益或亏损的风险，以及由于意料不到的汇率变动，引起企业在未来一定时间内收益发生变化的潜在性风险。“一带一路”沿线上的某些欠发达国家缺乏稳定的金融体系，货币价值易受国际市场影响而波动，因此存在较高的汇率风险。

应对措施：电科国际在实际业务操作过程中会选择美元等相对稳定的货币以减少汇率风险。同时，大力倡导签订人民币合同。在利率不稳定时期，可以开展套期保值业务，或提前、推迟收汇。

（五）市场开发风险

“一带一路”沿线上的某些国家市场信息不完善，透明度较差，容易因为信息不对称导致目标市场选择错误、高风险低效率的盲目开拓等问题，使企业无法实现拓展海外市场的目标。

应对措施：电科国际十分重视市场开发前的调研工作。在海外投资或项目执行前，电科国际会对市场环境进行充分调研，同中国驻外使领馆、武馆处等联系，了解市场环境；同时，电科国际建立同商务部等机关的长期联系，研究市场宏观信息，包括市场动态、行业技术发展动态、国家与地方政策变化等，收集市场信息并定期在公司发布，以便公司内部信息共享。

◇◇五　建议与期待

（一）建议智库推出国家“一带一路”倡议相关政策的解读指导

“一带一路”倡议的实施以及整个公司未来的发展都离不开国家的规

划和指导，作为一家央企更需要配合以及遵循国家的规划和指导。智库在解读国家政策方面拥有独到的优势，应该承担起更多地为协助企业做好战略规划的重任。相信智库对政策的解读将极大地有利于企业深入领会国家的相关战略政策，提升企业在制订计划时的战略视野，并有助于企业将政策指引与企业自身状态和发展规划相结合，夯实企业规划的战略深度。

（二）建议智库建立国际化经营信息平台，以分享相关信息与政策

在当今信息化时代，信息乃是企业发展壮大必不可少的资源。而在“一带一路”的战略发展中，面对中外各方的交流合作，国际化经营信息平台将是连接各方实现共赢的中间枢纽。希望尽快建成国际化经营信息平台，结合各企业需求，依托国家的“一带一路”倡议，汇集在设施联通、贸易畅通、资金融通方面的政策扶持信息，满足企业现有业务及未来发展计划的切实需要。

（三）建议智库提供专业咨询服务支持

“一带一路”倡议需要中资企业走出国门走向世界。而打开国门后，企业在面对复杂多变又陌生的国际市场时，不可避免地会陷入诸多不熟悉的境遇。当今信息爆炸的时代，全球化的国际市场又处于激烈的变革创新之中。在此情景下，智库可以为企业提供政策、技术、法律、金融等多方面的咨询服务，对项目的投资价值、投资风险、合作方式等提供具体指导。可以开展“一带一路”沿线各国的政治、经济、法律环境风险评估，建立和完善与“一带一路”倡议相适应的风险防范机制，为对外贸易、对外投资规避风险。

（四）建议智库为中国企业“走出去”提供学术支持

希望智库研究中国企业在各个新兴市场开展各色业务时，针对不同领域、不同地区，为企业开展国际业务提供高层面的理论支持。电科国际作为奋斗在国际市场一线的企业也会积极配合，将自己的第一手信息及时反馈给智库，理论与实际相融合，使在当今国际环境下的中国企业在开展境外业务时有自己的理论体系支持，做到有规律可循，有路可走。

（五）期待与其他领域的企业实现跨界联合

在未来的“一带一路”倡议中，电科国际希望不仅仅是某些产品、某些领域“走出去”，更希望全方位地进入国际竞争市场。电科国际期待在智库的协调帮助下，与其他领域的企业实现跨界联合，将各自在本行业的优势充分发挥，强强联手，合作共赢，共同打造“中国智造”的品牌。整合全产业链的方式抱团“走出去”，以提升企业国际竞争力为目的融入全球产业链、价值链、供应链和创新链，以国际产能合作和基础设施投资为突破点推动落实“一带一路”倡议等，从而实现企业在市场深度和广度上的双重提高。

（六）期待建立海外投融资支持

投融资是贯彻“一带一路”发展战略的实际需要。国际工程项目建设存在大量的融资需求，希望通过智库获得更多的融资渠道和信息，给项目相应的支持。希望智库可以融合汇集资源，打通投资方、融资方沟通障碍，协助项目落地。同时，也希望智库与国开行、亚洲发展银行等金融机构合作，提供各个优惠贷款政策的情报信息和政策分析，为企业开展国际业务提供专业的支撑，协助企业争取到具有国家战略意义项目的优惠贷款政策。

在新机遇中实现新增长，“一带一路”战略下的卓达大格局

卓达集团

“一带一路”是习近平主席提出的重要国策，既是国家对外交往的政治、外交、经济的顶层设计，也是中国企业实现跨国发展的创造条件。

在“一带一路”下，卓达的机会在于用绿色装配式建筑推进基础设施建设。“一带一路”倡议所针对的国家、地区，虽然有少部分是发达国家，但总体上经济发展状况不如中国，特别是基础设施方面落后于中国。即便是发展早的国家，也存在基础设施老旧的问题。其中，随着各国的发展和经济的提升，民众要求改善居住环境的需求非常旺盛。

卓达作为中国绿色装配式建筑领域的领军企业，敏锐捕捉到了这一巨大商机，利用掌握的世界建筑领域顶级技术，积极布局“一带一路”，在新机遇中实现新增长，给企业增添新活力。

卓达集团创建于1993年7月，现净资产逾千亿元，企业员工达1.5万余人，已发展为以创新做引领、以高技术做支撑、以国际视野战略观为指引，独具“一二三产联动发展、新生产力造城”特色运营模式的国际特大企业，是住建部确立的“国家住宅产业化基地”、国家发改委确立的“国家资源综合利用示范基地”。

凭借技术领先的绿色装配式建筑产业，卓达集团独创“二产先行、

三产联动、新生产力造城”运营模式，以顶级建筑科技，革命性淘汰传统建筑产业的落后建造方式，推动全国建筑业实现替代性增长。

除绿色装配式建筑产业蓬勃发展外，卓达集团业务领域涵盖了新型材料、养老健康产业、现代农业、卓达物业、旅游产业、文化产业、创意产业、低碳智慧城市建设、港口建设及运营等实业，拥有装配式建筑、新型材料、竹钢、木钢、养老等方面13000多项专利与技术，项目遍及全国二十几个省市，并且走出国门，分别在马来西亚、俄罗斯、伊朗等国进行大开发，积极参与国家“一带一路”倡议。

党的十八大之后，卓达集团积极响应中央政府大力推进新型城镇化建设的号召，抢抓经济结构调整和传统产业升级的契机，以当前世界建筑领域顶级科技、民族工业的杰出代表——卓达绿色装配式建筑产业，推动区域经济迅猛发展。

2016年6月，卓达钢结构绿色装配式体系上升为国家标准，填补世界此领域技术空白。同时，卓达集团与世界做高节能被动式建筑第一权威机构——德国能源署签约合作，打造世界顶尖超低能耗绿色装配式建筑。截至2016年10月，卓达集团共向国家知识产权局提交专利12074项，已经受理8521项，获得专利证书1978本，成为世界建筑领域“专利之王”。卓达正以绿色新生产力加速各地大城市化进程。

在环北京、上海、山东大莱州湾、四川广安、河北石家庄、邯郸、哈西乐安、江苏南京，以及包括辽宁海城在内的一系列国家经济百强县和黄山、九华山等国家著名旅游景区，卓达集团立足代表国家住宅产业化发展方向的绿色新型材料和装配式住宅尖端科技，推动各地实现大城市化。凭借其无可比拟的就业安置能力，全面吸收项目地农民就业，将农民转化为产业工人，进而转化为城市居民。农民脱离土地后，卓达一产现代农业将对项目区域土地进行整合，实现农业现代化、规模化、工业化生产，通过卓达富硒反转基因农业、观光农业、精深加工农业等，极大提升农业生产效率和收益。此外，卓达新材及绿色装配式建筑产业吸纳的产业大军，将带来全新的城市建设需求，为卓达集团结合各地人文和自然资源禀赋，进行各具特色的生态产业新城建设奠定基础。

如今，卓达产业新城模式得到众多地方政府和社会各界的广泛认可，卓达正快速迎来又一次裂变式发展期。

孝行天下，爱在卓达。经过十年探索，卓达集团独创“居家+社区+机构”三位一体的全龄化养生养老社区模式。中国首家养老示范基地——卓达太阳城养老示范社区已被列入民政部确定的五大养老基地之一。

在企业发展的同时，卓达集团积极投身慈善和社会公益事业，共捐助善款逾12亿元，连续三届荣获国家民政部中华慈善奖，两次荣膺中国十大慈善企业称号。

责任、自省、良知、崇高，是卓达人无愧于天下的骄傲，也是卓达发展的根。在中国广袤的土地上，卓达人是不知疲倦、永不停歇的建设者。

一　发展战略：一二三产联动　驱动全区域大开发　推动大城市崛起

卓达集团实现“二产先行、三产联动，新生产力造城”的全区域大开发模式，依托卓达绿色装配式建筑产业雄厚的赢利能力和强大的就业安置能力，在有效安排农民就业的同时，强力带动上下游产业发展，全面推动当地新型城镇化建设。

在卓达绿色装配式建筑产业强大的就业安置能力支撑下，卓达正在组建产业大军。4000元工资，五险一金，每月伙食600元全免，四季工装，8 小时工作，双日休，年节有薪假……中国建筑业从来没有的高工资高保障，使得卓达具有强大的人口集聚能力，为新城市崛起创造了最有利条件。

同时，卓达集团积极布局绿色装配建筑基地。每生产 1 亿平方米绿色装配式建筑，在带来2500 亿元年产值的同时，拉动 200 亿元封闭式门窗、200 亿元智能家电、200 亿元智慧家具、400 亿元钢结构等，由此创造 70 万个就业机会，凝聚 200 万全新城市人口。

具体办法是：每个从农村招的员工以宅基地做首付，每户给 150 平方米商品房，通过按揭获得。70 万人建 1. 05 亿平方米，以项目地房价 7000 元/平方米计，则为 7000 亿元，政府从中至少可以得到 1400 亿元收益。

在对农业人口进行有效就业和安置后，卓达便采用“拆村并镇、先建后搬、集中安置、滚动开发”的方式，将原有村落纳入区域大城市化整体规划，利用土地增减挂钩、占补平衡政策，将不适合居住的区域全部复耕，将土地指标漂移至宜居新城中心，从而做到基本农田与建设用地同步增加。

首先，对拆迁村落进行连片集中复耕，实现农业机械化。引进富硒农业，发展现代农业、观光农业、旅游农业等，在此基础上深耕加工农业，拉长产业链条，提升农业效益，重塑农业信誉。

其次，将所有拆迁农村宅基地进行整合、漂移，为新城市建设增加大量建设用地指标。通过引入世界顶级规划机构，科学规划，合理开发，为当地建立一流的教育、医疗等公共配套，为区域全新的产业大军建造全新的生态产业新城。

卓达在各地的产业新城开发中，实行产业发展规划、新城建设规划、土地利用规划“齐头并进”，破解当前城市化、城镇化通病，如产业结构不合理、产能过剩、“空城鬼城”、就业无法解决、环境污染等问题，从而推进新兴产业、城市人口、公共服务、金融投资的大量聚集。经过5—8年可以使区域城市化率达80%以上，让各地在较短历史跨度内实现大城市化成为可能。

2016年8月9日，卓达集团全区域大开发模式已经在四川广安成功落地实施。卓达集团全力打造中国大西南绿材绿建产业总部基地，建设年产10亿平方米装配式建筑产业园暨国家住宅产业化基地、2000万平方米棚改旧改暨装配式建筑应用示范、1000万人口产业新城暨广安市全域新型城镇化和10万产业工人招工暨产业安置农民脱贫致富示范等项目。

卓达广安全区域大开发项目是卓达集团以世界领先的绿色钢结构装配式建筑产业为支撑，以一二三产联动模式为指导，与广安政府合作在川渝启动的首个全区域大开发项目，将推动广安迈向千万人口大都会，创立中国区域快速大城市化样板。

卓达绿色装配式建筑广安前锋基地总规划占地约6000亩，总投资约200亿元，年产能达10亿建筑平方米，年产2万亿元，年创税1000亿元，可直接解决就业350万人，关联产业可安排350万人。一期启动区占地420亩，建筑面积达207612平方米，工程投资3.1亿元，设备投资3.4亿元，投产后年产整体房屋500万建筑平方米，计划2017年2月份投产，2017年实现产量300万建筑平方米。

卓达广安全区域大开发项目，以投资与消费并行为核心。二产建设启动后，在新型城镇化与美丽乡村建设过程中，同步解决新城建设土地指标、产业导入和人口导入、产业转型升级等问题，实现政府获利、解决"三农"问题、新材市场提升、建设城乡统筹示范区的目标。

目前，广安市委市政府、前锋区委区政府大力支持项目发展，并通过人大立法、金融对接等各种渠道，相继推出一系列重要政策措施全力推动项目建设。

此前，卓达集团已经在山东威海南海新区按照全区域大开发模式，成功开发了香水海滨海生活旅游度假区、张家埠新港、卓达新材及装配式建筑产业园三大产业板块。

凭借卓达香水海产业新城、卓达广安全区域大开发的成功经验，卓达全区域大开发模式正以迅猛发展之势席卷中华大地，在黑龙江肇东、安徽肥西、江苏洪泽等地，卓达全区域大开发建设如火如荼，广大农民踊跃报名应聘卓达绿建工作。卓达绿色装配式建筑产业发展前景不可限量。

二　核心优势：作为世界建筑领域新生产力的代表，卓达绿色装配式建筑科技，领先源于日本的预制装配式混凝土（PC 大板）一个时代

卓达全区域大开发模式，得到了政府、农民和上下游企业的高度关注和积极响应。卓达全区域大开发的核心是农民有效就业，其战略支撑是卓达绿色装配式建筑产业。

卓达绿色装配式建筑，是卓达集团历经多年自主研发生产的高科技新型住宅。与传统建筑不同，卓达绿色装配式建筑采用定制化设计、工厂化生产、装配式施工，颠覆了传统建筑、建材生产方式，引领了住宅产业化、建筑工业化发展潮流。目前已经建成装配式多层住宅楼、竹木养生别墅、徽派新民居、被动式智能房屋等多款不同类型的装配式住宅产品。

卓达绿色装配式建筑，拥有世界建筑领域顶级核心技术，奠定了卓达绿色装配式建筑领先地位。2016 年 6 月，卓达绿建体系被国务院标准委员会立项审批成为国家标准，并启动国家标准编制工作，预计 2017 年

7 月将正式发布。

7 月，世界做被动式建筑的权威机构德国能源署与卓达签约合作，共同致力于世界顶级节能建筑的研发应用，其目标是让建筑节能达到 95% 以上。

卓达绿色装配式建筑本身就具有良好的被动式建筑特性，与源于日本的 PC 即水泥大板、水泥部件相比，每平方米可降低能耗 50% 左右，是任何墙体材料所无法比拟的，这对于实现节能 95% 的被动式目标极为有利。

中国每年的水泥产量约为 24 亿吨，为此每年消耗掉的煤多达 7 亿吨，释放巨量的二氧化碳；中国每年因为建筑使用造成的能源消耗，折合成煤炭，约为 8 亿吨煤。卓达新材原材料绿色环保，以工业废弃资源、农业废弃资源及建筑废弃资源替代水泥、木材，最大限度地节约了自然资源，保护了生态环境。卓达绿色装配式建筑在全国大推广，将在实现国家建筑业低碳转型的同时，为国家节约数亿吨煤炭资源。

卓达新型建材展现出无可比拟的九大科技特性。

（1）绿色环保，取材有道。经国家检测机构检测，卓达绿色装配式建筑无甲醛、苯、氡气、氨及放射性有害物质释放，无毒、无味、无辐射、无污染，既可以作为建筑主体的材料，也可以作为一步到位的精装修材料使用。卓达新材制品可循环利用，或再加工回收利用，属于绿色、节能、保健、可循环利用的环保建材。

（2）恒久释放负氧离子。卓达绿色装配式建筑恒久释放负氧离子，每秒释放 600—1200 个/立方米，并可不断产生负氧离子磁场，为用户持续带来新鲜空气，永不衰竭。

（3）无限可塑性和无限创意性，实现科技与艺术完美结合。卓达新材属生态凝胶材料，具有无限可塑性。卓达新材具有生态和美学的优越性，可仿石材、仿木材及仿真制作出不同形式的建材、家具、工艺品等成型材料。卓达新材让建筑、家居装饰展现斑斓的风采，城市因此而美丽。

（4）节能减排。卓达新材替代传统建筑上的水泥、木材、石材、黏土砖、瓷砖等建筑材料，节约自然资源和能源，减少工业“三废”的排放。

（5）循环利用。卓达新材废弃物经粉碎可循环利用，不产生污染环境的废弃物，属于完全低碳环保材料。

（6）防火阻燃。经国家建筑材料测试中心检测，卓达新材在现场经过喷枪上千度高温耐火实验，完全不燃，具有良好的防火性能且燃烧性能达到 A1 级。

（7）防水耐浸。经检测：卓达新材板材防水密封性能强，于水中长期浸泡不变形、无膨胀、无收缩、无损坏。

（8）超强耐候。耐候性好：卓达新材具有良好的耐高温、耐寒、耐紫外线照射性能；其中抗冻融循环 50 次无起层、无龟裂等现象。

（9）综合物理性能好。抗折、抗压、抗拉强度高，可钉可锯，其握钉力是木材的两倍。

与传统建筑施工相比，卓达绿色装配式建筑拥有八大特性。

（1）工艺简便。地基以上 98% 完全实现工厂预制化生产，现场无湿、无尘、无噪组装作业。技术工人经过初期培训后，即可熟练操作，完成建筑建造。

（2）效率高，建设速度特别快。劳动生产率比传统建筑提高 10—15 倍，一栋 500 平方米的三层别墅，传统施工工期为 180 天，用卓达绿色装配式建筑，5 个小时即可建成入住。原来 4 年才能盖完的 30 层楼，用卓达绿色装配式建筑仅用 6 个月即可建成。

（3）用工省，可创造工资利润。用工量仅为传统建筑的 1/10。比如一个 10 万人的企业建造 30 层建筑，以人均工资 4000 元计算，传统建筑建设4年需支付工资192亿元，卓达绿色装配式建筑产业工人的工资比传统建筑工人工资高出一倍，即便如此，半年需支付工资4.8亿元，相当于创造工资利润180亿元。

（4）不受施工环境限制。因为卓达绿色装配式建筑95%以上的工序皆在工厂里完成，在施工现场不会再造成扬尘污染，且实现100%无湿作业，不受气候限制，既可以在公园里施工，也可以在繁华闹市的一角施工，真正实现了无施工死角，365天全天候施工。

（5）增强市场竞争力。因为卓达新材大大降低建筑施工工期，传统材料需3年工期的工程项目，使用卓达新材料仅需8个月，增加了建筑商在招揽开发商、政府工程时的竞争力和中标率。

（6）减轻建筑作业劳动强度。在卓达绿色装配式建筑产业中，再也看不见传统半手工半机械式的作坊式泥瓦匠，而是现代建筑业技术工人，依据技能等级的不同，工人享受每月6000元、8000元、10000元等不同等级的工资，在大幅提升工人薪资待遇和福利保障的同时，极大降低了工人的作业劳动强度。

（7）增加商机。卓达新材集成建筑，牵动着材料供应、材料加工、住宅部品、机械加工、建筑结构与板材等开发利益链。因为其大幅缩短工期，为建筑企业适时直接转为房地产开发企业提供了极大可能。

（8）综合效益高。因为墙体更轻更薄，物流运输规模、辐射半径大大提升，相比传统建筑可增加使用面积8%—10%，极大降低建筑能耗与成本，让卓达绿色装配式建筑综合效益提升20%以上。卓达绿色装配式建筑不仅具有传统建筑无可比拟的重大优势，与PC建筑相比，优势也非常明显。

众所周知，源于日本的PC大板建筑依然使用钢筋混凝土的传统建筑材料，受到剪力墙现场浇筑施工的限制，无法实现装修一体化，从而因为后期装修而进一步大幅拉长了总工期。在二次装修中，传统材料释放甲醛、氨、氡等有害物质，大理石等石材有辐射，这些都是居住者健康的严重隐患。而卓达绿色装配式建筑真正实现了像工厂造汽车一样造房子，工厂化率达到了 90%，远远超过了 PC 大板建筑的 70%，进而真正实现了施工现场无湿作业，杜绝了因为建筑施工造成的扬尘污染。

以建筑面积为 16899 平方米、30 层的高层建筑为例，PC 预制大板根据中国国内各企业的施工效率不同，少则 242 天，多则 285 天，且不包含装修。一般情况下，传统建筑装修至少需 5 个月，若几十万平方米小区，则至少需 8 个月。仅以保守的 5 个月装修时间计算，PC 大板建筑总工期将达到 392—435 天。这与卓达仅用 180 天即可完成建造相比，难以同日而语。

PC 大板因为墙体重量太大，运输半径、运输规模都受到严重限制。以一辆载重 35 吨的平板车为例，一车只能拉 4 块墙体板，约计 90 平方米。而卓达绿色装配式建筑墙体则可以拉 20—40 块。PC 大板要达到与卓达新材同样的运输效率，必须大幅提升运力，将造成严重的成本增加和二次能源消耗。

此外，无论是用电量、用水量、用钢量、房屋品质、房屋寿命、抗震、防火、吊装方式等，卓达绿色装配式建筑都有着 PC 大板建筑难以媲美的优势。

卓达集团深知：卓达集团虽然掌握了世界先进建筑科技，但是如果卓达建筑科技形不成技术优势，未来就会出现十家、百家、千家同样的企业，瓜分庞大的绿色建筑市场。如果卓达能做到 3 个小时建成两层绿色装配式建筑，5 个小时建成三层绿色装配式别墅，其他公司也可以做到；如果卓达建筑拥有 50 个优势，其他企业也拥有同样的优势，那么卓达就发展不起来！

正因此如，秉承“追求卓越”理念的卓达集团仍然不断自我革新，加快推进顶级技术研发，保证卓达绿色装配式建筑始终保持技术优势，由此获得快速发展的实力。

截至2016年10月，卓达集团共向国家知识产权局提交专利12074项，已经受理8521项，获得专利证书1978本，是国内外建材和建筑领域里拥有专利最多的企业。

凭借在绿色装配式建筑领域始终保持领先，才确保了卓达全面抢占世界绿色建筑市场。来自日本的考察团，以及国家住建部、国家标准委员会的专家，在考察卓达绿色装配式建筑后均表示：卓达绿色装配式建筑体系领先源于日本的PC大板一个时代。

安置就业是卓达绿色装配式建筑的绝对优势。卓达每1亿平方米能安排70万人，加上三产联动，每1亿平方米能安排120万—150万人，没有比这更伟大的事业。放眼今日之中国，只有卓达绿色装配式建筑有能力持续创造数以十万计、百万计的就业。

◇◇三　行业研判：装配式建筑市场广阔、符合中央政策导向，先进技术和卓越品质，推动卓达绿色装配式建筑顺应政策东风持续快速发展

（一）建筑市场前景广阔

据国家统计公布，2013年建筑业产值16.9万亿元，装修2.7万亿元，2014年、2015年虽有所下降，但是随着城镇化与棚改持续增量，因此至少有20万亿元。此外，全国尚有500亿平方米以上的老建筑，因环境差、质量差、配套差、高能耗亟待重建。

这是世界最大的市场，将持续高速发展30年。城镇化是中国最大的

内需。未来，城镇化所拉动的大建设，将继续充当中国经济最大增长点，是中国最大的期望!

同时，在印度、俄罗斯、中东、东南亚等“一带一路”所能涵盖的国家和地区，也正在高速城镇化、城市化，这又带来20万亿元市场。

国内国际庞大的市场需求，为建筑业尤其是装配式建筑产业提供了持久发展的动力。

（二）符合国家产业政策

传统建筑产业，因为高污染、高耗能而广受诟病。发展绿色建筑，推广装配式建筑，成为建筑行业实现供给侧改革、推动产业转型升级的重要抓手。发展绿色装配式建筑已成为国家战略的重要组成，一系列政策措施持续推出，正快速推动绿色装配式建筑产业迅猛发展。

《中共中央、国务院关于进一步加强城市规划建设管理工作的若干意见》，明确“发展新型建造方式，大力推广装配式建筑”。

2016年全国“两会”上，李克强总理在其所作的政府工作报告中也提出:“积极推广绿色建筑和建材，大力发展钢结构和装配式建筑，提高建筑工程标准和质量。”

2016年9月14日，李克强总理主持召开国务院常务会议，决定大力发展装配式建筑，推动产业结构调整升级。会议决定，以京津冀、长三角、珠三角城市群和常住人口超过300万的其他城市为重点，加快提高装配式建筑占新建建筑面积的比例。

在此之前，卓达装配式建筑产业已经在京津冀、长三角、珠三角城市群及全国数十个城市布局，占领战略先机，并凭借又快、又好、又坚固、又便宜的国际领先建筑工业技术，迎来装配式建筑万亿市场的黄金收获期。

◇◇四 战略规划：以点带面，全面辐射“一带一路”沿线国家

“一带一路”国家战略的成功实施，需要中国企业“走出去”全面参与国际竞争，增强中国制造影响力；“一带一路”国家战略的成功实施，也为中国企业“走出去”奠定了坚实基础，为企业发展提供了千载难逢的发展机遇。

“一带一路”国家战略，从国内看，它涵盖了16个省份；从国际看，它贯穿亚欧非大陆，一头是活跃的东亚经济圈，一头是发达的欧洲经济圈，中间广大腹地国家经济发展潜力巨大。

卓达集团作为装配式建筑领域的领军企业，在发展新型建材和装配式建筑领域取得了丰硕成果。卓达集团将积极响应国家“一带一路”倡议，充分发挥产品和技术优势，与沿线国家展开技术合作，增强中国制造核心竞争力。

（一）发挥产业优势，以全区域大开发模式布局全国

在国内，卓达集团深度挖掘“一带一路”省份比较优势，就发展装配式建筑、现代农业等构建全方位、多层次、复合型的密切合作关系，在东中西部建立众多装配式建筑生产基地和产业新城，推动地方经济提质增效、转型升级。

（1）西北地区。发挥毗邻中亚的独特区位优势和向西开放重要窗口作用，在陕西渭南、甘肃张掖等地建设生态产业新城，重点发展新型建材、装配式建筑及现代富硒农业，主动承接西部省份和丝绸之路经济带

中亚、西亚沿线国家对绿色建材、绿色装配式建筑的旺盛需求。

（2）西南地区。发挥与东盟国家陆海相邻的独特优势，在四川广安、遂宁等地建设绿色装配式建筑、健康养老、现代农业产业基地，打造面向西南、中南地区和南亚、东南亚的辐射中心。

（3）沿海地区。利用长三角、珠三角、海峡西岸、环渤海等经济区开放程度高、经济实力强、辐射带动作用大的优势，在福建漳州、宁德，海南屯昌、三亚等地建设装配式建筑产业园，大力发展富硒农业、健康养老示范区等重点产业，成为21世纪海上丝绸之路建设的排头兵和主力军。

（二）坚定“走出去”，构建绿色装配式建筑全球发展战略

卓达集团主动“走出去”，加强与“一带一路”沿线国家合作，实现卓达绿色装配式建筑全球发展战略。根据整体战略，卓达集团把马来西亚作为海上丝绸之路经济带的中心，以此辐射东南亚市场；路上丝绸之路经济带，将以伊朗为中心，辐射中东12个国家。

海上“一带一路”沿线国家，以马来西亚为中心，充分利用当地棕榈树资源，作为卓达新型建材的原材料之一，在马中产业园区建设卓达新材料科技产业园，不仅可以在马来西亚大面积推广应用，还将辐射新加坡、泰国、印尼、菲律宾和澳大利亚市场。

陆上丝绸之路，将以伊朗为中心，通过承建伊朗600万套政府保障房项目为切入点，在伊朗南部阿巴斯港和伊朗北部里海港建设大型新材产业园区，可以辐射沙特阿拉伯、卡塔尔、阿拉伯联合酋长国、阿曼等国家。北部里海港可以辐射中亚五国、俄罗斯部分联邦国。

目前，卓达集团与伊朗驻华大使馆签署合作备忘录，参与伊朗政府600万套政府保障房项目，并在伊朗北部免税区建设3000万建筑平方米

卓达新材产业园，在南部阿巴斯港建设2000万建筑平方米钢竹结构装配式建筑产业园。同时，卓达将向伊朗输出卓达富硒农业技术，改造提升伊朗农业产业。

卓达集团与俄罗斯鞑靼斯坦共和国达成合作意向，卓达集团采用装配式建筑技术在鞑靼斯坦共和国境内承建五星级酒店和大型生产工厂。同时，卓达集团与塔吉克斯坦、乌兹别克斯坦龙头建筑企业展开交流，共同推动卓达绿色装配式建筑布局中亚地区。

除此之外，卓达集团还将重点布局建设以北美和澳大利亚为核心的发达国家市场。通过在加拿大阿尔伯塔省建设以新材和木钢厂为主的综合性产业园区，辐射整个美洲市场。

（三）整合智力资源，开展前瞻性技术研究

在与“一带一路”沿线国家加强产业合作的同时，卓达集团进一步整合智力资源，共同开展装配式建筑技术研发。

2016年7月，卓达集团与世界被动式建筑研究的权威机构德国能源署展开合作，共同研发节能95%的超低能耗被动式装配式建筑；9月，卓达集团与3D打印技术创始人美国加州大学贝洛克教授展开技术合作，展开3D打印技术前瞻性、探索性研究。

五　合作建议：提供专业智力支持，搭建融资平台，使卓达集团“走出去”步伐更坚定扎实

“一带一路”是国家复兴的大战略，需要中国优秀企业发挥自身优

势积极参与。同时更需要企业“抱团出海”，聚合各方力量，形成参与“一带一路”建设的合力，让“走出去”的步伐更扎实。

（一）借助蓝迪国际智库平台走向世界

蓝迪国际智库是共建“一带一路”的平台，正在高效整合资源，为参与“一带一路”建设的企业与沿线国家、地区积极对接提供实质性服务。卓达集团希望能够借助蓝迪国际智库平台，全面加快企业“走出去”步伐，更多地参与沿线国家基础设施建设。

（二）蓝迪国际智库提供政策支持

蓝迪国际智库作为国际化的中国特色高端智库平台，凝聚了国内及全球范围内的知名专家学者，对国家“一带一路”政策与沿线国家产业政策有深度研究。民营企业开拓国际市场过程中，对国内国际产业政策不甚了解，希望智库能够对民营企业提供有力支持，方便对接国家相关部委获取政策支持，同时熟悉沿线国家法律政策、产业标准、投融资规范等，为企业参与“一带一路”创造条件。

（三）提供投融资、项目支持

民营企业开拓国际市场，面临信息收集、资金筹措、成本管控、风险防范等诸多问题和困难。企业“走出去”能走多远，一定程度上取决于金融支持有多强。卓达集团作为绿色装配式建筑的领军企业，掌握了世界顶级的建筑技术，并且在“一带一路”沿线的俄罗斯鞑靼斯坦共和国、伊朗、马来西亚等国家和地区签订了投资协议，获取了大型建设工程，为了能够更好地“走出去”，愿意寻求有实力的合作伙伴共同开发。

在进军“一带一路”的道路上，卓达具有巨大优势，同时面临困难。因此，卓达集团愿意与“一带一路”智库、企业展开深层次合作，凭借卓达绿色装配式建筑的产业优势，通过资源置换等合作模式创新，开启区域国家联合大开发，实现互惠共赢、共同发展、共同幸福。

以平台化理念共同打造建筑业产业链新生态

广联达科技股份有限公司

广联达科技股份有限公司成立于1998年，2010年5月在深圳中小企业板成功上市（股票简称：广联达，股票代码：002410）。作为建筑产业互联网平台服务商，广联达始终以专业精神锁定行业，期望通过互联网带来的自由、平等、开拓与创新精神，以开放、互联、共享、协同的平台化理念共同打造产业链新生态。

一　广联达对所在行业发展趋势的分析和研判

（一）我国建造行业取得的成就

建造业在国民经济中的作用十分突出。2015年，建造业总产值达到18.08万亿元，占GDP的近27%，从业者超过5000万人，是名副其实的支柱产业。同时在施工材料、工艺、建筑机械支撑及信息化建设等方面取得了飞速发展。建造业完成了一系列设计理念超前、结构造型复杂、科技含量高、使用要求高、施工难度大、令世界瞩目的重大工程。例如，繁忙的北京三元桥换梁工程，43 小时就完成了，在国外的话，要花几个月甚至几年时间；湖南某公司 19 天盖了 57 层楼，一天盖 3 层，这些都是中国建造能力的体现。

同时，我国建造业这些年也积极深化国际化战略，在国外建设了一大批有影响力的大型工程。尤其在“一带一路”沿线，从瓜达尔到吉布提，中国十多年里参与了 10 多个海外港口合作项目。2015 年上半年，中国企业对“一带一路”沿线 48 个国家直接投资总额达 70.5 亿美元，区域主要集中在东盟成员国以及俄罗斯、哈萨克斯坦，同时我国企业在沿线 60 多个国家承揽对外承包工程项目达 1401 个。

（二）建造行业演变趋势分析

我国现有建筑房屋施工技术路径形成于 1982 年，称为钢筋混凝土现浇体系，又称湿法作业（简称传统技术）。纵观国外，德国、日本和其他发达国家几十年前就已经实现“建筑工业化”。随着这几年我国绿色转型、老龄化和劳动力成本上升，我国开始意识到“建筑工业化”的重要性。自 2014 年住建部提出建筑产业现代化以来，才开始正式提上日程。但同时，随着现代互联网、物联网、云计算、人工智能等技术发展，世界建造理念又迎来一个新的转型。中国建造面临着向建筑工业化和数字建造转型的“两期叠加”的问题。当然建筑的标准化、装配化、构件化又是不可逾越的阶段，否则数字建造就成了无本之木。按照建造模式，我们对中国建造进行了如下三阶段划分（见表 1）。

表 1　　　　　　　　**中国建造 1.0—建造 3.0 演变与对比分析**

发展阶段	生产方式	生产场景	人才标准	组织模式
中国建造 1.0	传统生产模式——以现场湿作业为主	现场施工	农民工、苦力活	层层外包，外包给施工队
中国建造 2.0	建筑工业化——借鉴汽车等工业的思路，按照精益建造的理念，工厂进行构件，现场进行组装	工厂构件化、现场装配	产业工人，专业细分	专门的建筑产业工人，采用总承包模式
中国建造 3.0	数字建造——借鉴智能手机的思路在工业的基础上，引入了现代的数字制造、数字集成的理念	数字建筑与实体建筑全融合（设计、生产过程、后期运维）	数字化人才、产业工人、协同作业	需求者、决策者、设计者、项目经理、产业工人等基于 BIM 平台和互联网等技术协同生产

（三）我国建造行业面临挑战

1. 建造生产过程方面

我国传统的建筑主要表现在：一是建筑寿命短。原住房和城乡建设部副部长仇保兴曾经指出：我国建筑平均只能有 25—30 年的历史，而发达国家如英国达到 132 年，就连相对比较粗放发展的美国也达到 74 年。二是能耗高。我国每年新增建筑面积超过 20 亿平方米，相当于消耗了全世界 40% 的水泥和钢材；在 70 年代能源危机后，发达国家开始致力于研究与推行建筑节能技术，而我国却忽视了这一方面的问题。长此以往国家的能源生产势必难以长期支撑。三是污染严重。我国的粗放式建筑施工方式，对环境的破坏极大，如扬尘、噪声和其对都市生活的破坏等。

2. 市场模式与行业协同

我国的房屋建筑市场模式改革虽同时起步（从 1987 年全国推行鲁布革试点经验开始），但未能及时跟上工业（如石化、电力、冶金、纺织等）及部分铁路、交通、水利项目市场模式变革的步伐，大多仍延续着计划经济条件下的模式，弊端已充分暴露。值得欣慰的是，有些城市政府已率先开始推动房屋和市政基础设施的建筑市场模式的改革，实现设计施工总承包，使总承包单位有动因既讲节约又讲效率，实现科技创新优化、设计缩短工期、节省投资，实现“一口价、交钥匙、买成品、买精品”，取得了明显的经济社会效益。如深圳地铁五号线采用总承包方式实现节省投资15%、缩短工期38%，实实在在体现了“三个有利于”（有利于又好又快建设，有利于设计施工总承包企业做强做大，有利于公共投资项目提高效益效率、有效杜绝腐败），此后许多城市建设地铁时都复制了这种设计施工总承包方式。建议广泛推广，一举改变原有弊端。

但是若想让工程项目从决策、设计、施工到后期运维更透明、更高效，让行业监管更透明、企业管理更有效和项目管理更高效，进而促进商业模式的创新和生产模式的创新，需要积极拥抱现代技术，促进我国信息化建设的快速发展。无论是住建部旨在促进建筑市场监管与诚信基础数据库互联互通的“四库一平台”建设，还是目前行业层面的信息化建设、建筑产业互联网，都还处于前期探索和实践阶段。

3. 建造人才方面的挑战

中国建造的核心问题还是“人”的问题，人的年龄结构、知识水平和创新水平都决定着产业的质量和方向，我国在人才方面存在如下挑战：一是老龄化问题。随着我国长期的“一胎化”，中国在未来将深陷“421”倒三角结构，目前在许多地方出现了“劳工荒”的现象。而且年青一代也大多不愿意从事建筑这个“苦力活”。2015年的《全国农民工监测调查报告》显示，近2.74亿农民工中有22%从事建筑行业，40岁以下农民工所占比重继续下降，由2010年的65.9%下降到2014年的56.5%，农民工平均年龄也由35.5岁上升到38.3岁。建筑业面临着劳动力成本急剧上升、建筑工人年龄结构老化等多重问题。在这样的背景下，发展以工业化、标准化、规模化、信息化为主要特征的建筑产业现代化成为迫切需要。二是产业工人问题。自20世纪90年代以来我国逐渐形成了以农民工为主体的建筑工人队伍，对现代的技术掌握能力差。同时我国长期的项目承包制，导致“人跟项目走”，建筑企业没有进行产业工人的培育。未来培养更多的高素质产业工人，完善建筑产业工人的社会保障，大型企业和行业协会组织联合对产业工人进行各种培训，这些都直接决定着“中国建造”的水平。三是高科技和管理人才问题。随着建筑业的发展，建筑的“工业化”本质也逐渐被人们认知，从新材料的开发、建筑构件的生产、现场转配施工及后期运维都离不开高端的科技人才。“由于高层次专业技术人才队伍和高技能人才的匮乏，造成我国建筑行业的科技含量与国际差距较大。我国建筑产业技术进步在经济增长中的作用约为25%—30%，而发达国家为70%—80%。”有关人才学家如是说。

（四）我国建造行业转型方向

中国建造行业管理粗放、浪费污染严重、生产效率低、管理手段落后，而现代建设工程越来越趋向大型化、复杂化，并要求绿色环保。中国建造要走出一条具有核心竞争力，资源集约、环境友好的可持续发展之路，必须向“精益、智慧和绿色”的方向转型升级。

精益是核心。所谓精益，以提高效率与效益为目的，运用现代管理模式，对管理对象实施精细、准确、快捷的规范与控制；把提高管理效能作为管理创新的基本目标，用具体、明确的量化标准，取代笼统、模糊的管理要求，改变经验式的管理；以精细化的管理手段结合精益的思想，标准化业务流程、优化生产要素、减少浪费、提高效率，以达到项目利润最大化和浪费最小化，提升客户满意度，实现价值最大化。

智慧是关键。建造行业急需充分利用新一代信息技术来改变建设参与各方交互的方式，以提高交互的明确性、效率、灵活性和响应速度，让我们对建筑有更透彻的感知，让我们之间有更广泛的互联互通，实现建设过程全生命周期的智慧设计、智慧施工、智慧运维、智慧监管等，最终实现建造全过程以及建成后的智慧、互联、协同的目标。

绿色是引领。建设活动是人类对自然资源环境影响最大的活动之一，能耗高、消耗多、污染大。在建筑领域中应遵循可持续发展原则，遵循人类社会发展与环境相协调的原则，坚持走绿色施工和绿色建筑之路。即以绿色理念为导向，通过绿色设计、绿色建材生产、绿色施工的“绿色建造”过程，实现绿色的建筑与设施。这是可持续发展思想在工程施工中的应用体现，是推动中国建造向资源节约和节能减排的目标发展的重要举措。

二　广联达业务战略与竞争优势

（一）总体方针

公司按照“专业化、平台化和国际化”的总体方针，多年经验及优势积累于专业应用板块，后续将以“两聚、两圈、一库”为支撑，持续快速地扩大优势，形成覆盖建筑全生命周期的全线产品。以服务建筑产业为切入点，广联达做深做实积累核心平台资产，继而向融入产业发展，打造国内最大的建筑产业平台入口，开启更广阔的增长空间，并不断迈向国际。

（二）业务战略

广联达立足建筑产业，围绕建设工程项目的全生命周期，提供以建设工程领域专业应用为核心基础支撑，以产业大数据、产业征信、产业金融等为增值服务的平台服务商（见图1）。

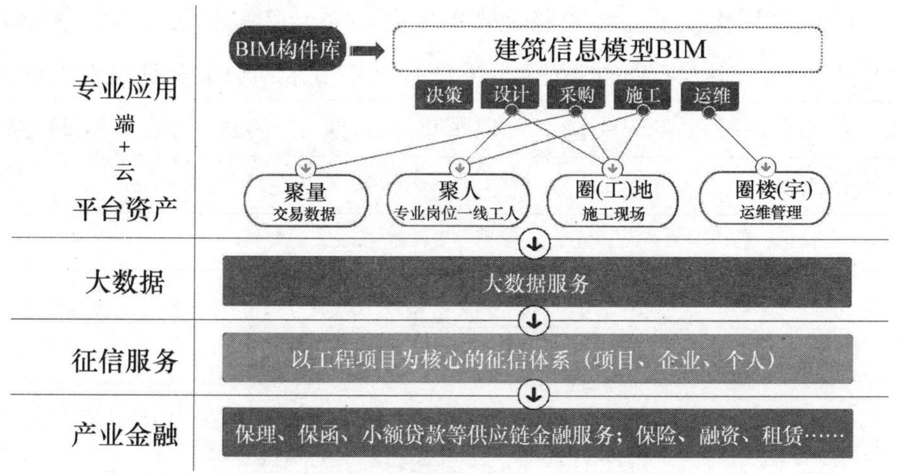

图1　平台服务模型

1. BIM战略

广联达BIM致力于提升建设工程信息化领域的BIM应用，以贯穿全生命周期的产品与解决方案，让BIM技术在项目中的应用能够真正落地。从2009年以来广联达一直专注BIM技术研发，并与国内众多知名建筑企业积极展开BIM技术在实际项目中的应用。专注轻量化BIM应用，让用户从选择到决定、从学习到学会、从应用到收效的完整流程更加快速、轻松、高效。通过广州东塔、天津117等超大型项目的BIM综合应用，树立了行业应用典范，并通过大量的BIM案例实践和服务提炼出了有效的应用规范。

广联达BIM软件套装（Glodon BIM Suite，GBS）。以自主技术及全面产品开启了轻量化BIM应用新时代，既提供满足大型复杂项目的整体BIM解决方案，也有BIM 5D、Magi CAD、BIM算量、BIM场地布置、

BIM 模板脚手架等一系列标准化软件以及免费的 BIM 浏览器和 BIM 审图软件（见图 2），灵活专业地实现用户对于 BIM 的应用需求，解决客户的实际业务问题。

广联达 BIM 提供一套完整成熟的服务体系。除了行之有效、落地的 BIM 产品，还辅以完善的规范和成熟的且已在多个项目上验证过的实施方法，再加上专业的咨询团队，可以帮助客户建立起自己为主、咨询为辅的实施团队。

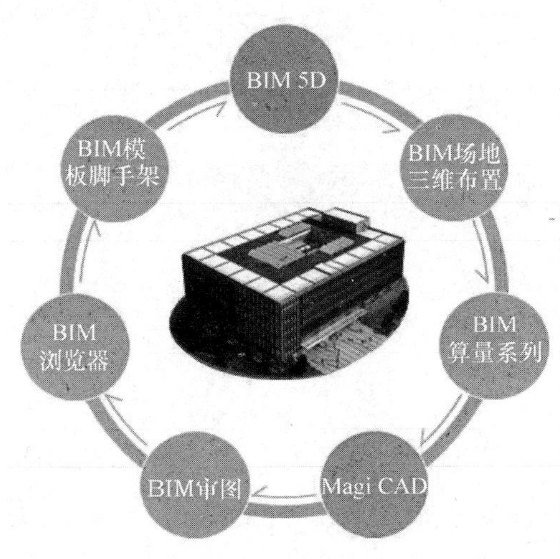

图 2　BIM 软件套装

2. 云计算战略

依托于云计算技术，广联达致力于构建一个与行业用户和合作伙伴多方共赢的建筑产业互联网平台。依托于云计算基础设施、云计算技术平台、云计算运营平台、大数据平台、图形平台等核心技术体系，围绕专业应用、项目管理、信息服务、电子商务和征信金融等领域，广联达研发推出了一系列云计算产品（见图 3）。一方面，广联达云计算产品直接为行业客户提供业务、管理和协作等多维度的解决方案；另一方面，广联达向合作伙伴开放技术和商业资源，与合作伙伴共同丰富和完善产业链条，以全方位满足客户的差异化需求。目前，广联达云计算产品已经在天津117大厦、武汉绿地中心、上海中心、苏州中南中心等项目中得到成功应用。广联云为工程项目各参与方提供了一个简单高效的多方协作平台，帮助项目团队实现成员管理和信息沟通、项目图档集中存储和高效分发共享，以及各种工作任务流程的执行协调和跟踪落地。BIM云以聚合了模型、成本、进度、质量、安全等多维信息的BIM模型服务，通过一系列“云化”的Web、桌面和移动应用，为工程项目提供构件级别的项目全过程管理和协同支撑。

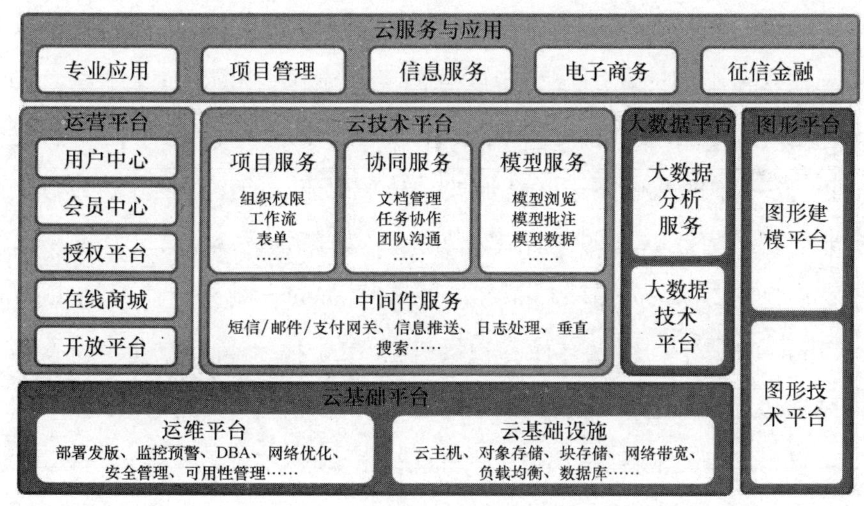

图3　云服务与应用

3. 国际化战略

从2011年开始，除了在中国内地建立了30多个直属分支，广联达已经成功在美国、英国、瑞典、芬兰、新加坡、中国香港、马来西亚、阿联酋等地设立了子公司、办事处、研发中心，并在这些子公司周边地区建立了自己的代理合作伙伴群，遍布全球各地 40 多个国家和地区，坚定地推动实现 Glodon 建造信息领域全球化的希望。其中，国际市场的 Cubicost 系列技术产品（TAS、TRB、TBQ、TME）、MagiCAD 系列设计产品已经走在世界 BIM 技术前列，受到全球用户欢迎和认可。

目前，全球共有来自 600 多家公司（涵盖英国、新加坡、马来西亚、印度尼西亚等 14 个国家和地区）6000 余人在使用 Cubicost 系列软件，客户包含各国家主要建筑商、承包商等，平均提升效率 43%。其中，Cubicost TAS 产品在马来西亚 8 Kia Peng 公司建筑面积约为 54545 平方米的项目中，帮助其提升了 75% 的效率，极大地减少了工程设计和采购过程中的不必要成本，为用户带来真切的利益。Cubicost 系列产品在各个国家当地政府公务、政府民生及大型业主地标性建筑项目中都有所应用。除此以外，在东盟十国的新加坡、印度尼西亚、泰国、越南和菲律宾，Cubicost 系列产品也帮助他们提升了 30%—60% 的效率。至今，广联达与“一带一路”中的八个国家（新加坡、马来西亚、印度尼西亚、泰国、越南、菲律宾、阿联酋、印度）多所高校（如新加坡 National University of Singapore 和 BCA Academy of the Built Environment；马来西亚 INTI International University 等）建立合作，积极开展 BIM 技术普及，直接受众数千人，对周边国家的精益建造、数字建造、绿色建造发展起到推进作用。

未来，广联达将会在现有“一带一路”八个国家子公司、办事处、代理合作伙伴的基础上，把目光转向“一带一路”的其他 57 个国家，通过与全球顶尖建筑行业人才合作，整合行业资源，创新科技理念，把握市场机遇，持续深入市场调研，通过“二次优化”，将发达国家的人才和技术引进“一带一路”国家，促进双方合作，帮助其发展。

广联达国际化布局路线图如下（见图 4）。

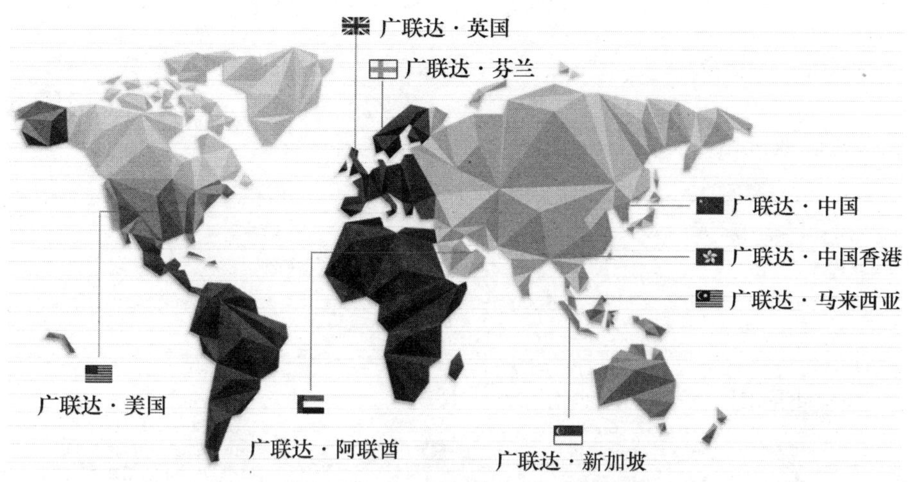

图 4　广联达国际化路线图

广联达国际化产品如表 2。

表 2　广联达国际化产品介绍

产品名称	功能介绍
TAS（Glodon Takeoff for Architecture and Structure）——国际版土建产品	可以通过三维绘图导入 BIM 设计模型（支持国际通用接口 IFC 文件、DWG 文件和 PDF 文件），并且还可以通过识别二维 CAD 图纸实现建立 BIM 土建算量模型
TRB（Glodon Takeoff for Rebar）——国际版钢筋产品	采用国际领先、具有自主知识产权的 BIM 建模平台，计算结果准确同时生成各构件的 BIM 钢筋模型。“专业、高效、易学易用”是 TRB 的三大特点
TBQ（Glodon Tender Series for Bill of Quantities）——国际版计价产品	计价方式全面高效；组价快速，调价方便；报表处理简便快速；招标更便捷；清单变更管理；招标清单自检
TME（Glodon Takeoff for Mechanical and Electrical）——国际版机电产品	通过将黑白 PDF 文件转化为彩色文件，可展示出 MEP 的不同系统和位置，并且准确度高，易用性强，运行效率快

（三）业务成果

1. 按业务战略板块区分（见图5）

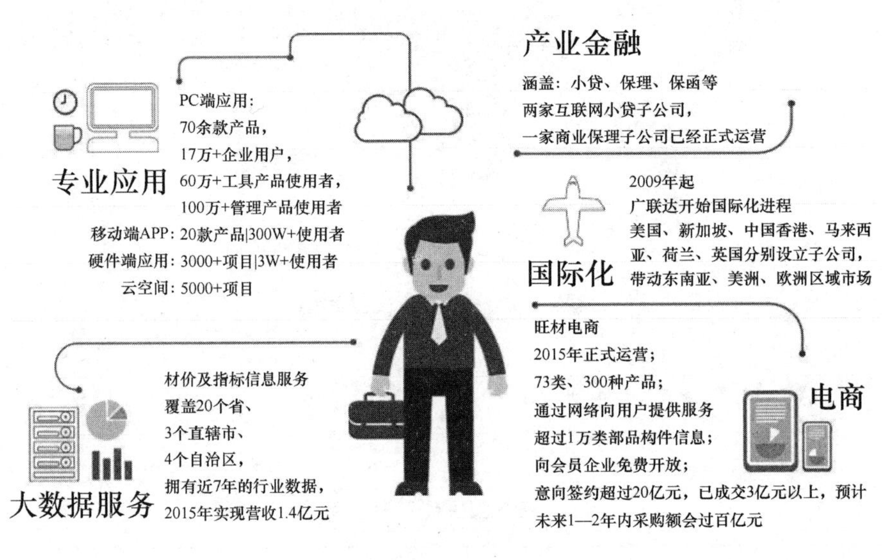

图5 战略板块区分

2. 现有业务的主要产品线分布（见表3）

表3 现有业务主要产品线分布

主营业务	主要产品	主要价值	应用领域
工程施工	广联达建设工程施工整体解决方案	“智慧工地”即指工地信息化。使施工工地实现可视化、数据化、智能化管理，从而逐步实现绿色建造和生态建造，使项目在信息化时代的竞争中立于不败之地	全国的施工企业、项目部、劳务分包及岗位人员

续表

主营业务	主要产品	主要价值	应用领域
工程信息	广材信息服务整体解决方案 指标信息服务整体解决方案 项目信息服务整体解决方案	为建设行业人员提供材料价格、指标、工程信息等各种数据服务与产品，通过电脑、手机、Pad等各种智能终端，让客户随时随地尽享大数据带来的专业、方便与快捷	建设领域工程造价从业人员、物资采购人员、建材供应商
工程造价	广联达建设工程造价管理整体解决方案	面向建设项目，提供贯穿立项决策、设计、招投标、施工及竣工结算的全过程工程造价管理及控制的信息化系列产品	建设领域工程造价从业人员
工程教育	广联达土建/安装/精装计量计价实训课程 广联达建设行业应用技能教学平台 广联达建设行业信息化应用技能认证	为建设行业院校师生提供基于实际业务的实践教学课程、课件与实验室等产品和服务，通过校园大赛、夏令营、设置奖学奖教金等各类活动鼓励实践教学、推动应用实践、加强交流拓展	全国工程建设类相关专业院校师生，包括本科、高职、中职
电子政务	广下公共资源信息化整体解决方案	为各级建设工程交易中心及公共资源交易中心提供全过程在线交易、服务与监督的三分离式电子交易解决方案	公共资源交易中心、招投标管理局、政务服务中心、建设工程交易中心、招标代理、投标单位、交易行政主管部门
电子商务	旺材电商平台	首创行业内“电子商务与互联网金融一体化的商业模式”，依托深厚的行业资源整合能力与强大的信息技术优势，为建设相关领域的开发商、总包商、分包商、部品商、材料商等提供网络贸易与融资服务	国内领军型及中小型房地产、开发企业，建筑行业部品部件供应商
互联网金融	商票保理 互联网小贷	广联达金融致力于打造建筑行业金融信息化平台。平台引进银行、产业基金、P2P、融资租赁、第三方支付、担保保险等金融及类金融机构，共同为广联达自身上下游及电商平台客户提供及时多样的金融服务	商业保理：供应商、地产商、建筑商 互联网小贷：供应商、个体工商户（企业主）、个人

（四）技术体系

作为国家认定的高新技术企业，广联达高度重视自主研发和技术体系建设，运用BIM、云计算、管理平台等技术（见图6）不断引领建设工程领域信息化潮流。广联达主要产品均具有自主知识产权及自主创新的软件架构，公司掌握了20余项专利、30余项核心技术、200余个软件著作权；3D图形算法居国际领先水平。通过先进的组件技术，可实现产品的快速开发和不断升级。

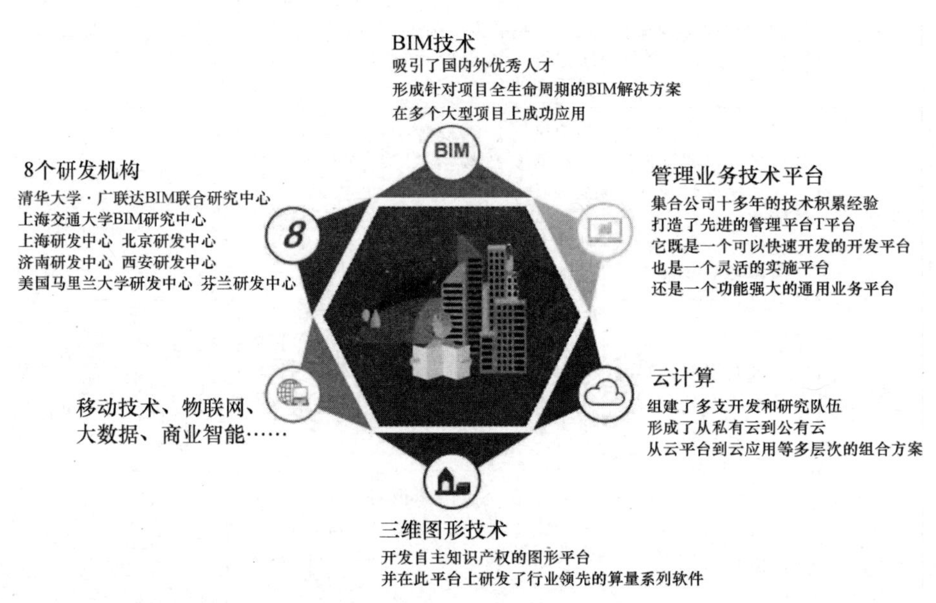

图6　广联达技术体系

三　广联达“一带一路”业务规划

初步估算，“一带一路”沿线总人口约44亿，经济总量约21万亿美元，分别占全球的63%和29%。从路线来看，路上丝绸之路分别为中巴、孟中印缅、新亚欧大陆桥以及中蒙俄等路上经济走廊；海上丝绸之路则是沿海重点港口城市。这为中国建造发展及企业“走出去”提供了难得的发展机遇。广联达作为中国建设信息化的中坚力量，初步设想在以下几大方面展开业务布局和项目合作。

（一）产品输出

1. 单品软件输出

目前广联达已经在“一带一路”的有关国家和地区，如中国香港、东南亚等国家和地区有了市场布局，未来可以继续加大市场拓展力度和与更多国家和地区展开业务合作，把代表着我国高水平的工程造价、工程信息、BIM 和其他工程软件向外输出。

2. 集成解决方案输出

广联达期望和我国已经“走出去”的建造行业及当地的一些建设企业展开合作，为其提供信息化系统解决方案，帮助其实现智慧工地、智慧运维。依托云计算及先进的移动互联网技术，以工程项目为中心，建筑信息模型（BIM）为载体，围绕工程造价管理、工程材料信息服务等核心业务，为建设“一带一路”提供智能一体化的整体解决方案，帮助客户提升从招投标到施工等工程项目全生命周期管理和运营能力。

（二）平台建设

广联达设想和蓝迪国际智库在“一带一路”重要节点城市举行建设峰会。发挥广联达的建造行业峰会的品牌优势，和蓝迪国际智库及国内重要的政府、行业协会和社会组织联合举办“一带一路智慧建设论坛”。在实践中可先在国内的“一带一路”的重要节点城市，如我国的新疆、陕西地区举行“一带一路建设经济论坛”，相互交流各国的基础设施、城镇化建设和智慧城市推进的先进经验，并设置一系列的项目对接、投资对接洽谈会。后期逐渐在国外等一些地区召开，逐渐提升影响力。

（三）项目合作

1. 科技和人才“链接”计划

（1）科创走廊人才计划。按照“引进来、走出去”的原则，发挥广联达在国际化战略中的经验，引入国际高端人才，并联合中关村人才科技和全国上百家大专院校人才资源，和蓝迪国际智库一起举办一系列会议，和专家、学者、教授、企业家就建设“科创大走廊”议题，在人才、科创等方面深入探讨和合作。根据“一带一路”不同的地区和国家的现状和需求，提供“定制化”的人才供给（如中介咨询、资本运营、经营管理人才、创意设计、报价员、预算员、产业工人、软件信息化人才及供应链管理等方面人才）。

（2）建筑科技“援助＋合作”计划。广联达将积极组织、协调和联合中关村的部分科技企业和大建设类企业，配合蓝迪国际智库开展对“一带一路”沿线地区和国家的“建筑科技援助和合作计划”，如人才培训、软件赠送和对口的科技研发合作等（值得借鉴的是，日本八九十年代通过对华“援助＋合作”，实际上起到培育“用户消费习惯”、拓展中国市场的作用。在深化“一带一路”的战略中，我们不妨借助其一些先进思维来培育市场）。

2. 数字建造园区建设示范

产业园区一直是驱动我国发展的重要力量，可设想围绕“一带一路”的重要节点城市和区域，由蓝迪国际智库、广联达并联合一些战略合作伙伴，以“数字建造”为主题打造若干产业协作区和园区，围绕数字建造技术交流、会展、贸易和建筑产业化推进。同时，积极开展建筑和基础设施领域务实合作，在国际合作创新、海外直接投资、承接国内外产业转移、人才引进、国际化园区管理等各方面进行体制机制创新。

◇◇四　企业推进“一带一路”业务所遇到的问题

通过多年的国际化实践和近年来参与“一带一路”的实践，笔者认为在以下方面还存在一系列问题，严重阻碍着我国企业的“走出去”步伐。

（一）人才方面——小语种人才的培养

“一带一路”建设是国家的重大战略，但“语言不通则不能人心相通”，“一带一路”覆盖的国家，官方语言56种，而我国2010—2013年高校外语专业招生的语种只覆盖其中的20种。在已招生的20个小语种专业中，11个语种的在读学生数量不足100人，波斯语、土耳其语和斯瓦西里语三个语种的在读人数均在50—100人之间，希腊语、希伯来语、孟加拉语等八个语种的在读人数均不足50人。广联达在布局“一带一路”中，遇到的一个很现实的问题就是小语种人才的缺失。所以目前的工作主要是在英语系国家展开，广袤的中东地区还难于布局。

（二）组织协同方面——缺少协作组织

目前我国的“走出去”的建造行业仍然是“点状式”，还缺少一个立足于建造垂直行业的平台型组织来统一协调政府、企业、学术机构、投资机构、咨询机构和人才培育通道等。未来我们除了积极融入蓝迪这个“母平台”的同时，也应积极探讨建立面向建造业的“子平台”，整合政策、科技、人才和产业等资源，通过协同、创新和合作来共同“走出去”。

（三）文化和制度方面——每个地区的市场风土人情、制度的不一

企业“走出去”要面对与国内迥异的制度环境，但我国企业在这方面应对准备不足。由于不熟悉国外商业习惯、法律环境，以及缺乏国际项目经验等，往往发生“合同泡汤”、项目落地困难、企业被罚等事件。目前的“一带一路”建设具有比较明显的 G2G 的特点，即“政府对政府”。G2G 的合作方案重点关注了政府（或者说执政党），但对各国的市场、对各国老百姓的好处有时并没有体现在明处，容易遭遇各国反对党的阻击以及社会层面的抵制。我国过去在缅甸、越南、斯里兰卡、泰国等都遭遇到类似的事件，一些重大投资项目因受到抵制而被迫停止。未来我们企业“走出去”应该和更多的智库、咨询机构结成“联盟”，通过深入研究各地的风情，按照“文化链接、市场合作、民心相通”的原则，扩大和深化民间文化交流及经济交往。

五　建议和期待

（一）初步建议

“一带一路”作为我国首创、国家推动的重要战略之一，也是 21 世纪我国深化对外开放和国际化战略的重要抓手。在战略清晰的前提下，如何做到“统筹国内国外两个市场”，积极创新发展路径并把控好发展节奏，将成为该战略能否顺利落地的根本支撑。结合中国建造在建设“一

带一路”中的实际作用，广联达认为：一是要做到软硬同步。不仅要注重基础设施建设方面的合作，还要加快和“一带一路”沿线地区及国家的人才交流、文化沟通、科技合作和协同创新，才能更长远地建立各国间的“区域合作机制和造血机制”，避免建设中的“一锤子买卖”或“赔本赚吆喝”现象。二是抱团出海。积极探索从“单打独斗”到“抱团出海”，通过产业链协同的“集群方式”有效带动中国建设标准、中国技术、中国设备和中国文化“走出去”。三是优进优出。产能合作绝不是把落后产能“输出去”，无论是从西方引进还是向外输出建筑产能和建造技术，绝不可以搞过去的一些简单粗放的方式，而应该坚持“优进优出”的原则，结合“一带一路”不同地区实际情况进行技术的优化改造和“二次转化”。四是示范带动。围绕“一带一路”的重要节点城市和区域，联合一些战略合作伙伴和行业内的优秀企业，打造若干产业协作区，围绕建筑技术交流、会展、贸易和建筑产业集聚中心，积极开展建筑和基础设施领域务实合作，在国际合作创新、海外直接投资、承接国内外产业转移、人才引进、国际化园区管理等各方面进行体制机制创新试验。五是分层次推动。在我国的建造行业借“一带一路”走出去时，建造行业应该分层推进。在中低技术内容，如普通建材、物流等方向，我们建议采用转出去、升级并购的策略；在中高技术内容，如绿色建材、成套设备、工程机械等领域，建议主要为出口；而在高技术内容方面，如信息技术、高铁、核电等方面，主要以出口及服务为主。

（二）合作期待

首先，树立“中国建造”品牌。值得注意的是，当前世界产业和科技等领域具有全球影响力的概念、理论及标准体系基本都源于西方，我国长期处于“跟随跑”的地位。如何借“一带一路”这个重要的战略机遇，并结合我国建造业的自身比较优势，在国际上打造“中国建造”新理念、新形象和新体系，对我国未来的发展将具有重要的意义。

其次，基础设施连通，带动“五通”。值得注意的是：“一带一路”沿线各国普遍为发展中国家，其基础设施建设普遍比较落后，严重影响了各国的发展及国与国之间的连通，我们可以积极探索“物理基础设施”和“信息化基础设施”两个抓手，在后续形成和“一带一路”沿线各国的科技、人才、文化交流等多方面连通，以达到以“基础设施连通带动五通”的目标。

基础设施建设

中国交建与“一带一路”

中国交通建设股份有限公司

中国交通建设股份有限公司，简称中国交建，是经国务院批准，由中国交通建设集团有限公司（国务院国资委监管的中央企业）整体重组改制并独家发起设立的股份有限公司。公司海外主营业务涵盖交通基础设施的投资、设计、建设、运营，以及相关的境外园区、房地产、装备制造、产业投资等领域。2016 年公司位列《财富》世界 500 强企业第 110 位，比 2015 年提升了 55 位；位列 ENR 全球最大国际承包商第 3 名，连续 10 年位居中国上榜企业第 1 名。公司连续 10 年获评国务院国资委业绩考核 A 级，被国务院国资委确定为“国际化经营战略 10 家重点联系企业”和“培育世界一流企业 10 家重点联系企业”，是仅有的 3 家“双十”中央企业之一。

作为最早“走出去”的中国企业，公司的海外发展已有近 40 年的历史，截至 2015 年年底，公司在 103 个国家和地区设立了 193 个驻外机构，在全球 135 个国家和地区开展实质业务，目前境外在建工程 602 个，总合同额约 585 亿美元。公司所属的中国交建（CCCC）、中国港湾（CHEC）、中国路桥（CRBC）、振华重工（ZPMC）等标志性品牌享誉全球。

从目前的市场份额看，公司在整个亚洲占到49.6%，非洲38.7%，美洲6.6%，欧洲3.6%，大洋洲1.4%，国际市场占有率、市场多元化、市场差异化水平显著提高。其中，在非洲市场已连续多年保持市场份额第一名。目前中国交建已经成为世界最大的港口设计建设企业，世界领先的公路、桥梁设计建设企业，世界第一的疏浚企业，全球最大的集装箱起重机制造商，亚洲最大的国际工程承包商，中国最大的设计公司，中国最大的交通基础设施投资商和知名房地产开发商。

一　国际基础设施建设行业发展趋势的分析和研判

从行业发展趋势看，国际基础设施建设向高效能、高品质、低碳环保的方向升级发展，项目大型化、跨专业化、综合一体化的特征越来越明显，项目资金多元化、业主结构多元化，许多国家加强立法，引入社会资本保障基础设施建设，项目模式向产业链上游和下游全过程拓展，项目的资源整合需要投资商、开发商、运营商、供货商及大量服务商的协调配合，传统的单一工程承包商需加快转变为基础设施合作领域的综合解决方案提供者和综合高端服务提供者，需要承包商通过产融结合加强投融资创新、商业模式创新，提前介入项目规划，加大综合运作，协助业主进行项目整体策划和解决融资问题。竞争格局出现新变化，欧美等国际承包商继续加大业务结构的战略调整，来自新兴经济体的承包商的竞争增大，中国企业间的竞争与合作对市场格局的影响在加大。发达经济体的“再工业化”“工业4.0”计划，以及“中国制造2025”“互联网+”等深刻影响着世界制造业的发展趋势。

从中国交建自身所处的行业看，第一，主营业务断崖式萎缩，疏浚、港口、海洋重工基本上是断崖式萎缩；第二，现汇项目急剧下降，投标数量锐减；第三，PPP已经成为交通基础设施投资建设的主体；第四，竞争越发激烈，海外和投资等板块和业务模式发展迅速，竞争已经从价格提升至“一揽子”服务，包括规划、投融资、建设、运营的竞争，从单个工程提升至综合项目开发的竞争；第五，宽松的货币政策和积极的财政政策给中国交建的投融资业务带来利好，利息降、贷款易、品种多、服务好；第六，“营改增”在逐渐推开，会影响到企业的施工产值、利润和项目管理架构；第七，基础设施成为政府拉动经济增长的重要手段，项目投资机会多，但政府的推动力度会影响项目进展和成本。可以说，中国交建所处行业为基础设施投资建设，与国家拉动经济的政策相一致。

二　企业的价值观和发展战略

核心价值观：公平、包容、务实、创新。

坚定一个核心目标——全面建设世界一流企业。要持续做强做优做大，到2020年，实现新签合同额超1万亿元，营业收入超6000亿元，利润总额超300亿元，进入世界500强前120名。优化布局结构，完善体制机制，提升文化品牌，提高人才活力。

聚焦一个核心战略——打造“五商中交”。紧紧聚焦“五商中交”战略，主动适应不断变化发展的内外部形势，与时俱进加以改进和完善，在发展中不断丰富“五商”的外延和内涵。精准对接国家战略，自觉把企业战略全面融入国家发展大局。持续提升战略执行能力，真抓实干、求真务实，使坚强的执行力成为推动战略实施的有力保障。

◇◇三 “一带一路”业务规划

目前，中国交建在“一带一路”沿线国家正在跟踪推进的项目超过200个，包括铁路、公路、桥梁、隧道、机场、港口、运河、资源开发、城市综合体开发建设、工业投资、园区开发建设等。其中，公司重点围绕并积极推进中巴、孟中印缅、中国—中南半岛等经济走廊的建设，近期已经签约巴基斯坦喀喇昆仑公路二期、斯里兰卡汉班托塔港二期、缅甸皎漂经济特区深水港、新加坡汤森—东海岸线地铁、马来西亚关丹新深水港等一批海外重大项目。

◇◇四 企业已在“一带一路”开展的项目和所做的工作

中国交建主动追求与国家“走出去”“一带一路”等战略的发展契合，在“一带一路”沿线65个国家正在跟踪推进的项目超过400个，已经在“一带一路”沿线地区实施了一大批惠及所在国、促进互联互通的工程项目。截至目前，中国交建及旗下中国港湾、中国路桥、振华重工在“一带一路”沿线累计修建公路2600多公里，桥梁180座，深水泊位63个，机场10座，提供集装箱桥吊754台，在建铁路1800公里。其中，科伦坡港口城、蒙内铁路、匈塞铁路、塞尔维亚泽蒙—博尔察大桥、马来西亚槟城二桥、中马友谊大桥、港珠澳大桥等项目成为所在国家、地区的标志性工程。

2015年12月，在中非合作论坛南非峰会期间，公司董事长作为中资企业唯一代表在企业家大会闭幕式上发表演讲，并在习近平主席的见证下，签署了总金额超过110亿美元的各类合同与协议。2014年9月，在习近平主席见证下，中国交建先后与马尔代夫、斯里兰卡签署了多项合作协议，包括中马友谊大桥、斯里兰卡科伦坡港口城等在内相关项目成为共建“21世纪海上丝绸之路”进入务实合作阶段的标志性项目。其中，科伦坡港口城项目一期投资14亿美元，将带动二级开发投资约130亿美元，创造超过8.3万个就业机会。过去的一年中，在习近平主席的关心下，中斯双方经过多次沟通，2016年3月，斯里兰卡政府宣布该项目即日可复工的决定。

中马友谊大桥是2014年习近平主席访马期间，双方领导人共同商定、共同命名的大桥项目，是迄今为止中马合作的最大项目，是“一带一路”倡议的重点工程，是我国第一个援外资金与国家优惠贷款组合的项目，也是世界上首次在珊瑚礁上建造的跨海大桥，堪称“最美”跨海大桥。2015年12月，该项目正式签约并启动开工仪式。

中国交建积极推动中国铁路装备、标准和管理“走出去”，2014年5月，在李克强总理见证下签约的蒙内铁路项目，是国际上第一条完全采用中国标准、中国技术、中国装备的现代化新型铁路。2015年12月，中国交建参与建设的中国在欧洲合作建设的第一条铁路——匈塞铁路塞维尔亚段签约。

俄罗斯圣彼得堡布朗克港疏浚工程，于2015年12月提前顺利竣工，该项目是中国交建在欧洲的首个疏浚项目。该项目建成后，进一步提升了圣彼得堡港的港口吞吐能力，对于圣彼得堡的交通及港口建设具有里程碑式的意义。

塞尔维亚泽蒙—博尔察大桥，作为中资企业在欧洲承建的第一座大桥，项目主体工程于2014年12月完工，国务院总理李克强和塞尔维亚总理武契奇共同为大桥竣工剪彩。该项目是塞尔维亚近20年来第一个按时优质完工的大型项目，也是中国—中东欧合作机制下的成功项目典范。

2014 年 3 月，中国交建承建的马来西亚槟城第二跨海大桥通车典礼隆重举行。该桥是东南亚地区最长的跨海大桥，总投资约 14.5 亿美元，由中国政府提供了部分优惠贷款。槟城二桥的建成是中国与马来西亚两国友好合作的又一重要标志。马来西亚首相纳吉布主持了通车典礼并发表主旨演讲。

港珠澳大桥是我国继三峡工程、青藏铁路、南水北调、西气东输、京沪高铁之后又一重大基础设施项目，连接香港、珠海、澳门，是融桥、岛、隧为一体的超大型跨海通道。由中国交建联合体承建的岛隧工程是大桥的施工控制性工程，其中沉管隧道是目前世界上综合难度最大的沉管隧道之一，全长 7440 米，合同工期 63 个月——2010 年 12 月至 2016 年 3 月。

2015 年 5 月，中国交建通过中交国际（香港）平台成功收购澳大利亚第三大工程公司 John Holland 公司 100% 的股权。此次收购使得公司进入澳洲及大洋洲市场，并获取了技术、人才、客户、品牌等资源，补充了公司在铁路建设和运营领域的核心优势，从而形成对公司全球市场的强大支撑。2015 年，中国交建工程承包业务的新签合同额中，大洋洲区域占比由之前的 1% 提高到近 8%。

同时，中国交建紧密结合“一带一路”建设推进境外园区的开发建设，积极布局境外产业园区、工业园区、物流园区、自由贸易园区、开发区、保税区等项目，正在推动南亚、东南亚、非洲、拉丁美洲和南太平洋等 21 个境外园区的规划、投资和建设。

中国交建拥有强大的海上施工能力和装备制造能力，依托基础设施建设运营、装备成套出口和依托境外园区开发建设推进装备产业“走出去”和国际产能合作。振华重工（ZPMC）传统港机产品已进入全球 91 个国家和地区，港口集装箱机械连续 18 年占据世界第一的市场份额，市场占有率在70%以上。

◇◇五　推进“一带一路”业务所遇到的问题和取得的经验

“一带一路”建设为企业在更高层次上“走出去”提供了前所未有的重大战略机遇，过程中也不可避免地面临一些问题和挑战，需要我们保持定力，坚定信心，合理筹划，积极应对。

首先是要把握准机遇大势，坚定信心，积极作为。在“走出去”“一带一路”等战略的引领下，中蒙俄经济走廊、新欧亚大陆桥经济走廊、中国—中亚—西亚经济走廊、中巴经济走廊、孟中印缅经济走廊、中国—中南半岛经济走廊等区域的需求潜力巨大，市场机遇众多。据预测，在“一带一路”建设带动下，到2030年全球基建投资累计近70万亿美元，其中交通基础设施投资比重将超过40%。基础设施建设中的“软连通”与“硬连通”互促发展，也为企业开展业务创新、开拓市场发展空间、提升发展层次提供了潜在机遇。随着亚投行、丝路基金、中阿合作基金、中拉合作基金等金融机构的成立，中非合作论坛、中阿合作论坛等区域合作机制的逐步建立和完善，越来越多的周边国家和国际力量参与到“一带一路”的建设中来，企业“走出去”有着良好的外部发展环境。

其次要正常看待困难和挑战，多措并举，积极应对。随着我国综合实力提升和世界影响力不断增加，世界上许多国家对我国的怀疑和猜忌在明显上升，出现诸如“中国威胁论”“中国殖民者论”等观念。此外，世界经济体系重塑中的国际规则调整引起的合法合规经营风险、技术标准和知识产权风险，“一带一路”相关国家和地区在发展水平、法律体系、商业惯例、技术规则等方面存在差异，配套支持措施不足、能力建设机制缺失等，都对我国参与“一带一路”建设带来一定困难。同时，广大发展中国家普遍面临基础设施建设资金不足，对我国政府和中资企业提出了更多的融资支持和要求。

为推进企业主体在“一带一路”建设中发挥更积极作用，也为推进“一带一路”建设取得更多更大成就，笔者有以下几点思考建议。

一是坚持互利共赢，全面打造命运共同体。“一带一路”是和平发展的共赢之路，是造福沿途各国人民的伟大工程。“一带一路”建设，也是一个不断深化民心对话和增进文化互通的过程。在推动企业参与“一带一路”建设中，引导企业以“正确义利观”为指引，强化合作共赢理念，坚持合规经营，自觉遵守国际准则及当地法律法规，积极履行社会责任，加强属地化建设，提高对本土资源的利用程度，努力提高当地就业，为当地员工提供成长成才机会。引导企业关注民生、保护环境，主动把企业发展融入到“一带一路”倡议、世界区域经济和当地社会发展的体系中，促进共同发展。

二是推进“软连通”与“硬连通”互促结合。“一带一路”建设需要更加开放的战略合作机制创新，需要以政策互通为统领，打破“硬连通”建设中的技术壁垒、规则障碍和体系阻隔。中国很多行业的标准已经迈入世界先进行列，推广中国先进标准不仅可以规避中国资本的投资风险，也可以给所在国带来实实在在的效率和效益，是真正的双赢。

三是通过园区开发建设推进东道国产业经济发展。“一带一路”建设，推进沿途各国发展产业投资是重点发展方向。我们应该积极布局境外产业园区、物流园区、自贸区等发展，以推动境外产业园区建设为核心，打造商产融一体化综合性跨国经营平台、国际产能合作平台，助力东道国产业经济发展。

四是发挥产业与金融资本的对接优势。“一带一路”基础设施互联互通需要多元高效的产融结合创新。引导企业立足全球资源，打造多渠道、国际化的融资体系，探索绿地投资、股权投资、股权置换、参与股权基金、项目债券、资产证券化、发行优先股和永续债等多种形式，深化与国内外金融机构的互利合作，加快推进财务公司、产业基金、融资租赁、信托等新业务的开展，加速打造全球金融版图，为参与共建“一带一路”提供有力的金融支撑。

五是发挥好重点企业的领头羊作用。“走出去”的优秀重点企业，大多是在充分竞争的国际市场环境下发展壮大起来的，国际市场网络完善，国际化人才队伍和管理能力相对较强，应对国际市场风险的经验比较丰富，能够有效地集聚和整合产业链上下游的中小企业资源，形成全产业链优势，能够当好联合“出海”的领头羊。进一步发挥这些优秀重点企业作用，在相关的鼓励支持政策上向这些企业适当倾斜，一方面有利于加快培育一批世界水平的跨国公司，另一方面有利于提高企业参与“一带一路”建设的整体水平，从而更好地服务于“一带一路”建设。

中化工程在“一带一路”

中国化学工程股份有限公司

中国化学工程源自中国重工业部于1953年成立的重工业设计院和建设公司，目前是国务院国资委直属的104家央企之一。2008年，中国化学工程集团公司作为主发起人，联合神华集团有限责任公司和中国中化集团公司共同发起设立中国化学工程股份有限公司，并于2010年1月7日在上海证券交易所成功上市，股票简称“中国化学”（代码：601117）。2013年，中化工程被评为“中国主板上市公司价值百强”；2014年7月，中化工程被纳入上证公司治理板块成分股。

一 公司的价值观和发展战略

中化工程以“成就客户、创新为要、诚信负责”作为企业的价值观。客户需求是企业发展的原动力，坚持以客户为中心，提供优质的产品和服务，成为客户可信赖的合作伙伴，为客户创造长期价值；创新是促进企业发展的核心力量，将创新作为第一要务，把创新精神注入企业经营、生产、管理、文化等各方面，突出创新的决定性作用；诚信负责是企业和每位员工秉持的基本准则，企业对客户、对国家、对社会、对员工的诚信负责，员工对企业、对岗位工作的诚信负责。

“十三五”期间，中化工程将通过重点发展工程建设、基础设施、绿色产业三大业务板块，打造“投资”和“金融服务”两大平台，以改革和创新为动力，把公司建设成为投资、建设、运营一体化的国际工程集团。通过深化体制和机制改革，提高企业经营活力和员工积极性；通过技术创新、管理创新、制度创新、模式创新，提升企业核心竞争力；通过投资并购，完善产业链和拓宽业务领域，带动工程建设，实现跨领域经营，提升综合竞争能力，具备一流的投资、建设及运营能力，成为能够为客户提供咨询、规划、设计、建设、运营以及投融资等综合解决方案的企业集团；公司国际营收、国际资产将显著放大，具备国际化战略规划能力、国际化资源配置能力、国际化运营能力、国际化制度标准、国际化组织管控和国际化人才体系。到“十三五”期末，建成战略管控主导型管控模式、专业化公司运作方式、对不同业务板块进行差异化管理的管控体系；化学工程业务保持国内第一，环保进入全国前十，基础设施领域快速发展，非化工业务占比30%以上，业务组合更加多元；实现1200亿元的营业收入、1300亿元总资产和50亿元利润总额，成为具备更大的竞争力和影响力的行业发展主力军。

二　中化工程的竞争优势

（一）完备的产业链

中化工程是中国资质最为齐全、功能最为完备、业务链最为完整、知识技术高度密集的工业工程公司；也是以工程承包为主业，融投资融资、技术研发、规划咨询、项目管理、勘察设计、成套设备采购、施工建设、运营维护、环境治理等服务为一体的国际化工程公司。

（二）雄厚的技术实力

中化工程全资拥有工程公司9家、建设公司11家，控股公司3家，基金公司1家。所属子公司中，国家级企业技术中心6家、国家能源研发中心1家、高新技术企业18家，拥有工程设计综合甲级资质的有6家、拥有特级施工总承包资质的2家，业务涉及化工、石油、医药、电力、煤炭、建筑、环保、工业园区等领域。公司在基础化工领域的技术和工程能力方面具有绝对优势，包括三酸两碱、甲醇、各种化肥产品、农药、染料、医药中间体、精细化工等；同时，公司拥有甲醇制汽油（MTG）、流化床甲醇制烯烃（FMTP）等专利技术，煤制气的专有技术，乙二醇的生产技术等现代煤化工技术，以及诸如己二酸、己内酰胺、甲乙酮、苯酚丙酮、双酚A等多种石化产品的技术和工程化经验。

（三）行业地位优势显著

成立60余年来，中化工程先后承建了中国85%的化工项目、60%的石化项目以及30%的炼油项目，承担了中国化学工业和石化工业体系的建立和完善工作，使公司在化工、石化领域的技术和工程能力方面形成了绝对竞争优势，具备了适应国内外工程市场的三大能力，即投融资撬动工程的能力、与国际接轨的工程化能力，以及技术创新能力。

（四）丰富的国际工程经验

中化工程早在1984年就进入国际市场，经过30多年的努力拼搏，依托技术实力和竞争优势大力拓展海外市场，业务遍及世界 50 多个国家和地区，主要集中在亚洲的巴基斯坦、孟加拉、印尼、伊朗、马来西亚、越南、哈萨克斯坦，中东的沙特、阿联酋，非洲的安哥拉、突尼斯、坦桑尼亚，以及欧洲的土耳其等国家，海外合同额占比达到40%左右。由于中化工程在工程领域表现突出，自 1995 年以来连续被美国《工程新闻记录》（ENR）杂志评为250 家全球最大承包商之一，2016 年名列第 32 位。

◇◇三　主要业务领域发展趋势的分析和研判

（一）化工与石化领域

中化工程80%的合同额来自化工与石化领域。目前，国内化工行业发展速度显著放缓，基础产品如尿素、烧碱产能过剩严重，发展模式由规模扩张转型为质量提升；煤化工市场受经济性、油价、环保政策和技术因素影响，“十三五”期间新增煤化工项目明显减少，以推进已有项目的清洁生产、能源效率提高、技术升级、运营、维护、管理（MRO）等相关存量机会为主，煤制乙二醇、煤制烯烃由于终端产品的需求，预计存在部分增量项目机会；石化行业发展方向将从基础产品的产能扩张转移到产业升级、技术创新和产业结构调整的过程当中，主要工程机会来自于行业升级改造、产业转移工程以及精细化工等市场；炼油行业产能预计年均增长2%，新增项目较少，主要机会在已有项目的油品升级、改造等方面；天然气行业受国内天然气需求和能源市场改革驱动，未来五年将保持快速发展，其中 LNG 接收站、非常规天然气处理、管道基础设施等领域工程机会巨大。

国外市场，2015—2020 年期间，石化行业的年复合增速达到 5.8%，炼油行业的年复合增速达到 6%，未来化工投资将逐步向亚洲和中东转移。国外煤化工项目建设刚刚起步，在蒙古、越南、印尼、巴基斯坦等煤炭资源储备丰富、能源和化工需求大、政策支持的国家具备煤化工发展潜力。

（二）基础设施领域

新型城镇化、“一带一路”、自贸区和区域一体化是基础设施领域的四大机遇。保障房、市政基础设施、区域开发、商业建筑是新城镇化的主要领域，年度市场投资总额巨大，且未来 3—5 年保持稳定；“一带一路”倡议得以实施的主要突破口是基础设施建设，沿线重要节点城市及周边区域的基础设施建设，特别是电力能源、道路桥梁和产业园区需要重点关注；自贸区自身的开发，以及周边区域和自贸区的一体化对接，将持续推动区域基础设施需求的发展；京津冀一体化、长江经济带等倡导的交通一体化、环境一体化、产业转移一体化，蕴藏着多种形式的基础设施建设机会，将对区域内城市和区域发展带来巨大的辐射。

（三）环保领域

到 2020 年，中国年均新增市政环保投资达 220 亿元，年均增速 5%；工业环保年均投资额在 5000 亿—8000 亿元之间，保持 12% 的快速增长。届时工业污水投资规模将达 2600 亿元、固废 600 亿元、废气 4400 亿元。传统煤化工项目面临更高的环保要求，在污水处理工程和外部服务方面存在巨大需求。全国现有 1400 多个省级工业园的升级改造、新建工业园区以及区内污水处理厂的投资、运营等均存在较大的环保需求。

四　“一带一路”国家业务开展情况

中化工程积极响应中国政府“一带一路”建设的重大举措，凭借多年的海外市场资源和项目经验，积极关注沿线重点国家的市场需求和项目信息，强力推进“一带一路”市场的经营，在巩固印尼、马来西亚、巴基斯坦等传统市场的同时，对俄罗斯、伊朗、土耳其、巴西等新兴市场区域进行战略布局，且取得了可喜的成绩。目前，公司海外合同额主要集中在伊朗、俄罗斯、马来西亚、沙特等国家，分别占海外新签合同额的26%、23%、19%、14%。计划到2020年，公司将基本形成覆盖亚洲、中东和俄罗斯等核心市场的业务布局。

中化工程将通过继续保持并巩固与中国商务部、发改委、国资委等政府部门的紧密联系，以及与中国对外承包商会、机电商会等行业相关机构的长效沟通机制；建立对沿线重点国别政府高层的定期互访渠道，及与其驻华使馆、经商参处的周期性联络机制；加强与各类政策性银行、提供项目融资服务的商业银行，及国际金融保险机构的沟通合作，加大力度搭建信息平台，积累信息资源，掌握重点国家的国别规划、行业动态以及项目需求，拓展经营思路，创新经营模式，提升投融资能力，联合中国的资本、技术、装备及运营能力组队出海，在“一带一路”国家实现建营一体化项目的有效实施，同时提升项目所在国的劳工就业率和人员技术水平，带动属地国经济的全方位发展。

五 “一带一路”国家的经典项目案例

（一）土耳其地下天然气储库项目

土耳其地下天然气储库项目［Tuz Gotolü Underground Gas Storage (UGS) Project］是由中化工程全资子公司中国天辰工程有限公司以 EPC 模式承建的，合同金额约 6 亿美元。项目位于土耳其中部，距离土耳其首都安卡拉约 200 公里，在 Tuz Goto 盐湖南部 40 公里，距俄罗斯到欧洲的天然气输送管线约 26 公里。本项目为世行投资项目，业主为土耳其 BOTAS 石油管道公司，隶属于土耳其国家能源部。项目在土耳其立项已经将近 20 年，由于时间上接近了世行投资的有效期限，业主决定运行此项目。世行贷款为项目提供 3.5 亿美元的资金来源，另外资金由业主自筹。

项目建设的目的是在俄罗斯到欧洲天然气输送管线用户用量低谷时用压缩机将天然气注入地下储库，在用量高峰时将储库内的天然气减压再送回到干管以保证下游的用气量，从而达到调峰和稳定送气的功能。项目建设的总工期为 8.2 年，分为三期进行建设。按照工作内容，项目分为四个部分：（1）长输管线部分：包括淡水取水管线约 122 公里，卤水排放管线约 40 公里，天然气管线约 26 公里（此管线从俄罗斯到欧洲的天然气输送干管上接出）；（2）31.5 千伏输电线路部分：共分四段，长度分别约为 53 公里、1.4 公里、1.7 公里、42 公里；（3）场站部分：包括天然气充填和释放工艺及辅助设施，以及公用工程部分；（4）地下天然气储库区部分：包括 12 个地下储库，每个储库（盐穴或盐洞）容积约 63 万立方米，直径约 60 米，高度约 300 米，储气压力 220bar，12 个储库共储存天然气 15 亿立方米（工作气），有效储气 10 亿立方米（工作气）。

本项目为 EPC 固定价合同，工作范围一直到开车后的性能保证测试。天辰公司负责项目投运设备的运行，同时对业主提供的操作工进行培训，一直到 12 个储库全部完成注气排卤，并经过竣工验收后才移交给业主，在此之前的所有与设计、采购和建设安装有关的工作均由天辰公司完成，业主仅提供协助；在当地办理各种许可由天辰公司负责，业主提供协助；征地工作由业主负责，天辰公司负责准备相关资料。

本项目是迄今为止中国在土承揽的第二大工程，也是土耳其第一座冬季调峰天然气储库项目。土耳其每年消耗的天然气在 300 亿立方米左右，每个月为 25 亿立方米，本项目的有效储气量为 10 亿立方米，相当于半个月的储量，储量还是比较大的。例如，中国的总石油储备也仅有 30 天，美国的石油储备是 70 天。项目的建成能够在一定程度上保障土耳其的能源安全，拉动当地经济，提高地方就业率，项目高峰时期需要雇用当地工人 500 人。目前项目已进行了 2. 5 年。

这是一个施工难度很大、社会影响力也很大的项目，是中资企业迄今在土承建金额最大的项目，项目的成功建成，将大大改善土民生，有效提升中资企业在土形象，也将为中土战略合作关系注入新的内涵。项目作为土耳其重点能源项目，受到了来自土耳其各方的关注。项目从 2012 年 5 月 25 日施工开始，经过各方努力，尤其是在业主 BOTAS 的大力协助下，天辰公司与项目所在地阿克萨拉伊的政府、军队、警察署、大学，以及 SUTANHANI 镇的关系处理得非常融洽，取得了地方的认可和信任，工作开展得比较顺利。2010 年 10 月，阿克萨拉舟省的议长曾带领有关政府机构人员到钻井现场进行参观。在 2012 年 12 月 5 日项目钻井开工仪式上，阿克萨拉舟省的省长、军队驻军司令、警察局负责人、大学校长，土耳其大使馆参赞等都到场祝贺，项目的影响非常好，也极大地获得了当地有关部门对项目的支持和帮助。

土耳其地下天然气储库项目是在“一带一路”倡议的推进下，中国企业积极进军土耳其承建的“全球最大天然气地下储库”项目。自项目签约伊始就受到中国和土耳其当地媒体的关注。中国商务部网站对项目的开工情况进行了报道；新华网在对土耳其官员赞扬中国天辰在土积极拓展市场的专题报道中称：土耳其中部阿克萨拉伊省省长阿塔克里高度评价天辰公司在承建盐湖天然气地下储库项目、卡赞天然碱矿及联合电站项目等土中合作项目中的表现，中国驻土耳其大使表示天辰在土耳其的成就是中土经贸合作的重要组成部分；中央电视台《新闻直播间》在播出习主席出席2015年G20峰会期间，对天辰公司总承包的土耳其地下天然气储库项目进行了特别报道，对天辰公司积极推进“一带一路”倡议，充分整合利用世界各地的优势资源为客户提供安全可靠的工程服务给予了高度评价；央视网和凤凰卫视也分别对项目现场的相关情况进行了翔实的记录。项目的成功实施为中化工程在土耳其市场获取其他项目，进一步扩大公司在土耳其能源建设上取得开拓奠定了良好的基础。

（二）越南金瓯40/70化肥项目

越南金瓯省化肥项目位于越南最南端，是越南最大的化工投资项目，也是迄今为止中国工程公司独立承担的海外最大以天然气为原料生产合成氨、尿素的交钥匙总承包项目（EPCC）。项目规模为日产1350吨合成氨装置和日产2385吨尿素装置，相当于40万吨/年合成氨和70万吨/年尿素装置，项目总工期为43个月，合同总价约6亿美元。

该项目获得中国政府“421专项”支持，即大型成套设备出口融资保险专项资金安排。中国出口信用保险公司对其担保，越南国家油气集团获得了法国巴黎银行北京支行牵头，联合中国进出口银行、东方汇理银行组成的财团贷款 2 亿美元。

越南金瓯化肥项目是通过国际竞标获得的总承包项目，由中化工程全资子公司——中国五环工程有限公司与中国机械进出口公司组成的联合体在激烈的竞标中一举中标，五环公司作为联合体的指挥者，负责整个项目实施阶段的商务和技术工作。

项目业主越南国家油气集团公司，是越南最大的国有企业，长期与欧美工程公司合作。此项目是第一次与中国工程公司合作，聘请了世界知名的 PMC 公司（SNC-LAVALIN 比利时分公司）和第三方监理 CA 公司（法国国家检验局 BV）监督项目的执行，项目设计、施工、开车、HSE 管理全部采用国际标准。

项目的相关方队伍非常庞大，管理任务异常艰巨。专利商包括丹麦托普索（Topsoe）、意大利司南姆（Snam）、日本东洋公司（TEC），涉及中国国内供货商 120 多家，海外供货商 56 家，遍布 13 个国家；中国主要施工分包商 5 家，海外专业施工分包商 25 家；国内外开车分包商 3 家；国内外物流公司 3 家；保险经纪人 1 家，国内外保险公司 3 家；国内外银行 6 家；中越两国国家海关总署及地方海关、中越两国税务机关、中越两国相关政府部门等。

五环公司按照现代项目管理理念，采用矩阵式项目组织机构执行项目。项目团队包括项目管理团队、设计团队、采购团队、施工管理团队、开车管理团队，专利许可方、供货商、施工分包商、开车分包商作为项目团队的一部分，在五环公司项目管理团队的领导、管理、监督和控制下，完成分包合同规定的设计、供货、土建施工、安装调试、开车、性能考核和竣工验收任务。

五环公司项目管理团队包括项目经理、设计经理、采购经理、施工经理、开车经理、控制经理、质量经理、HSE 经理、财务经理、IT 经理。项目经理作为公司在承包项目中的授权代表，代表公司行使并承担工程承包合同中承包方的权利和义务，负责整体组织项目的实施，并抓好“六大管理”（合同管理、项目协调管理、项目变更管理、沟通管理、HSE管理、项目干系人管理）和“四大控制”（进度控制、质量控制、费用控制、材料控制）；设计经理、采购经理、施工经理和开车经理在项目经理的领导下，分别负责设计、采购、施工和开车的组织管理；控制经理协助项目经理对项目实施过程进行协调和控制；HSE经理在项目经理的领导下，负责识别、评价、确定项目的重大环境因素和重大危险源，制定相应的HSE控制措施，确保项目安全实施。

五环公司以“转变观念、国际视野、规范管理、共铸品牌”的理念，发扬团结协作、相互信任、共克难关的协作精神，以昂扬的斗志、必胜的信心、严谨细致的工作态度，历时43个月的艰苦奋斗，提前三天顺利产出大颗粒尿素，成功创造了越南工程项目建设史上第一个按期建成投产的奇迹，被时任越南总理阮晋勇誉为“越南迄今为止最成功的EPC总承包项目”，成为金瓯省乃至越南全国的一张亮丽名片，《人民日报》和《中国化工报》均对金瓯项目进行了特别报道。金瓯项目斩获多项奖项，包括全国化工工程建设质量奖审定委员会授予“境外优质工程奖”，中国石油和化工勘察设计协会授予“优秀工程设计二等奖”，中国石油和化学工业联合会和中国化工报社授予“十二五”“十佳工程”，目前正在申报国家工程总承包“金钥匙”奖。

六　推进“一带一路”项目建设的经验

第一，牢固树立契约意识，严格执行合同规定，全面履行合同义务与责任。在合同谈判中就要对各项事宜尽可能细致地进行规定，摒弃项目建设过程中变更合同的幻想。

第二，“一带一路”沿线国家多数属于经济欠发达地区，办事程序复杂、效率较低，经常会引起项目时间的严重拖延。在合同签订和项目执行过程中应对项目工期给予足够重视。

第三，“一带一路”沿线国家的国际化程度并不亚于中国，项目执行过程中要遵守国际规则，严格按国际惯例办事，做工程承包市场规则的适应者和维护者，打造符合国际通行标准的“绿色承包商”。

第四，在经营及项目实施过程中，要加大对合规经营、社交融入、环境保护、文化交流及舆论传播的关注力度，努力推行人力资源、经营理念、企业文化和资本要素的属地化，提升企业在当地的业务扎根能力。

第五，国际工程市场对中国标准和产品缺乏信任，要加强对中国供货商的管理，设计、材料采购、制造、检验、包装、文档资料等各个环节都要加以控制，指导供货商如何按国际标准设计、制造和检验设备材料。

第六，提升企业的资源整合能力、国际商务能力、资本运作能力、项目管理能力、国际采购能力，形成与国际接轨的管理体制和经营运行机制，使企业的管理方式、经营理念、经营模式、人才队伍满足国内外市场的新要求，全面提升企业国际化水平。

新形势下企业“走出去”思考与对策

中铁十七局集团有限公司

随着中国建筑企业在国内以及国外市场竞争的日趋激烈，“走出去”的中国建筑企业面临新的转型挑战。本文主要就中铁十七局集团在国际和国内所处的形势进行分析，对企业的竞争优势、行业发展趋势、企业发展战略以及推进“一带一路”所面临的诸多问题与对策进行思考与展望，表达了对蓝迪国际智库平台的几点建议与期待。

一 企业现状

中铁十七局集团现有职工 19000 余人，其中各类中高级专业技术人员 8861 名，具有高中级技术职称的 3335 名，一级注册建造师、注册造价师、建筑师、咨询师、结构工程师、电气工程师、公用设备工程师、土木工程师等 900 余人，享受政府特殊津贴的专家 10 人，詹天佑青年奖 1 人，山西省委联系的高级专家 4 人。

全集团拥有主项、增项资质 105 项，其中具有铁路工程、建筑工程、市政工程施工总承包特级资质，并具有公路、水利、水电、城市轨道交通、机场跑道等资质，还具有地质灾害治理工程施工甲级、建筑行业设计甲级和铁道行业设计甲Ⅱ级资质各1项。集团公司拥有承包境外工程、援外项目管理、设备物资进出口和对外派遣劳务等涉外经营权，年施工能力达500亿元以上。

多年来，企业经营地域覆盖全国、辐射海外。先后承建了300多条铁路、400多条高速公路、40多条城市轨道交通和一大批市政、房建、水利、机场和“四电”等重点工程项目，并在激烈的市场竞争中构筑了“1+4”产业格局：以工程总承包业务为支柱；产业链条重点向物流贸易、资本经营、房地产和城市综合开发、新兴（能源）领域延伸，逐步形成了建筑为本、相关多元发展的良好格局。

企业以质量求生存，靠信誉创市场，高度重视科技创新工作。所建工程质量合格率100%，先后荣获“中国建设工程鲁班奖”17项、“国家优质工程奖”25项、省（部）优质工程138项、詹天佑土木工程大奖6项；完成科技攻关项目132项，获国家科技进步特等奖2项、二等奖2项，获省部级以上科技进步奖60项，国家专利305项，开发先进实用工法400项，先后被认定为山西省省级技术中心和高新技术企业，2013年被认定为国家级技术中心。集团公司多次荣获“全国工程建设质量管理优秀企业”“全国守合同重信用企业”“全国优秀施工企业”“全国精神文明建设工作先进单位”“全国最具社会责任感优秀企业”“全国模范劳动关系和谐企业”“中国优秀诚信企业”“全国文明单位”等荣誉称号，并被授予“全国五一劳动奖状”。

二　企业所具备的竞争优势

从国际环境看，第一，全球经济总体处于弱复苏的新常态，美国经济开始复苏，欧盟和日本经济复苏乏力，新兴市场国家总体处于增长调整期，普遍面临较大的结构调整和经济下行压力，全球化开始退潮，地缘政治更加动荡，经济不确定性风险不断积聚。第二，科技竞争力成为世界经济竞争的制高点，数字化浪潮席卷全世界，产业互联网、工业化4.0等概念正在促进全球工业制造行业的转型升级，并且不断产生创新产业和服务以及新的商业模式。第三，能源与气候变化成为推动全球经济格局变化的重要因素，原油价格的剧烈波动、新能源技术的不断涌现和成熟，重塑着全球能源市场，也深刻影响着全球经济格局和地区关系。第四，世界贸易格局随着各类区域性经济合作组织的建立呈现复杂化的特征。第五，世界经济游戏规则的调整，尤其是以美国为首的发达国家积极推进 TPP、TTIP，以美联储为中心的六国实行货币互换，对我国深度融入全球经济和产业分工带来新挑战。

从国内环境看，为积极应对经济"新常态"，国家提出了"稳增长、调结构、适度扩大有效需求和推进供给侧结构性改革"的总体发展路径，对生产结构和生产关系的改革提出了进一步深化的要求。第一，满足民生类需求将处于社会发展的优先地位，国务院《关于深入推进新型城镇化建设的若干意见》提出加快落实户籍制度改革，积极推进农业转移人口市民化；全面提升城市功能，加快城市综合交通网实施，加快城镇棚户区、危房改造，实施地下管网改造，推动海绵城市、绿色城市、智慧城市等新型城市建设，提升城市公共服务水平。第二，化解落后产能，促进产业更新换代将成为经济发展的重中之重。在综合考虑节能减排、环境保护、产业升级等一系列因素下，国家先后出台了一系列指导性文件，明确了淘汰落后生产方式、用新科技改变传统生产结构和生产关系的调整方向。第三，合理有效投资将得到进一步扩大。发改委提出 2016 年开始将从七个方面积极扩大合理有效投资，包括推动出台《深化投融资体制改革的意见》，继续充分发挥专项建设基金拉动带动作用，加快启动一批具有全局性、基础性、战略性的重大工程等。"京津冀一体化"

“长江经济带”“一带一路”等国家战略也将进一步带动基础设施建设领域的有效投资。

近年来，集团上下紧紧围绕企业中长期发展战略和建设“高品质受尊敬旗舰型”企业目标，扎实推进产业优化升级，全力提升企业综合实力，在技术创新能力、成本控制能力、资源获取能力和企业文化建设等方面积蓄了综合实力和发展优势。

（1）技术创新能力全面提升。以国家级技术中心、企业专家组和技术骨干为依托的技术创新体系基本形成，差异化的技术竞争优势全面提升；以宁杭客专、成渝客专、大张高铁等为代表的客运专线、高速铁路取得技术领先优势；以成渝客专新中梁山隧道、敦格铁路当金山隧道、拉林铁路布喀木隧道等为代表的复杂地质长大高难度隧道施工技术日臻完善；以商合杭客专西苕溪特大桥、昌赣客专吉水赣江特大桥等为代表的高难度桥梁施工技术不断创新；以无锡、长沙、石家庄、兰州、太原地铁等为代表的轨道交通工程专业化作业水平明显提升；以山西省图书馆、吉林大剧院、大同大学综合楼等为代表的房建工程施工能力显著提高；一大批具有自主知识产权的技术成果广泛应用于生产，有力地推动了施工生产的顺利进行。

（2）市场开发能力显著提高。面对错综复杂的市场环境和内外交织的竞争压力，集团公司遵循“稳增长、调结构、促转型”的发展方针，持续充实优化区域经营资源，不断完善经营绩效考核机制，在巩固和提升铁路市场优势地位的同时，进一步加大对路外市场、海外市场、资本运营市场、新兴领域市场和集团内部市场的开拓力度，不仅在经营规模上实现了巨大突破，而且产业结构得到了进一步优化。集中表现在：铁路市场和路外市场基本均衡，国内市场和国外市场互为支撑，施工总承包市场和资本运营市场相得益彰，传统市场和新兴市场同步发展。同时，集团公司获批房建和市政特级资质、援外总承包和项目管理资质，成立了国际建设分公司和全系统首家产业投资基金管理公司，房地产开发和勘察设计实现了突破，等等，为企业推进转型升级、提升市场竞争力奠定了良好基础。

（3）成本管控能力持续增强。企业秉持现金为王、效益唯大理念，深层次推进精益化管理，持续提升成本管控能力。一是抓全面预算。认真落实预算编制、动态调整、过程监控等环节，切实发挥了全面预算对企业经济运行的引导作用。二是抓资金归集。以“资金中心”和“财务共享中心”为平台，加强对银行账户的源头控制，增强集团公司财务监控能力和资金调控能力，并在全集团推行了“责任指标源头分流”和“AB账户”模式，加大对子分公司、项目资金上存上交的激励和奖励力度，为企业注入了健康充沛的资金动力。三是抓物资集采。加大区域集中招标采购的统筹协调力度，积极探索二、三类料采购电商平台化，积极扶持物资公司竞价中标，做大内部市场，着力降本增效。四是抓综合整治。集团公司通过严控信贷规模、严控投资风险、严控非生产性开支、及时撤并收尾项目、加大清欠清收、推进亏损项目整治、积极应对“营改增”等工作，成本管控能力得到了切实提升。

（4）资源获取能力系统先进。一是企业资质系统先进。针对企业转型发展拟进入或做强的行业和领域，提前介入，周密部署，不断加大建筑业企业资质和工程设计资质申报力度。继2015年集团公司成功获得房屋建筑工程施工总承包特级资质和建筑行业甲级设计资质后，2016年又成功获得市政公用工程施工总承包特级资质，跻身国内为数不多的“三特”企业。目前全集团拥有主项、增项资质达105项，铁路、公路、市政公用、房屋建筑、水利水电和“四电”等行业资质已系统配套。其中，铁路、房建、市政总承包特资质各1项，铁路总承包一级资质2项，公路总承包一级资质7项，市政公用总承包一级资质8项，房屋建筑总承包一级资质2项，水利水电总承包资质6项，“四电”一级资质5项，矿山总承包资质3项，隧道一级资质7项，桥梁一级资质7项，同时具有地质灾害治理、房地产开发、港口与航道、特种专业工程、铁道行业和建筑行业设计、咨询等资质，资质等级和类别数量稳居系统先进水平。二是筹资融资能力较强。随着企业经营规模的扩大，尤其是部分项目资金紧张、资本运营项目渐趋增多，集团公司主动应对、合力化解，成立了股份公司系统首家产业投资基金管理公司，通过进一步创新融资模式，拓展融资渠道，优化资金结构，有力提升了企业投资融资能力。三是人力资源较为雄厚。集团公司牢固树立“人才资源是第一资源”理念，紧密围绕生产经营中心，抓往引进、培养、管理、使用四个环节，重点打造专家领军人才、经营管理人才、核心骨干人才及基础专业人才等梯队建设，为集团公司持续健康发展提供了强大的人才保障与智力支持。目前，企业拥有各类专业技术人员近8861人，其中，高中级职称3000余人，各类注册人员900余人，人才梯队建设较好地满足了企业多元化发展和国际化经营所需。四是技术装备水平较高。为深度拓展高铁、客专、轨道交通等高端市场的需要，企业积极筹措资金，着力提升技术装备水平。截至2015年12月底，集团公司拥有A类机械动力设备6325台（套），其中主要施工机械2720台，施工车辆920台，客运专线大型专业设备55台（套），大型铺设与整道专业设备20套，地铁盾构机17台，人均设备动力装备率35千瓦/人。

（5）企业文化建设优势明显。企业认真传承和弘扬铁道兵精神，融合时代特点、现代企业管理要求和企业价值追求，通过开展各种丰富多彩的活动，大力培育富有企业自身特点的优秀文化。一是弘扬新铁军文化。积极宣贯对铁道兵精神的传承，对新铁军精神的追求，把“守纪律、讲规矩、强执行、高素质、重绩效”的价值追求贯穿于企业文化建设的始终，积小胜为大胜，为“打造作风过硬的新铁军”理念提供了强支撑。二是根据生产经营的需要，将“增收创效光荣、亏损失利可耻；履约创誉光荣、毁约失信可耻；造福企业光荣、为祸企业可耻”的核心价值理念植根于职工头脑之中，内化于心、外化于行、物化于果。三是将优秀企业文化与企业先进管理制度相结合，与企业良好风尚相渗透，有效激发了全体干部职工以饱满的热情干事创业、以骄人的业绩彰显价值的积极性。

三　行业发展趋势

未来三年，企业做强做优做大面临难得的发展机遇：一是国内市场基建投资持续保持较大规模。2016 年，国家将启动一批“十三五”重点工程项目，铁路投资继续保持 8000 亿元以上规模，全社会公路投资形成 1.65 万亿元规模，新开工棚改住房 600 万套，开工建设城市地下综合管廊 2000 公里，京津冀协同发展、长江经济带、中心城市群建设商机众多，中西部发展落后地区亟待补足基建短板，PPP 模式项目即将迎来“黄金时代”。二是国家相继推出诸多利好政策。围绕“供给侧结构性改革”思路，中央政府连续打出了“降成本”的组合拳，包括减轻企业税负、减少制度性交易成本、降低电力价格等，为建筑企业派送了诚意十足的“红包”；随着 2016 年国办 1 号文件出台，项目工程款支付担保、施工过程结算等问题有了政策性的解决方案；国家“一带一路”倡议进入加快布局的关键期，“中国制造”特别是“中国高铁”品牌得到了国际的广泛认可，这些都为企业拓展国内外市场提供了重大利好。三是国家加大扶持新兴领域发展。新一届政府大力推广 PPP 模式项目，今年计划新推出一批高收益、高回报、强吸引力的示范性引路项目；国家积极扶持城市地下综合管廊、海绵城市、智慧城市等“新市政”领域，中央领导人亲自“声援”综合管廊，明确要求新建城区必须建设综合管廊，新铺设管道必须进入综合管廊；中央城市工作会议提出了“新城建设和旧城改造按海绵城市设计规划”“利用当前钢材价格低、供应足的时机推广钢结构建筑”等思路，一大波新领域、新业态、新机遇为企业做强做优做大创造了良好的条件。

在抢抓新机遇的同时，我们也必须直面新挑战：我国经济进入经济增长速度换挡期、结构调整阵痛期和前期刺激政策消化期三期叠加，中央和地方建筑企业竞相发展，市场竞争更加残酷激烈，不断培育和增强发展竞争力的任务十分艰巨；受产能过剩、人口红利消退、出口和消费“两驾马车”乏力等因素影响，我国经济增速25年来首次破“7”，下行压力巨大，尽管我国经济发展基本面是好的，潜力足，韧性强，回旋余地大，但也存在着各种风险和考验，如行业环境不尽规范，企微言轻，利薄责重；投资与资本市场波诡云谲，遍布诱惑，陷阱重重；社会规制趋紧，稳定压倒一切，央企动辄得咎；海外市场局势复杂，充满变数；等等，这些必须引起我们的高度重视和积极应对。

就企业在海外的发展趋势而言，国际环境对企业不利。目前国际油价持续低迷，集团公司主要国别市场如委内瑞拉、阿尔及利亚、安哥拉等传统产油国经济下行，投资减少，前景堪忧；就国内而言，国内环境对企业有利。国家出台了“一带一路”政策，股份公司对系统内企业“走出去”给予了特别重视和政策支持，蓝迪国际智库平台为企业提供了智力支持与发展机会。

◇◇四　企业的发展战略

建筑为本：以工程建筑为立足之本，布局高端市场，培育核心优势，扩展品牌信誉和市场影响力，持续巩固铁路、房建、公路、市政等核心领域，大力拓展城市轨道交通、水利水电、矿山开发、铁路“四电”等重点领域，积极布局城市综合管廊、铁路站场综合建设、城镇综合开发、海绵体城市建设等高端领域，加快实现由施工总承包向工程总承包模式转变。

相关多元：以工程建筑为主业，以沿着建筑产业链一体化发展为原则，以产业结构调整和企业转型升级为手段，加快相关市场渗透，强化全产业链扩张，提升协同发展能力，全力推进勘察咨询、设计开发、建设投资、物资物流、运营服务等建筑相关业务的一体化发展，尽快为企业扩展规模、创造利润提供新的支撑。

拓展海外：以国家“走出去”和“一带一路”发展战略为导向，以现有市场为中心，加快成熟产业的国际化进程。精耕细作非洲、拉美、亚洲优势区域，尽快抢占欧洲、北美潜力市场，强力提升海外自主经营能力，全力实现海外市场规模和质量效益的飞跃性突破。

数字转型：以国家大力实施的“互联网+”行动计划为契机，大力推动互联网与企业生产经营融合发展和企业转型发展。在企业项目、成本、预算、财务等各项管理中，积极引导融入互联网的创新思维，鼓励支持基于互联网的各类创新，着力完善网络化、智能化、协同化的“互联网+”应用体系，努力构建以制度化、标准化、流程化为支撑，以数据仓库为枢纽，决策层、管控层和作业层“三位一体”的信息化管控平台。

责任创效：以明晰创效责任、完善考核机制、强化执行能力为基础，全面提升企业增收创效水平。坚持理性经营，完善前期论证，确保源头收益，强化经营创效责任；坚持“双目标”测评，做实方案预控，深化“法人管项目”，强化项目履约创效责任；明确创效目标，严格上交纪律，严格奖惩兑现，强化子（分）公司资产收益责任，通过层层落实创效责任，切实提升企业质量效益水平。

创新驱动：以打造行业一流的国家级企业技术中心为目标，充分发挥科技创新在企业全面创新中的引领作用，尽快培育以技术、管理、品牌、质量、服务为核心的创新发展新优势。围绕工程施工前沿技术，坚持产学研相结合的协同创新模式，提升原始创新、集成创新和引进消化吸收再创新能力；围绕精益化管理，整合管理资源，提升管理效率，创新商业模式；围绕企业人才开发，打造引人引智平台，激发人才创新活力，促进企业各类技术管理人才“脑洞大开”，切实为企业创新发展提供有效的人才支撑。

五　企业海外业务规划和保障措施

集团公司力争在“十三五”期间海外新签合同总额达到400亿元人民币；在“一带一路”线路上保持4—5个核心国家市场，巩固3—4个优势市场，培育2—3个新兴市场，实施2—3个自营项目；确保股份公司系统内海外领先地位不动摇，做到行业知名。

五年分两个阶段：

第一阶段（2016—2017年）为基础夯实阶段，提升经营品质和层次，根据国家“一带一路”倡议，扩展海外布局；增强经营开发能力，深化巩固与核心客户间的合作；发挥援外业务优势，广泛参与现汇项目，主动运作两优项目；扩展业务板块，完善在建项目管控模式；优化制度设计，培育海外高端人才队伍。

第二阶段（2018—2020年）为快速发展阶段，充分调动可利用资源，不断拓展“一带一路”优势国家区域和专业领域，实现企业全面盈利丰收，形成品牌效应，企业持续快速发展。

围绕“一带一路”、中非合作计划、东盟自贸协定、“高铁出海”等战略机遇，坚持外经单位合作、援外项目承揽和自主海外经营，深耕优势市场和重点产业，持续巩固和提升海外市场系统领先地位。一是强化涉外经营能力。充分发挥国际建设分公司的龙头带动作用，不断加强与外经单位战略合作，进一步放大企业品牌信誉、设计施工和区域优势。二是坚持以干促揽。充分利用国内先进的技术优势、国家优惠贷款等有利条件，以目前13个国家30个在建项目为着力点，干好海外在建工程，为企业树品牌、创信誉，实现区域滚动发展，深度占领海外区域市场。三是推进产业延伸。积极优化海外产业结构，延伸投资建设、资源开发和特许经营产业链条，进一步拓展海外经营格局，提升综合竞争实力和创效能力。

◇◇六　企业已在“一带一路”开展的项目介绍

目前，集团公司在“一带一路”上有两个国家有在建项目，分别是印度尼西亚和巴基斯坦。

（一）印度尼西亚项目介绍

1. 青岛恒顺镍铁工业园高炉及余热电厂项目

合同内容为镍铁工业园八套高炉冶炼系统及4×7500千瓦余热电厂。合同总价为2亿元人民币。现业主规划先期施工的两套高炉场地边界有滑坡问题，需先进行整治。业主正安排进行滑坡段地质补勘，待滑坡治理结束后再行施工。

2. 万向镍铁工业园地建实验室及拌和站运营项目

合同内容为混凝土原材料采购、混凝土生产运营、实验室运营维护。合同期限暂为3年，合同总价为4.7亿元人民币。集团施工人员已上场，现施工进展正常。

3. 万向镍铁工业园 RKEF 生产线及高炉工程项目

合同内容包括四条 RKEF 生产线及高炉的采购和施工（PC），主要包括土建工程（含桩基）、设备采购、设备安装、钢结构厂房及与生产线有关的所有公辅配套设施。合同总价暂定为 20 亿元人民币。目前项目正常施工。

（二）巴基斯坦项目介绍

截至 2016 年 8 月，集团在巴基斯坦的在建项目共有五个。

1. 援巴基斯坦国道公路网修复项目北段 N35

该项目按照山区三级公路标准，修复 143.424 公里。项目开工日期为 2013 年 9 月 15 日，总工期 34 个月（不含对外移交）。合同价人民币 54775 万元。

2. 达苏水电站项目 KKH－01 标（距伊斯兰堡 350 公里）

KKH－01 标项目全长 24.71 公里，是对修建达苏水电站而将淹没的 N35 公路段进行改建，主要包含 24.71 公里的 KKH 公路，以及 1.961 公里的连接线。项目开工日期为 2015 年 8 月 24 日，项目工期为 546 天，合同价 70398 万元。

3. 达苏水电站项目 RAR－01 标（距伊斯兰堡 350 公里）

达苏水电项目 RAR－01 标位于达苏镇北 7 公里处的印度河右岸。线路总长 12.073 公里，总工期 364 天，三座桥梁工期 240 天。合同价款 13210 万元。

4. 木尔坦 132 千伏输变电项目

该项目位于巴基斯坦旁遮普省木尔坦市，线路全长 26 公里。合同价人民币 997 万元。

5. 援巴基斯坦 F9 公园太阳能照明项目

该项目位于巴基斯坦首都伊斯兰堡，总占地面积 28488 平方米，合同金额3021 万元，合同工期为12 个月，项目于2016 年12 月份竣工。主要工程内容是为 F－9 公园建设总装机容量为 0. 85 兆瓦的太阳能光伏电站（离网储能型），供该公园夜间照明使用。

◇◇七　企业在推进“一带一路”上遇到的问题

在推进“一带一路”的过程中，集团主要遇到了以下几方面的问题：一是随着海外市场的不断扩大，各类高端商务、法律、财务及综合管理人才匮乏。二是投融资能力不强，在海外工程项目的商务谈判中，企业受制于各方面因素，不能灵活开展投融资项目决策。三是目前“一带一路”沿线国家项目信息众多，但基本都需要带资进入，缺乏强有力的资金支援。四是项目运作周期长，受政治、经济等影响大，落地慢。

◇◇八　建议和期待

（1）建议蓝迪国际智库继续给予政策支持和管理指导，特别是在海外投融资项目、企业合作以及“两优”项目上给予支持与指导。

（2）期待和呼吁国家相关机构加大对国内建筑企业在海外区域经营上进行统筹管理，加大政策指导和组织协调力度，减少各建筑企业间的竞争内耗。

服务业

德恒律师事务所蓝迪报告

德恒律师事务所

目前，全球都在寻找经济增长点，以摆脱长期低迷、增长乏力的困境，但传统刺激经济的手段，无论是货币、汇率、油价等都难以带动全球经济走出困境，局部短期的刺激对于全球经济也近乎失效。在这样的背景下，中国“一带一路”倡议的提出使全球的目光都聚焦在发展中国家的基础设施连通和跨境资本流通中。中国近几年从自身和诸多发展中国家的需求出发，以产能、技术、资源、金融、人力等各方面进行了创造性、进取性的合作，取得了初期的效果和收获。“一带一路”建设是中国智慧对全球经济治理体系的重构和引领。

在参与“一带一路”建设的具体实践中，德恒律师事务所将自身长期积累的国际化经验和海外资源主动纳入到“一带一路”建设中进行系统化思考和立体化布局，使专业服务的发展与“一带一路”建设的发展战略和规划深度对接，创造性地提出了以服务连接“一带一路”、以平台沟通共商共建的机制，构建“一带一路”建设的专业服务全面支撑体系。

一 德恒概览

德恒律师事务所（简称“德恒”）原名中国律师事务中心，经中华人民共和国司法部批准，1993 年 1 月创建于北京，1995 年更名为德恒，现已形成遍布中国和世界主要城市的服务网络和客户群，为中国最大规模的合伙制律师事务所之一。经过 20 多年辛勤耕耘，德恒现已形成了遍布中国和世界主要城市的服务网络和客户群。德恒在公司证券、争议解决、金融保险、并购重组、跨境投资、建筑工程与房地产、竞争法、破产、知识产权、劳动与社会保障、贸易救济、国际工程与项目融资、政府与公共服务机构 13 个专业领域形成了核心竞争力。

德恒律师信守“德行天下，恒信自然”的理念，遵从“勤勉尽责、竭诚服务、追求公正”的宗旨，致力于为中外客户提供优质高效的法律服务，形成了诚信稳健、高效务实的工作作风，得到国内外客户及社会各界的肯定和认同。

（一）德恒机构：全球网络化服务体系，海内外分支机构最多的中国律师事务所之一

德恒在中国首倡全球合伙制度，分支机构遍布国内外。德恒总部设在北京，在上海、广州、深圳、长春、天津、大连、长沙、武汉、沈阳、西安、济南、杭州、福州、郑州、乌鲁木齐、重庆、昆明等地设立了 25 个国内分所，在美国、法国、荷兰、德国、瑞士、澳大利亚、日本、韩国、芬兰、阿联酋、巴西、中国香港等国家和地区设有分支与合作机构，建成了在世界 50 多个主要城市设有分支与合作机构的全球服务网络与全

球合伙制度，能够提供国际化、跨地域的法律服务，是目前中国拥有海内外分支机构最多的律师事务所之一。

（二）德恒人员：高层次人员组合，专业化律师力量，律师数量居北京前列

德恒拥有一流的律师队伍，全球员工逾1800人。德恒律师80%以上具有硕士、博士学位，具有在国内外立法、司法、行政机关、跨国公司、大型国企、金融证券机构的工作经历和经验。德恒以中国律师为主体，部分律师曾在国外深造或工作，熟悉外国法律，分别持有美国联邦最高法院、联邦上诉法院、纽约州、新泽西州、佛罗里达州、俄亥俄州、加利福尼亚州、欧洲共同体、巴黎上诉法院等律师执照，能熟练运用英语、法语、德语、日语等多种语言从事法律服务。

德恒部分律师分别担任全国工商联执委、全国社保基金专家评审委员会委员，中国证监会主板发审委委员，中华全国律师协会金融证券、经济、刑事、知识产权、民事、WTO、劳动和社会保障等专业委员会负责人或委员，中国国际贸易仲裁委员会、北京仲裁委员会仲裁员，北京市政府立法专家委员会委员等。

（三）首批获得从事证券法律业务及从事涉及境内权益境外公司相关业务资格

德恒从1993年开始从事证券法律服务，是经司法部、中国证监会批准的首批获得从事证券法律业务及从事涉及境内权益境外公司相关业务的律师事务所。德恒公司证券业务团队的律师逾300名，主要分布在北京、上海、广州、深圳等地，活跃在企业重组、改制、上市、并购的第

一线。根据委托人的要求和业务需要，德恒可以随时组织由相关专业律师组成的强有力的工作团队，实施专业分工、层级配置、地域配合、密切协作的一站式综合法律服务，最大限度满足客户需要。

（四）业务领域：全方位法律服务，稳定的高端客户群

多年来，德恒以其稳健扎实、优质高效的服务，赢得了广泛、持久、稳定的一流客户群，其中包括中华人民共和国财政部、卫生部、国务院国有资产监督管理委员会有关司局、国家能源局、北京市发改委、中国科学院、中国工程院、中国长江三峡工程开发总公司、全国社会保障基金理事会、上海证券交易所、中国证券登记结算有限责任公司、中信银行、中国人寿再保险股份有限公司、中国人寿资产管理公司、中国平安集团、中国铁建股份有限公司、中国烟草总公司、中国石化集团、中国华能集团、中国一汽集团、中国重型汽车集团、中国大唐集团、中国移动通信集团公司、中国核工业集团、中国煤炭科工集团、华润集团、通用电气等，具有为金融行业和大型国企提供综合和专项法律服务的经验。

（五）工作模式：完善的业务部门设置，一站式综合服务，高水准专业能力与创新精神

德恒下设金融证券、公司并购、诉讼仲裁、建设地产、国际商事、知识产权等专项业务委员会，各部门均由在相应领域经验丰富的资深合伙人担任部门负责人，并由在相应领域从业多年的律师组成工作团队，为客户在相关领域的业务需求提供专业法律服务。德恒参照国际模式，结合中国经验，创造了具有国际职业水准的法律服务标准和具有良好质量控制的一站式实务操作规范。德恒的每一个机构、律师所接受的每一

项业务均可调集整合全所网络体系资源，集中协作完成委托之职，满足客户需要。对于客户跨部门的专项业务需求，德恒还将从各相关业务部门中抽调专业律师组成专项服务团队，并指派资深合伙人带队为客户提供法律服务。依靠高素质、专业化的律师团队，德恒出色完成了一系列具有深远社会影响的非诉法律服务项目，赢得了客户的信赖，并创造了中国法律服务的多项第一，为包括中国长江三峡工程数百亿元人民币企业债券的发行上市、中国农业银行 A + H 上市项目、中国铁建 A + H 上市项目（2008 年亚太地区最大、全球第二大 IPO 项目）、中国境内第一家上市公司可转换债券（上海虹桥国际机场股份有限公司债券）的发行上市、上证 50 ETF 基金等数百只金融创新产品的私募和公募、发行上市提供法律服务等。

在诉讼仲裁方面，德恒律师亦凭借丰富的诉讼仲裁经验和良好的服务信誉，在各地各级法院、各类仲裁机构成功代理包括美国对中国发起的最大的医药产品反垄断案、木地板 ITC 337 案等在内的民事、经济、知识产权、刑事、行政、涉外、国内外仲裁等不同业务领域的数千宗案件，为当事人避免或挽回了巨额损失。

◇◇二 德恒“一带一路”法律服务

伴随中国企业“走出去”的步伐，德恒早在 2004 年就设立了迪拜分所，是自 1949 年以来第一个中国律师事务所在中东设立的分支机构。2016 年，德恒成立了中东办公室，作为面向北非、西亚和海湾六国的区域性机构。德恒迪拜分所与德恒中东现拥有律师 31 名，能熟练运用英语、阿拉伯语、汉语、西班牙语及法语从事法律服务，可以在全球范围内，特别是在迪拜、阿布扎比、沙特、卡塔尔、埃及和德恒北京总部随时为客户提供国内外法律服务。

自成立以来，德恒迪拜分所及德恒中东办公室的突出业务就是国际项目投融资及国际工程。可以说，从2004年德恒迪拜分所设立以来，德恒总部及迪拜办公室律师一直在国内外工程现场工作，经历了以迪拜为中心、整个中东地区的大规模建设。国际工程业务从迪拜扩展至海湾六国，从阿拉伯半岛扩展至非洲、亚洲、中美洲到南美洲，覆盖了“一带一路”沿线几乎所有国家；项目涵盖DBB、DB、EPC、BOT和BOO等类型。服务范围也跨越项目谈判、签约、索赔到最后的争议解决。除陆地工程项目外，德恒和迪拜办公室亦从事海上工程项目法律服务，遍及澳大利亚海域、泰国海域、波斯湾海域的石油钻井平台工程建造项目。这不可思议的工作业绩主要来自于德恒律师事务所合伙人、德恒迪拜分所首席代表贾怀远律师率领的国际工程团队。2004年，在国内律师聚焦欧美发达国家以及“引进来”的法律服务领域时，贾律师率先带领了一支律师团队到迪拜开展“走出去”的法律业务并创建德恒迪拜分所。在贾律师的投入工作下，德恒为很多中国企业在迪拜及中东的投资和其他业务提供法律服务，创造了中国企业“走出去”的众多成功案例。在“LEGALBAND 2015 Guide”榜单中，贾怀远律师荣膺“基础设施与项目融资”专业领域榜单“第一梯队第一名”和2015年LEGALBAND“基础设施与项目融资领域”排名第一名。

近年来在国家“一带一路”倡议下，德恒为中资企业在“一带一路”沿线国家的许多“标杆性”国际工程及项目投融资提供了法律服务，包括世界最高层Khalifa Tower、厄瓜多尔水电站EPC + 融资项目、菲律宾的WHR BOT项目、赞比亚的CCF BOO项目、柬埔寨甘再水电站BOT项目、加纳BONYERE EPC + 股权项目、哈萨克斯坦Astana LRT项目、德国Parchim Airport Ⅱ期项目、中巴经济走廊第一个“Port Qasim BOO燃煤”项目等；以及为中国中材国际工程股份有限公司（Sinoma）在尼日利亚总投资16亿美元建设项目提供法律服务；为中材国际（Sinoma）沙特SPCC 5000t/d水泥厂EPC/交钥匙工程提供法律服务，为沙特RCC 2×10000t/d水泥厂EPC/交钥匙工程提供法律服务；担任中国铁路建设工程股份有限公司专项法律顾问，就该公司与老挝政府合作在老挝修建280公里铁路项目提供专项法律服务；巴基斯坦Port Qasim燃煤电站+煤炭码头BOO项目（21亿美元，中巴经济走廊第一个落地项目，第一个和国际投资机构联合投资项目，2015年12月24日融资关闭）；哈萨克斯坦首都阿斯塔纳轻轨项目（20亿美元，两国元首见证项目，哈国最大项目）；蒙古Buuruljut煤电联产一体化BOO项目（4×150兆瓦，10亿美元，蒙古30年来真正启动的第一个IPP项目）；特变电工中亚四国输变电项目（横穿巴基斯坦、吉尔吉斯斯坦、塔吉克斯坦和阿富汗，业主IFC）；印尼Kayan河流域水电站梯级（5级BOO）开发第一级BOO项目。

除国际工程项目外，德恒的跨境投资专业委员会顺应中国企业海外投资、“一带一路”发展的趋势，在“一带一路”沿线各国的投资收购、项目融资、基金设立等方面也多有建树，在半导体行业海外并购方面处于行业领先地位。

跨境投资方面，承接了多个大型跨境综合性项目，客户包括央企、私企。投资涉及半导体、互联网、医疗器械、矿业、汽车等行业。投资跨美国、德国、土耳其、巴基斯坦、俄罗斯、吉尔吉斯斯坦、加纳、印度等国家和地区。其中，在半导体收购方面，签了8份专项服务合同，2016年已公布或交割了3个美国退市收购交易，在全国同行业居前列。德恒律师参与全程法律服务，不仅是中国相关法律服务，同时包括项目架构设计、海外交易文件草拟和谈判、海外政府审批等。在医疗器械方面，建投投资和三诺收购拜耳的医疗仪器交易是业内非常复杂的交易，包含44个国家、涉及将资产转入上市公司等复杂的法律问题。

在跨境融资方面，德恒为国开行8个分行（至今已为开发总行、20

个分行提供了服务）、进出口银行、工商银行、交通银行、中国银行等承担了22个融资项目。其中，国家开发银行与俄方多家金融机构和企业签署的合作协议，由国家主席习近平和俄罗斯总统普京见证。

在基金设立方面，为央企、上市公司等设立8只海外基金，其中汉德基金为国家级基金。

重要业绩包括：为国开行云南省分行“老挝甘蒙省东泰矿区钾盐卡才加工一期项目（一、二阶段）”提供法律服务；为昆药集团对北京华方科泰医药科技有限公司在坦桑尼亚和肯尼亚子公司进行尽职调查，并为昆药集团收购昆明贝克诺顿股权提供法律服务；为重庆金镏禹汇实业有限公司在缅甸设立公司提供法律服务；为昆明航空飞机租赁事宜提供法律服务；担任中建美国的常年法律顾问；作为巴哈马破产案的总法律顾问，为客户提供法律咨询；为中信银行纽约分行的信贷和合规业务提供法律服务。

◇◇三　机制创新服务“一带一路”

自“一带一路”倡议提出以来，“一带一路”建设从无到有、由点及面，取得长足进步，为沿线国家和地区注入了新的增长动力，并开辟出共同发展的巨大空间。三年来，“一带一路”建设在“政策沟通、道路联通、贸易畅通、资金融通、民心相通”五方面顺利推进互联互通，均取得了显著的成果，形成了各国共商共建共享的合作局面。同时，“一带一路”建设没有成熟的经验可供参考，需要不断去探索创新建设的路径和方法。特别是中国企业“走出去”过程中，缺乏针对“一带一路”沿线国家和地区投资与国际化经营战略，不能很好利用国际国内金融市场，也缺乏有效的风险管理与应对能力，迫切需要综合性的专业服务支撑体系。

2015 年，经德恒律师事务所创始合伙人王丽主任倡议，德恒联合中国五矿化工进出口商会、中国产业海外发展协会、中国开发性金融促进会、中国民营经济国际合作商会、中国知识产权运营联盟、全球温商服务中心、罗湖法律服务中心、北京德恒公益基金会、意大利 CBA 律师事务所、奥地利 Wolf Theiss 律师事务所、哈萨克斯坦国际商会等机构发起了“一带一路”服务机制（Belt and Road Service Connections，BNRSC），作为国际服务资源整合平台，联合海内外咨询、法律、会计、金融、科技、企业、商会和政府机构，集中优势资源，协助中国和沿线国家的企业在“一带一路”经济区域投资、合作、创办实业、并购、融资过程中，评估投资环境和识别投资风险，提出应对策略，提供专业的系统服务。机制还将通过智库研究、高层建议、政策宣传和培训、能力和人才建设、项目推介和服务等方式，为顺利实现“一带一路”建设提供强大的专业支持，是一种以多层次资源配置为核心的市场专业服务机制。

“一带一路”服务机制助力中国企业“走出去”，可以对企业“走出去”过程的风险和问题提供针对性的服务解决方案。

（一）对接“一带一路”中六大经济走廊

国家“一带一路”倡议提出了六条经济走廊作为中国境外发展框架，在此框架下安排了许多优先国家、项目及工程。中国企业加入“一带一路”服务机制（BNRSC）后，将会及时获得“一带一路”的项目和建设信息，参加系统性的培训和能力建设，加入“一带一路”过程中的国家投融资体系，多机制协同出海，更好地促进项目的成型、落地，保证资产的安全与增值。

（二）助力中国企业抓住国际产能合作与国际贸易的机遇

随着全球化的进程不断深化，目前全球产业链和供应链的重构为国际产能合作提供了一个非常难得的机遇。国际产能合作就是通过国际合作的方式来推进综合性的产业输出和综合性的能力输出。中国企业可通过产能国际合作融入更大的全球合作及贸易市场、加速自身的产业升级、增强企业竞争力、促进资源的合理分布、提升全球化进程。中国企业参与国际产能合作最核心的内容就是将国内的资本、技术和能力带到全球，发现新的经济增长点和形成新的增长点，为中国企业发展产生不竭的动力。“一带一路”服务机制（BNRSC）将通过法律、政策、标准、信息、投融资保障、公共关系、能力建设等七个方面为中国企业“走出去”提供必要的支持，为中国企业实行有效和成功的国际产能合作提供重要保障。

（三）整合国际机构，集中优势资源

“一带一路”服务机制（BNRSC）参加成员众多，涉及多行业、多领域、多国家、多机构。机制将通过联合海内外咨询、法律、会计、金融、科技、企业、商会和政府机构，集中优势资源，协助中国企业在“走出去”相关的投资、合作、创办实业、并购、重组、融资过程中，评估投资环境和识别投资风险，提出应对策略、提供专业的系统服务。

（四）获得目标项目，利用会员资源

在“一带一路”服务机制（BNRSC）中，中国企业作为机制受益主

体，享受平台内各主体为企业各尽其能，互通信息，通力合作，实现企业安全、高效地“走出去”。在“一带一路”服务机制（BNRSC）中，不同国家及各会员会在机制的平台上进行投资、并购等项目的信息分享。中国企业可以通过机制的平台筛选符合条件的境外项目进行有效投资，并通过机制获取项目国的资源，包括但不限于土地、产业园、产业政策、资产等。

（五）采用定点方式，提供针对服务

“一带一路”服务机制（BNRSC）将根据中国企业的特点和国际市场形势，通过会员单位的联动，采用多边与双边机制或一对一定点方式，整合各方面资源，从以下方面服务中国企业“走出去”：提供相关政治、经济及法律方面的研究报告和风险评估报告；提供项目信息和资源对接；组织项目考察与落实；提供定向定制专业培训；对项目提供尽职调查资料；对项目进行技术与交易结构设计评估；建立风险防控机制；建设网站和联络机制等。

（六）利用专业服务，提供系统支持

“一带一路”服务机制（BNRSC）中有法律、财务、咨询等覆盖全球、高效可靠的专业机构。在中国企业“走出去”过程中，这些专业机构可以设计事前积极防范、事中严密控制、事后有效救济的风险防控体系，提供一站式包含国际法律、审计、评估、财务、税务顾问及公共机构等综合专业服务，为中国企业安全、高效达到投资并购目的保驾护航。

（七）实行强制调解，简化争端解决

“一带一路”服务机制（BNRSC）的平台已推动制定了各成员共同认可的调解规则并成立了“一带一路”商事调解中心。在机制内各项目中产生的任何争议或分歧，均应先行提交“一带一路”商事调解中心，并按其当时所实行的调解规则调解。如调解员放弃调解或调解后有关争议或歧见仍未解决，则争议方应将该争议或歧见告知“一带一路”服务机制（BNRSC），并退出“一带一路”服务机制（BNRSC）。退出后，有关争议或歧见可按其他仲裁规则或诉讼程序解决。以和谐为核心价值的调解，正是以中国式哲学和智慧开创的多元化纠纷解决机制。

为推动“一带一路”商事调解的发展，在“一带一路”服务机制的平台基础上，2016 年 10 月 18 日，“北京融商‘一带一路’法律与商事服务中心暨‘一带一路’国际商事调解中心”揭牌，并同时举行“一带一路”国际商事调解中心网络调解系统上线运行活动。“一带一路”国际商事调解中心网络调解系统（www. bnrsc. com）正式上线。该系统通过构建纠纷解决申请、调解员确定、调解过程、调解文书生成等互联网技术支持模式，将调解规则导引、纠纷案例学习、调解资源整合、远程调解、诉调对接等多项在线解纷功能融为一体。搭建纵向贯通、横向集成、共享共用的在线纠纷调解系统。借助网上调解系统（ODR），为纠纷双方和调解员提供更为有效的工作平台，提高调解效率并降低调解成本，这是多元化纠纷解决机制的有益尝试。目前，北京融商“一带一路”法律与商事服务中心已被最高人民法院确定为最高人民法院多元化纠纷解决机制改革子课题单位，并已有 106 名调解员在国际商事在线调解系统中服务。该调解中心的建立是吸收中国传统调解文化、借鉴现代调解经验的国际商事纠纷解决的“中国方案”，对于有效解决“一带一路”建设过程中可能发生的各类商事纠纷将发挥重要作用。

四　整合蓝迪国际智库平台资源、聚焦“一带一路”园区建设

德恒作为中国社科院蓝迪国际智库平台的成员，全方位积极参与并推动“一带一路”相关工作的落实。

（一）承办“一带一路”中国—哈萨克斯坦合作发展国际研讨会

2016 年 4 月 6—8 日，由中国社会科学院俄罗斯东欧中亚研究所、中国社会科学院亚太与全球战略研究院、中国社会科学院蓝迪国际智库、哈萨克斯坦经济研究所主办，江苏省江阴市人民政府、德恒律师事务所共同承办了“一带一路”中国—哈萨克斯坦合作发展国际研讨会。会议期间，与会者充分探讨了“一带一路”倡议背景下的中哈合作机会和挑战，研究两国合作的经济环境与前景，探索围绕重点项目的合作需求和对接模式，讨论中哈投融资合作模式以及中哈合作的具体实施方案等。此次中国—哈萨克斯坦合作发展国际研讨会研讨了中国“一带一路”倡议与哈萨克斯坦“光明之路”经济政策的意义与对接方式，并启动和对接了一大批中哈企业合作项目，推动了两国务实合作。

（二）代表蓝迪国际智库平台出访哈萨克斯坦并参加博鳌亚洲论坛

蓝迪国际智库专家委员会专家、“一带一路”服务机制主席、德恒律师事务所首席全球合伙人、主任王丽博士代表蓝迪国际智库于 2016 年 5

月 24—26 日出席在哈萨克斯坦首都阿斯塔纳召开的博鳌亚洲论坛能源资源与可持续发展会议暨丝绸之路国家论坛，并在亚欧产能合作分论坛中发表演讲。其间，由王丽主任率领的代表团结合蓝迪平台的项目对接、产业园区等重点问题与哈萨克斯坦有关部委、商协会、企业负责人会面，全面落实和推动蓝迪国际智库平台上的中哈合作与产业对接。

（三）主办“丝绸之路经济带”新疆·克拉玛依论坛“园区建设”分论坛

2016 年 8 月 9—11 日，由新疆克拉玛依市人民政府、中国社会科学院亚太与全球战略研究院、中国社会科学院蓝迪国际智库、德恒律师事务所主办的“丝绸之路经济带”新疆·克拉玛依论坛“园区建设”分论坛（简称“园区建设分论坛”）在新疆克拉玛依成功举行。园区建设分论坛吸引了来自巴基斯坦、伊朗、哈萨克斯坦、吉尔吉斯斯坦以及国内的园区、企业及服务机构的 150 余位代表参加，各位代表围绕园区建设中的政策、法律、标准、服务、投融资、平台、创新等各个主题，展开了充分交流与探讨。

在论坛中，各位发言嘉宾提出了许多真知灼见。巴基斯坦中央银行常务副行长萨义德·艾赫迈德介绍了巴基斯坦潜在的投资机会，提出了在巴基斯坦设立特别经济区的成功五要素：位置、产业、激励政策、治理结构、金融。哈萨克斯坦投资与发展部副部长托卡巴耶夫·铁穆尔带来了哈萨克斯坦全国范围内特别经济区的全景图以及最新的投资激励政策。中国产业海外发展协会会长胡卫平提出了海外园区建设的优势与风险，并参考案例分析，对海外园区建设提出了顶层设计、产业定位、金融支持、人才培养等各个方面的建议。中国五矿化工进出口商会会长陈锋指出了经济园区 + 海外仓“1 + 1 > 2”的乘数效应，提出灵活选择参与境外经济园区和海外仓建设的方式，积极利用高端综合服务平台，切实履行社会责任，规避投资合作风险等各方面的建议。中国开发性金融促进会秘书长邢军重点介绍了开发性金融如何支持园区建设，为园区做规划，搭平台，建信用，引产业，提功能，并形成借、用、管、还的一体化平台。苏州工业园、辽宁沈北新区、瓜达尔自由贸易区、伊朗工业园、陕西西咸新区、青岛境外经贸合作园区、巴基斯坦国立科技大学与清华启迪控股合资建设的巴基斯坦国家科技园、伊朗工业园、巴基斯坦信德省旁遮普省工业园、伊朗马库自由贸易区、吉尔吉斯斯坦比什凯克自由经济区、山东济南高新区、辽宁鞍山腾鳌新区、克拉玛依石化园区等一批园区的管理者、运营者向参会的中外双方企业介绍了各自园区的发展情况与政策。同时，来自德恒律师事务所、中国国际金融公司、国家认证认监委、国信招标、平安财产保险、中标国信创新发展研究院、中煤科工、浪潮集团的专业人士，从法律、金融、招投标、保险、标准、技术、智慧化等各个层面为园区建设提出专业意见，集思广益，目标是建设高水平跨境产业合作区，打造园区 2.0，并最终形成围绕“一带一路”园区建设的高端综合服务平台——“一带一路服务机制”。全国人大常委会委员、外事委员会副主任委员赵白鸽为园区建设总结了前期存在的问题以及问题解决路径，并提出了蓝迪国际智库项目 2017 年在园区建设领域的任务是建立以园区为载体的“一带一路”全球联盟平台，通过平台的连通真正实现法律标准先行、政策与公共关系引导、管理机制、技术等全方位的互联互通。

“园区建设分论坛”会议成果丰硕，共签署了四项谅解备忘录或协议，分别为中巴信德投资管理有限公司与巴基斯坦信德省投资局签署巴基斯坦信德省中国工业园谅解备忘录；清华启迪科技园与巴基斯坦国立科技大学签署国家科技园框架协议；深圳创新发展研究院与巴基斯坦信德省投资局签署蓝迪平台产业集群及标准技术对接谅解备忘录；浪潮集团与巴基斯坦信德省投资局签署巴基斯坦信德省IT城谅解备忘录。

（四）聚焦“一带一路”园区建设

产业园区是承载产能合作、产品加工、装备制造、研发孵化、物流集散、产业链集群与经贸合作的平台，以机制创新为手段，以互通合作为抓手，以金融支撑为保障，加快建设一批综合功能突出、服务配套完善、运营管理模式先进的高水平产业合作园区，能够更好开展跨国产业合作，更加契合国家“一带一路”倡议意图，最大限度实现共商、共建、共享的目标。同时，沿线国家对工业园区以及中国改革开放的经验有需求。1994年，中国和新加坡合办的苏州工业园开始运作，效果非常成功。今天，沿线国家也希望在境内借鉴一下这一模式，因为他们也要扩大对外开放、招商引资力度，也要搞国际合作示范区、创新综合“试验田”。可以说，产业合作园区是引领企业“抱团出海”，加强沿线区域产业合作的有效模式，更是建设“一带一路”利益共同体的集中体现。

园区建设是复杂的综合系统工程，需要与智库、产业龙头与专业服务平台合作实施。蓝迪平台已通过法律服务、政策研究、技术标准、信息服务、金融支持、文化与品牌、能力建设七大服务体系，搭建国际合作平台，带领企业组团出访、协同出海。经过一年多的积极推动，已将国际合作平台扩展到巴基斯坦、伊朗、哈萨克斯坦等国，搭建起了南亚、西亚、中亚等重点地区的共同建设与发展的重要平台，200多家平台企业成员在“一带一路”建设中不断取得新的务实成果。园区建设正是蓝迪搭建平台最直接、最有效的实施方式。

在未来“一带一路”建设中，德恒将在蓝迪国际智库平台目前的框架下，结合“一带一路”服务机制的专业服务能力，整合各方面的优势资源，促进和引领建设一批综合功能突出、服务配套完善、运营管理模式先进的高水平海外产业园区，拉动国内企业集群式“走出去”，实现企业“组团落户”境外园区，带动“走出去”的中国企业由基础设施建设的低附加值升级为运营与管理的高附加值。“一带一路”园区建设工作的重点原则如下。

第一，积累可复制、可推广的“一带一路”园区建设模式与经验。按照市场化、国际化、专业化的原则，兼顾经济效益和社会效益，探索互利共赢以及可复制、可推广的“一带一路”园区建设合作模式。

第二，在园区建设中引入标准对接。标准在园区建设方面，有着强有力的支撑作用，对园区内企业应用实施的技术有着强大的集约效应，为沿线国和投资者科学研判、产业有效规划和产能有效对接发挥重要基础支撑作用。园区建设项目与各种产业紧密相关，在园区落地的同时应该进行园区各相关产业的中外标准对接，夯实进驻园区企业在技术、产能、产业联动方面的技术标准基础，进而能够帮助园区所在国增加产品附加值，提升园区所在国资源产业化的收益。

第三，循序渐进，以点带面，找准重点国家、重点领域、重点项目进行充分试验，积累经验。目前“一带一路”的早期成果项目大多还是基建等重资产项目，未来可以园区为依托重点推进能够早期收获的、轻资产的示范项目。

第四，充分遵循市场经济规律，走市场化路径，按照“企业主导、商业运作、社会参与、政府推动”的原则，通过合资、PPP、特许经营权等方式进行项目合作，让有关项目尽快落实，其中要特别重视民营企业的作用。

国浩律师事务所蓝迪报告

国浩律师事务所

◇◇一 国浩概览

国浩律师事务所创立于1998年6月，是中国最大的法律服务机构之一，是投融资领域尤其是资本市场上最为专业的法律服务提供者，在北京、上海、深圳、杭州、广州、昆明、天津、成都、宁波、福州、西安、南京、南宁、济南、重庆、苏州、长沙、太原、武汉、贵阳、乌鲁木齐及中国香港、巴黎、马德里、硅谷等25地设有执业机构。作为Theinterlex Group在中国内地的唯一成员，国浩律师事务所还与近50家国际顶级律所建立了紧密的合作关系，服务范围可扩展到50多个国家和地区。

国浩律师事务所现有合伙人400余人，执业律师及各类专业辅助人员近2000人。其中90%以上的合伙人具有硕士、博士学位或高级职称，且多为中国某一法律领域及相关专业的顶尖律师或专家学者，并有诸多律师担任或曾经担任全国及地方律师协会会长、副会长、各委员会主任，证监会发审委、重审委委员以及上海证券交易所、深圳证券交易所专家委员会委员，中国国际经济贸易仲裁委员会、上海国际经济贸易仲裁委员会、中国海事仲裁委员会、各地方仲裁委员会委员、仲裁员，北京大学、复旦大学、中国人民大学、上海交通大学等知名大学客座教授，全国政协委员及地方政协委员、地方人大代表。此外，国浩还有多名律师参加了中国律协组织的"中国涉外律师领军人才"培训并成为涉外法律服务的领军人物。

国浩律师事务所律师经司法部、中国证券监督管理委员会审核，具有从事证券业务的专业资格。经司法部、原国家科委、原国家国有资产管理局审核，具有从事产权界定的专业资格。经司法部、原国家计委审核，具有从事国家基本建设大中型项目招投标业务的专业资格。经司法部、原经贸部审核，具有从事外贸企业股份制改造职工持股业务的专业资格。

国浩律师事务所设有证券与资本市场专业委员会、公司与商业专业委员会、银行与金融专业委员会、国际投资专业委员会、基础设施建设专业委员会、知识产权专业委员会等六个专业化法律服务机构，开创了中国律师业规模化、专业化、团队化之先河。

国浩律师事务所系香港联合交易所、美国纽约证券交易所、美国纳斯达克证券交易市场、澳大利亚悉尼证券交易所、新加坡证券交易所等境外证券交易机构认可的可为证券发行上市及公司并购项目出具法律意见的中国律师事务所。

国浩律师事务所注重法律研究以及对实践经验的总结，其出版的内部刊物《国浩法律研究·公司证券版》深受广大客户的关注，已成为国浩与客户联系的桥梁，宣传财经法律的论坛。此外，国浩律师事务所还推出了"国浩法律文库"与"国浩财经文库"，先后出版了《企业投资融资筹划与运作》《企业上市审核标准实证解析》《中国创业板发行上市法律指引》《资本运作税法实务》《现代商事律师实务》《金融证券律师实务》《中国产业律师实务》《中国新型城镇化的法治思维》《民主立法与律师参与》《推进“一带一路”建设的法治思维与法律服务》《私募股权基金的筹备、运营与管理：操作细节与核心范本》《知识产权权利冲突：理论与判例分析》《从案例解读房地产私募基金的投资与运作》《证券法律：投资银行律师实务》《金融律师咨询精粹》《证券市场若干法律问题研究》《证券法析义与证券规范操作》《网络与电子商务》等多部专著。

国浩律师事务所业务领域广泛，服务范围涵盖金融证券、公司商务、并购重组、跨境投资、国际贸易、知识产权、私募融资、争议解决等各项法律业务，并在上述各项领域都取得了优异的成绩，尤其是在资本市场法律服务领域，国浩在企业 IPO 及上市公司再融资、重大资产重组、收购兼并等综合指标上几乎每年都排名行业第一。

据不完全统计，国浩近几年来获得的荣誉及排名包括但不限于以下各项：

2008 年度获评 ALB 亚洲发展最快的十家律所，并被《亚太法律 500 强》评为公司及并购事务优秀律师事务所、项目及能源优秀律师事务所、资本市场优秀律师事务所。

2009 年度获 ALB 2009 年度中国最佳保险律师事务所大奖，并入选 ALB 亚洲律师事务所规模 50 强和中国本地律师事务所规模 10 强。

2010 年度获评 ALB“大中华地区领先知识产权律所”，并同时荣获 ALB 最佳年度股权交易和最佳年度并购交易大奖；钱伯斯中国法律卓越奖——年度最佳保险律师事务所。

2011 年荣获“第二届中国创业资本论坛”最具竞争力创投机构——2010 年度最佳律师事务所；2011 年度钱伯斯中国法律卓越奖——年度最佳保险律师事务所；Corporate INTL 杂志中国最佳反垄断团队奖。

2012 年度荣获“2012 第一财经·中国资本力年会”授予的“年度推动力服务贡献奖”之“年度最佳推动力”大奖；清科集团 2012 年（VC/

PE 支持）中国企业境内上市最佳法律顾问机构和 2012 年（VC/PE 支持）中国企业海外上市法律顾问机构 10 强；彭博社（Bloomberg News）2012 年全年大中华地区兼并收购中国内地第一、总排行榜第二；《国际另类投资评论》2012 年中国内地优秀律师事务所；《商法》杂志 2012 年度杰出交易奖；《亚洲法律事务》杂志 2012 年度亚洲律所规模 TOP50 中名列第四位。

2013 年度荣获英国《国际公司事务》（*Corporate INTL*）杂志 2013 年中国能源法领域优秀律师事务所和中国基础设施法领域优秀律师事务所大奖；汤森路透（Thomson Reuters）“亚洲股权及股权相关”（BX1）交易金额排名第一、亚洲全年资本市场股权和债券发行商律师排名第二。

2014 年度荣获《商法》（*China Business Law Journal*）港交所中国公司 IPO 项目优秀律师事务所、深交所创业板 IPO 项目优秀律师事务所、深交所中小板 IPO 项目优秀律师事务所、上海证券交易所重大 IPO 项目；英国《国际公司事务》（*Corporate INTL*）杂志 2014 年中国能源法领域优秀律师事务所；清科集团 2014 年（VCPE 支持）中国海外并购最佳法律顾问机构、2014 年（VC/PE 支持）中国企业海外上市法律顾问机构 10 强、2014 年（VC/PE 支持）中国企业境内上市法律顾问机构 10 强；Mergermarket 2014 年上半年数字新媒体业前五大交易之一；《商法》（*China Business Law Journal*）杂志 2013 年度杰出交易大奖、2013 年度“能源、项目融资及基础设施建设”大奖；《中国法律商务》（*China Law & Practice*）2014 年度最佳私募股权交易大奖。

2015 年度获《国际金融法律评论》（*IFLR*）年度最佳私募股权交易奖；清科集团 2015 年（VC/PE 支持）中国企业境内上市最佳法律顾问机构、2015 年（VC/PE 支持）中国企业境内上市法律顾问机构 10 强、2015 年（VC/PE 支持）中国企业新三板挂牌法律顾问机构 10 强；《商法》杂志“银行及金融”“资本市场”和“能源、项目融资及基础设施建设”三项大奖；汤森路透2015年“亚洲股权及股权相关”发行商法律顾问排行榜第二（中国内地第一）、“中国A股股权及股权相关”发行商法律顾问排行榜第一、“中国A股首次公开发行”发行商法律顾问排行榜第一；Mergermarket 2015年大中华区并购交易法律顾问排行榜第二；《商法》（*China Business Law Journal*）杂志2015年度杰出交易大奖；钱伯斯2016资本市场：债务与股权（国内发行）第一等级推荐。

2016年上半年度获汤森路透（Thomson Reuters）“中国A股股权及股权相关”发行商法律顾问交易数量排名第一、“中国A股股权及股权相关”发行商法律顾问交易金额排名第一、“中国A股首次公开发行”发行商法律顾问交易数量排名第一、“亚洲股权及股权相关”发行商法律顾问交易数量排名第二（中国内地排名第一）、“亚洲股权及股权相关”（BX1）发行商法律顾问交易数量排名第二（中国内地排名第一）、交易金额第三；《商法》（*China Business Law Journal*）2016年度优秀中国私募股权投资交易奖。

此外，国浩律师事务所上海、北京、天津办公室还分别一次或数次荣获全国优秀律师事务所称号，并有诸多律师获得全国及各省级律师协会授予的优秀律师称号，以及各大国际评级机构评出的各类奖项。

国浩的服务对象多为国内外知名的跨国公司、大型国有企业及大中型民营企业，并为300余家上市公司提供过包括上市、并购重组、债券发行在内的法律服务。在国浩已完成的项目名单中，不乏国家核电技术公司、中国航天信息、中国五矿有色、中国有色矿业集团、中国远洋运输集团、中粮集团、中国航空集团、中国东方航空、中国铝业、中国华能集团、江南重工、上海电气集团、上海百联集团、上海建工集团这样的大型国企，也有像腾讯、盛大网络、巨人集团这样的著名民营企业。近期完成的重大项目有以245.3亿港元集资规模荣膺港股“集资王”的中国核电巨头“中广核电力”香港发行上市项目、交易金额达到30亿美元的巨人网络私有化项目、中国南车与中国北车吸收合并项目、腾讯公司收购四维图新股权项目、阿里巴巴入股银泰商业项目、斑马技术公司收购摩托罗拉系统企业部项目等数十起。

◇◇二　“一带一路”法律服务

近年来，随着中国企业“走出去”步伐的日益加快，尤其是国家“一带一路”倡议的实施，国浩迈向国际化的步伐也在不断提速，先后在中国香港、巴黎、马德里和硅谷设立了独立或联营的分支机构，之后又完成了对瑞典斯德哥尔摩的考察，并与澳大利亚豪力和 Maddocks 律师事务所建立了战略协作关系。与此同时，为服务“一带一路”沿线国家，国浩还专门组建了由优秀律师组成的“一带一路”法律服务团队，先期开展了对巴基斯坦、俄罗斯、印度、阿联酋、印尼、柬埔寨、马来西亚、土耳其、意大利等国投资环境及相关法律法规的调查与研究，并先后在“一带一路”沿线国家完成了包括印尼南苏－8 坑口燃煤电站的投资开发及 EPC 总承包项目、印尼南苏－7 坑口燃煤电站的 EPC 总承包项目、印尼阿萨汉水电站投资及 EPC 建设和运营项目、柬埔寨额勒赛下游水电站 BOT 开发项目、柬埔寨西哈努克电站 EPC 总承包项目、巴基斯坦 CHITRAL 金矿收购项目、孟加拉 BBYN 燃机电站 EPC 总承包项目、土耳其 HEMA 燃煤电厂 EPC 承包项目、越南永昂（Vung Ang）燃煤电厂 EPC 承包项目、越南海阳（Hai Duong）燃煤电厂 EPC 承包项目、越南建江（Kien Luong）燃煤电厂 EPC 承包项目、蒙古 Oyu Tolgoi SGPP 电站 EPC 总承包项目、俄罗斯捷宁斯卡娅燃气—蒸汽联合循环供热电站投资及 EPC 总承包项目、俄罗斯哈巴罗夫斯克燃机 EPC 总承包项目、吉尔吉斯斯坦 ZETH 日产 2800 吨水泥生产线投资收购项目等在内的多项重大法律服务项目。

2015 年，国浩还以“一带一路”法律服务为主题主办或参与主办了分别于北京和海口举办的第三届“国浩法治论坛”和“中国—伊朗合作发展国际研讨会”。并出版专著《推进“一带一路”建设的法治思维与法律服务》，每日推送“一带一路”投资与法律资讯，为推进“一带一路”建设贡献着自己的力量。

作为国家司法部批准组建的第一家律师集团性质的执业机构，国浩律师事务所的最大特点在于：采用国际大型律师事务所通行规模化、专业化、规范化运作模式，以团队整体力量及时、准确向客户提供高质量、全方位的法律服务。这种运作模式最能够在大项目中显示出国浩不可替代的作用。基于现代的理念、扎实的专业知识和不可或缺的丰富实践经验，国浩可以为各类项目提供优质、高效以及令人满意的法律服务。

笔者深信，国浩有能力利用常年积累的各方面的资源，秉承一贯的专业精神，优质、高效、勤勉、尽责地完成各类项目所涉及的法律服务工作。

三　国浩律师事务所未来三年战略规划

作为国内最大的法律服务机构之一，国浩律师事务所始终将事务所的发展战略放在头等重要的地位。因为发展是硬道理，只有不断发展，才能与时俱进，顺应社会的进步，满足日益增长的法律服务需求。在过去的 18 年间，国浩从百余人发展到至今的 2000 余人，业务收入从千万增长到如今的十多亿，其遵循的就是不故步自封，勇于探索新路，谋求更大展业空间的发展之路。所以，自始以来，国浩思考最多的就是如何发展的问题。

其实，自国浩创立之始，一个很重要的元素就融入了国浩人的血液中，那就是创新。作为全国首家由司法部批准试点成立的游离于体制之外的集团性质的律师事务所，国浩没有可以按部就班的老路可走，这就注定了她与生俱来的求新思变的创新性格，走自己的路，创造自己的未来。18 年的成长经历也印证了国浩当初的思考。

所谓创新，按照国浩的理解，一是体制创新，二是业务创新，三是思维创新，并在此基础上确立了走专业化、规模化和国际化的发展道路，并将其作为国浩长远的发展战略。因此，无论是近期还是远期，这一既定方向是不会改变的，关键是如何走好这条路，如何落实既有的发展方略。

（一）发展目标

就目前而言，国浩的专业化程度、规模化程度和国际化程度不可谓不高。国浩是中国资本市场最为专业的法律服务提供者之一，是目前国内规模最大的律师事务所之一，在欧洲、北美及中国香港地区设有分支机构，并与澳大利亚两家著名的律师事务所签订了战略协议，同时作为国际法律集团在中国内地唯一的成员，业务合作范围可拓展到 50 多个国家。但从更精、更大、更广的角度上看，国浩的专业化水准还有待提高，规模化效应还有待发挥，介入国际业务的领域还有待扩大。总之，国浩在这个法律服务市场的地位还有待提高。因此，国浩有必要通过制定更具体的近期发展目标在近几年内将其总体水平推升到一个新的高度。

未来三年，国浩拟在现有状况下努力做好以下几方面的工作。

一是坚持规模化的发展方向。规模化发展是符合律师职业自身规律，有利于增强律师业的综合实力和竞争力，有利于提高法律服务质量和效率，有利于贯彻落实十六大提出的“拓展和规范法律服务”以及之后历次党代会提出的发展法律服务业、推进“依法治国”的战略部署。众所周知，现代法律服务业已经不是传统的一个大律师、几个精干助手就可以行走江湖的时代了。众多的新兴产业以及庞大的资本、现代的商业运营模式已经改变了原有的经济产业结构，特别是随着全球经济一体化时代的到来，以及市场经济自由化程度的不断开放，法律服务正日益渗透到市场经济的各个角落，服务的难度和广度也日趋加大。这就要求提供法律服务的律师服务机构能以更专业、更全面和更有力的法律服务水平来满足他们的需要，没有规模化的发展理念是做不到的。

因此，进一步扩大事务所规模和法律服务辐射范围是未来三年国浩律师事务所必须考虑的一项重要工作。根据现有的布点情况来看，一些经济较为发达的重点城市和国家扶持的经济开发区域，国浩的羽翼也尚未完全遮盖到，这些地区都是未来法律服务市场上的快速增长点。为此，国浩力争通过三年的时间完成其中部分重点地区的布点工作，或通过战略协作等方式扩大国浩的法律服务外延。同时，通过引进人才或校招等方式吸纳、储备和培育一批骨干和后备力量，扩充现有办公室的规模。

二是进一步加强规范化建设，努力维护好品牌价值。对于事务所来说，规模化是一种内在的结构，品牌化则是其展现出来的外部表现。律师工作本质上是高附加值的劳动，是创造性的服务，是经营知识，其品牌价值不可低估。同时，品牌也是一种共识、一种理念、一种文化、一种服务，品牌是诚信，更是责任。因此，要使国浩成为百年老店，加强国浩的品牌建设是一项必不可少的重要工作。

为此，国浩于近期成立了品牌运营中心，通过对品牌的专业化管理，强化国浩人的品牌意识，并在未来三年里全面实现品牌的规范化运作，使国浩更具品牌效应。同时，国浩还要不断加强事务所的规范化建设，使现有的规章制度更加完善，更具执行力。

三是进一步加强事务所的文化建设。文化建设是事务所综合实力的最集中的体现，也是事务所是否具有凝聚力的一个表现。国浩律师事务所一向注重事务所的文化建设，并将其视为事务所迈向国际化的一个基础性的工作。国浩对律师提出了专业定位、操守为重的基本要求，对事务所则提出了品质优先、绩效导向的更高要求。国浩的目标是，不仅要打造一个律师业务繁荣的事务所，而且要打造一个对国家、对社会有责任心的事务所，特别还要打造一个有文化底蕴、有优秀传统的事务所。

在未来几年里，国浩力争使事务所的文化建设融入到事务所的发展理念当中，使每一位律师都有一种归属感，真正成为一个爱岗敬业的人，这需要付出更大的努力，不仅是精神上的，也包括财力上的投入，因为这也是关乎构建和谐社会的大事，关乎一个事务所和律师个人能否健康发展的大事。为此，国浩拟在未来三年内在各分支机构均建立起文化活动与教育中心，通过开展有益的文化活动，陶冶情操，增强凝聚力。

四是持续不断地加强专业化建设。在经济全球化步步深入的背景下，我国社会主义市场经济正不断完善，法律在经济生活中的调节作用日益显著，各种专业化极强的法律、法规也纷纷出台。这就要求律师在纷繁复杂、专业性极强的法律业务面前，既要表现出极强的专业素质，又要展现出精湛的专业知识。这就要求国浩更进一步完善所内的专业部门划分，以满足客户“个性化特色服务”的要求。

为此，国浩计划在未来三年里，逐步完善律师的专业分工，遵照事务所一业为主、一业为辅的专业化要求，通过部门分工，资源共享，让每位专业律师都能专于本专业并成为这一专业领域里的行家里手，进而得心应手地开展工作，更好地服务于客户。

五是逐步完善信息化管理工作。互联网时代没有信息化管理，将会给工作带来极大的不便利。互联网时代从本质上讲就是大数据时代，面临林林总总的数据，通过翻书堆、复印资料，其结果必然是降低工作效率。鉴于此，国浩计划在未来两三年内在现有的事务所信息化管理系统的基础上加大投入，使其日臻完善。

六是继续实施国际化战略。随着国际贸易往来的日益增多，国际争端也日趋增多，中国作为国际贸易中的重要一员，在国际舞台上发挥的作用越来越大，因此需要越来越多具有国际化经验的律师。在加快国际化方面，国浩也迈出了坚实的一步，除了通过资助留学、交流访问、招聘海归等方式培养国际化人才、组建国际化服务团队，国浩在北美、欧洲以及中国香港地区也开设了分支机构，以加强与各国际伙伴的联系，进一步拓展海外市场。

未来三年，国浩还将不断增设海外执业机构，逐步完成在各大洲的布点工作，并有针对性地与国际知名律师事务所建立战略合作关系。同时，国浩还将继续发挥在投融资领域里的地位优势，通过协助中国企业“走出去”，服务“一带一路”沿线国家，积累涉外法律服务经验，以加快实施国浩国际化发展战略，彰显中国律师的专业能力。

（二）发展愿景

不一定做到最大，但一定要做到最好。期待通过未来三年的不懈努力，国浩能够在现有的基础上更上一个台阶，使之成为国内首屈一指的专业大所、规模大所和国际化大所，真正成为“专业、敬业、精业”的品牌大所。此外，在未来三年内，国浩还将在继续自觉承担社会责任，开展更广泛的社会服务工作，以更新、更完善的面貌跟上社会前行步伐，不断拓展法律服务新领域，创新法律服务新方式，为建设社会主义法治国家做出贡献的同时，逐步建立起自己的社会责任体系，积极开展包括设立慈善基金、奖学基金在内的各项社会公益活动，使履行社会责任的方式常态化、制度化，进而使设立社会组织机构的初衷得以完美体现。

中 医 药

广誉远“一带一路”发展规划

广誉远中药股份有限公司

近30年来，“一带一路”沿线国家传统医学服务贸易悄然兴起并已形成一定规模。随着中医药对外交流与合作工作的推进，中医药对健康和疾病的认知方法和治疗理念越来越受到国际社会的认同，为中医药服务贸易的继续深入开展带来了机遇。

2016年5月7日，国务院办公厅发布了《关于印发〈中医药健康服务发展规划（2015—2020年）〉的通知》。该规划是我国第一个关于中医药健康服务发展的国家级规划。规划提出，中医药将参与“一带一路”建设。国务院将遴选可持续发展项目，与丝绸之路经济带、21世纪海上丝绸之路沿线国家开展中医药交流与合作，提升中医药健康服务国际影响力。

◇◇一　行业机遇与挑战

“一带一路”倡议构想的提出，契合沿线国家的共同需求，为沿线国家优势互补、开放发展开启了新的机遇之窗，是国际合作的新平台。它将中亚、南亚、东南亚、西亚等区域连接起来，有利于各区域间互通有无、优势互补，建立和健全亚洲供应链、产业链和价值链，使泛亚和亚欧区域合作迈上新台阶，因而得到了“一带一路”沿线各国的积极响应。沿线各国将在交通对接、产业合作、金融合作及国际贸易等方面开展深入交流与合作，这也为我国与“一带一路”沿线国家开展中医药合作提供了良好的发展机遇。

“一带一路”沿线国家都有中医药或是传统医药的使用历史，具有一定的群众基础，近些年随着中医药货物贸易的不断发展以及中医药服务贸易的兴起，中医药更是成为很多国家新的经济增长点。借助“一带一路”倡议构想的具体实施，中国与沿线各国广泛开展中医药领域交流与合作的前景广阔。

“一带一路”沿线国家以及东南亚的一些国家，十分注重传统医学的保健功能，将其融入旅游、餐饮等行业，吸引了大批国内外顾客，已具有一定规模。

随着全球老龄化社会的到来，各国也面临着老龄化人口带来的巨大压力。例如，“一带一路”沿线国家意大利，年龄达到65岁以上人口约占全国总人口的20%，已成为欧洲第一大老龄国，同时也是继日本之后的世界第二大老龄国。老龄化危机对整个制药行业的发展造成巨大冲击，市场上对老年疾病治疗药物的需求将急剧增加，这为毒副作用较小、以天然药物为主要成分的中医药等传统药物的快速发展提供了巨大的机遇。

虽然“一带一路”倡议为中医药国际合作与交流带来了崭新的历史机遇，但是中医药“走出去”面临诸多困难与挑战。

首先，中医药在“一带一路”沿线各国发展不均衡，各国立法及民众认可程度存在较大差异。总体来说，中医药在东南亚地区得到政府及民众的认可度较高，传统医学在东亚及南亚也普遍得到了政府及民众的认可，在中亚、西亚、非洲等地区中医药、传统医药普遍缺乏立法及管理，而欧洲地区对中医、传统医学的管理多以安全性为由，限制性法律法规较多，影响着中医药国际合作的开展。中医药在“一带一路”沿线国家明确立法的国家有新加坡和泰国。朝鲜、韩国、越南传统医学主要来源于我国的中医药学，目前也已被纳入国家法定医疗保健体系。印度、巴基斯坦、斯里兰卡、孟加拉国、缅甸等南亚国家已基本实现对本国传统医学的立法管理。英国是欧洲第一个正在对补充及替代医学立法的国家，然而2011年，英国突然宣布“不再保护中医师头衔”“中医师作为草药师进行登记注册”，至今中医药立法仍呈停滞状态。意大利、俄罗斯只允许开展针灸医疗活动，但尚不承认中医。捷克、瑞典等其他欧洲国家尚未为中医立法，亦无明确的监督管理机构，只能由有执照的西医师或挂靠在开业诊所、执业医师名下的中医师开展服务。

其次，“一带一路”沿线国家尚缺乏统一的中医药、传统医药相关国际标准及规范。目前，尽管包括“一带一路”沿线国家在内的90多个国家制定了植物药注册标准，但整体而言，主要还是参照西药标准而制定的。实践证明，中医药及传统医药相关产品的质量控制、生产工艺、药理毒理、临床评价和产品注册等标准不能完全仿制现代西药和植物药。具中医药及传统医药特点、被国家社会普遍认同的标准规范尚未建立，阻碍了中医药的国际交流与合作发展。

再次，“一带一路”中医药国际合作面临着诸多法律障碍和贸易壁垒。许多国家在立法认可和规范中医药及其他国家传统医药时，纷纷利用法律法规，对中医药、传统医药的准入设置各种技术壁垒，使得中医药、传统医药国际贸易在原有困难的基础上面临着新的障碍。有些国家为保护本国传统医学的发展，故意提高进口中药材、中成药、中药饮片等的监测标准，而对国内的中药材等产品方面的监测则较为宽松，如重金属污染及农药残留等问题，这也对各国间中医药及传统医药交流造成了障碍。

最后，中医药及传统医学知识产权面临威胁。我国与“一带一路”沿线国家，尤其是东南亚、南亚各国拥有独特的传统医学理论体系、治疗方法及传统医学药品。欧美部分发达国家意识到传统医学天然药物中蕴藏巨大财富，利用其先进的技术对传统药物进行改头换面，然后再申请知识产权保护，此类生物海盗事件频频发生。如印度用于治愈伤口的植物姜黄及治疗低血糖症的植物苦葫芦在别的国家被授予了专利；我国的青蒿素、六神丸、牛黄救心丸等侵权案例等，给拥有原创传统医药知识产权国家造成了巨大的经济损失，也成为阻碍中医药、传统医学国际合作发展的重要因素。

二　广誉远“一带一路”倡议规划

广誉远作为具有近500年历史文化传承的传统中药企业，历史上一直是海外珍稀药材最重要的采购商和批发商，与“一带一路”国家有着悠久的合作历史。针对国家“一带一路”大战略，广誉远积极响应，制定了广誉远“一带一路”倡议规划。

（一）广誉远所具备的竞争优势

1. 中华老字号

广誉远始创于明嘉靖二十年（公元1541年），距今已有475年的历史，其间历经广盛号药店、广升聚、广升蔚、广升誉、广升远、山西中药厂、山西广誉远等十几个商号药厂更迭。在清代曾与广州陈李济（1600年创建）、北京同仁堂（1669年创建）、杭州胡庆余堂（1874年创建）并称为“四大药店”，现为山西省中药企业典范，并在2006年成为首批被中华人民共和国商务部认定的“中华老字号”企业。

2. 非物质文化遗产，国家保密配方

广誉远主导产品“龟龄集”和“定坤丹”，是中华中医药宝库珍藏的养生至宝，是博大精深的中医药文化的智慧结晶，现为国家级保密处方，分别在2008年和2011年被中华人民共和国国务院评为国家级非物质文化遗产。龟龄集、定坤丹，“御用圣品”的宫廷出身，数百年的药用历史，深刻佐证了其功效卓著；多位皇帝的相关御批，真实确凿的史料档案，更显其品味尊贵。包括龟龄集、定坤丹在内，广誉远系列产品荣获众多国际级奖项、国家级荣誉，在国际传统医药界有深远影响。

3. 承载中华中医中药核心文化价值

广誉远拥有丰富的产品服务群，有丸剂、胶囊剂、酒剂、片剂、颗粒剂、散剂、口服液、煎膏剂共八个剂型，继承着龟龄集、定坤丹、安宫牛黄丸、牛黄清心丸、六味地黄丸、乌鸡白凤丸等103种中药古方及炮制工艺，从方剂、配伍、选材、炮制等诸多方面，承载并展现着中华中医药文化的核心精神与巨大价值。

4. 尊德贵生，传承创新

“尊德贵生，传承创新”是广誉远的企业理念。广誉远坚定地以文化为先导，专注于中医药领域，坚持“继承与创新”的发展策略，充分利用企业内部的产品资源，通过持续的品牌建设和创新营销，走出“特色”道路，努力打造“人无我有，人有我优，做中国最具特色的国药”之企业形象，并在未来五年内，推出精品中药“百家千店”工程，在全国范围内建立100家国医馆、1000家国药堂，包括人参、鹿茸、枸杞、西红花、地黄、肉苁蓉、参等九大GAP种植基地。

5. 修合虽无人见，存心自有天知

475年来，广誉远严苛制药，精益求精，秉承“修合虽无人见，存心自有天知”的古训，遵循“非义而为，一介不取；合情之道，九百何辞”的准则，恪守诚信自律的晋商精神，以信誉为根本，“以义制利”铸就了百年老店的历久弥新。

6. 振兴传统中医药文化

2003 年，由全国著名的大型现代化医药企业——西安东盛集团投资控股，结合现代管理运营理念，将广誉远传统老店，发展成为集中成药研发、生产、销售于一身的高科技现代化制药企业。在国家“十二五”规划对中医药行业的明确指导下，在祖国全面建设小康社会的新时期，在中华民族伟大复兴的历史时刻，广誉远以精品养生中药回馈社会大众，开创智慧养生的新纪元。广誉远作为中国非物质文化遗产的传承者，将为振兴传统中医药文化，贡献应尽的社会责任与历史使命，树立起中医药文化的全新价值。

（二）广誉远的价值观和发展战略

价值观：尊德贵生，传承创新。

“尊德贵生，传承创新”是广誉远的企业理念。广誉远坚定地以文化为先导，专注于中医药领域，坚持“继承与创新”的发展策略，充分利用企业内部的产品资源，通过持续的品牌建设和创新营销，走出“特色”道路，努力打造“人无我有，人有我优，做中国最具特色的国药”之企业形象。遵循古训“非义而为，一介不取，合情之道，九百何辞”“修合虽无人见，存心自有天知”。

发展战略：以中医药文化传承为载体，建设医养一体服务体系，推动传播广誉远健康生活方式，服务亿万人民！

目前广誉远正筹划建设广誉远医养慢病管理一体的服务体系，建设具有中医药特色的医养和慢病管理模式，组织社会各个方面的资源，为社会做出应有的贡献。

（三）广誉远的“一带一路”业务规划

国家“一带一路”规划发布后，广誉远就着手研究广誉远的全球化战略规划，经过几年努力探索，初步形成以下规划。

建设广誉远中华智慧养生文化展示馆、健康生活体验馆、中医治疗国医馆，集旅游、参观、体验、治疗于一身的中华中医药文化体验展示基地，沿着“一带一路”国家复制推广。

广誉远已经在北京前门大街建设样板基地，现在博物馆、药店、茶馆已经开业，国医馆和生活体验馆也在筹备中，很快将陆续开业。目前前门大街广誉远中医药文化基地面积大约4000平方米。前门大街是经典的旅游景点，每天世界各地游客非常多。传统前门游基本上是购物游，传统老字号虽然不少，但是文化氛围不够。广誉远希望通过广誉远中医药文化基地的建设，为客户提供参观、游览、体验、治疗等一系列服务，让游客体验到传统中医药文化的博大精深，能够为传播中医药文化做出广誉远应有的贡献。

广誉远现正在与中国国旅等旅游公司联系合作事宜，准备通过旅行社把广誉远前门文化基地作为旅游项目推荐给海外游客，为海外游客提供中华中医药文化参观体验服务。广誉远计划通过前门示范项目积累经验，摸索海外游客对中医药文化的关注点，为在不久的将来沿着“一带一路”国家建设中医药文化基地积累经验。广誉远将根据各个国家实际情况，成熟一个地区建设一家广誉远中华智慧健康养生体验馆，在当地传播中华博大精深的中医药文化。

另外，广誉远还将沿着“一带一路”国家，建设绿色生态养殖基地、珍稀动物保护养殖基地，在海外建成地道药材供应基地。同时建设成中医药文化旅游基地，通过全球化旅游传播中医药文化。

“一带一路”沿线国家，有着丰富的自然生态资源，保护好生态环境，保护珍稀野生动物及植物，造福全人类是广誉远规划的核心所在。

广誉远正计划在“一带一路”相关国家建设野生动物保护区，同时建立人工珍稀动物饲养基地，这样才能真正地保护珍稀野生动物，扩大珍稀野生动物种群数量，发挥野生动物应有价值，为喜欢野生动物的世界各地游客提供旅游服务。同时在此基础上，建设中医药文化体验馆，为游客提供中医药文化体验服务。

三　推进“一带一路”业务所遇到的问题和取得的经验

由于对当地国家不熟悉，犀牛、穿山甲引进工作遇到很多难以克服的政治和法律问题，希望能够得到国家层面的支持。

其实“一带一路”国家都希望与中国人交往，希望广誉远在当地投资保护珍稀野生动物资源。广誉远希望引进的犀牛、穿山甲等项目遇到世界动物保护组织的阻挠，工作很难进行。广誉远想建设的野生动物生态保护区，涉及投资巨大，安全保障问题严重，都是非常大的问题。

广誉远希望政府“一带一路”平台提供更多的服务和支持，确保其在海外的资产和人身安全。

珍稀动物保护，最好的保护是发掘其价值，通过生态保护与人工饲养双轮驱动，既能真正意义上保护好野生动物，又能获得收益，这才是最佳保护方法。传统中药中犀角、穿山甲壳、麝香、羚羊角等都是取材珍稀动物，野生动物保护需要我们把野生动物饲养做起来，解决大规模饲养难题，这样就能造福全人类，为人类文明发展做出贡献。

目前我国中医药相比西医还处于被严重歧视状态，其实关键点在政策细节上。特别是医保政策，现在的慢性病治疗的医保用药基本上都是西药，而慢性病本身最佳方案是中医药的医养。如果我国把相关中医药治疗方案和产品纳入医保范围里，我们的中医药的发展自然而然就会快速增长起来。现在慢性病开支消耗医保69%支出，从长期来看，用中医药治疗慢性病产生的效果，一定会大幅度减少对药物的依赖，最终会给医保节约巨大开支。

关于珍稀动物入药问题，其实这是西方限制中药发展的策略。如果野生动物生态保护和人工饲养双管齐下，让动物药材重新入药，这样中药的世界竞争力就会大大加强。这些都需要相关部门从中华文化发扬光大的大局出发，为重新发扬光大中华文化提供坚实的物质基础。

金　融

构建“一带一路”多元开放的投融资体系

中国开发性金融促进会

“一带一路”赋予古丝绸之路以新的时代内涵，以“政策沟通、道路联通、贸易畅通、资金流通、民心相通”为主要内容，旨在打造和平、发展、共赢的经济合作带。三年多来，“一带一路”建设从构想到实践，以点带面、从线到片，在全球逐渐形成区域、跨区域合作的新亮点，取得的进展举世瞩目。另外，我们应该看到，共建“一带一路”还存在开发性金融和主权资金着力推进、商业性金融和社会资本跟进不足等现实问题，需要构建多元开放的投融资体系，引导国际资本、商业资本、社会资本等共同参与，充分发挥市场机制和企业的主体作用，发挥市场配置资源的功能支持国家战略，这是下一阶段深入推进“一带一路”合作要重点解决的问题。

一　“一带一路”建设的十大投融资政策

“一带一路”建设是一项系统工程，要坚持共商、共建、共享原则，积极推进沿线国家发展战略的相互对接。中国政府先后在2014年、2015年发布了《丝绸之路经济带和21世纪海上丝绸之路建设战略规划》和《推动共建丝绸之路经济带和21世纪海上丝绸之路的愿景与行动》，其中投融资方面的政策可粗略归纳概括为十个方面。

一是亚洲金融市场建设。深化金融合作，推进亚洲货币稳定体系、投融资体系和信用体系建设。

二是推动人民币国际化。扩大沿线国家双边本币互换、结算的范围和规模。

三是推动亚洲债券市场的开放和发展。

四是建立开发性金融机构。推进亚洲基础设施投资银行、金砖国家开发银行筹建，有关各方就建立上海合作组织融资机构开展磋商。加快丝路基金组建运营。

五是加强多边金融合作。深化中国—东盟银行联合体、上合组织银行联合体务实合作，以银团贷款、银行授信等方式开展多边金融合作。

六是推动资本市场“引进来”。支持沿线国家政府和信用等级较高的企业以及金融机构在中国境内发行人民币债券。

七是鼓励境外发行债券筹资。符合条件的中国境内金融机构和企业可以在境外发行人民币债券和外币债券，鼓励在沿线国家使用所筹资金。

八是金融监管合作。推动签署双边监管合作谅解备忘录，逐步在区域内建立高效监管协调机制。

九是信用建设合作。加强征信管理部门、征信机构和评级机构之间的跨境交流与合作。完善风险应对和危机处置制度安排，构建区域性金融风险预警系统，形成应对跨境风险和危机处置的交流合作机制。

十是引导社会投资。充分发挥丝路基金以及各国主权基金作用，引导商业性股权投资基金和社会资金共同参与“一带一路”重点项目建设。

◇◇二　“一带一路”金融合作取得的进展

上述十项投融资政策的进展如何？总体上是各有进展，其中成绩最显著的是建立开发性金融机构。亚投行于2015年年底正式成立，首批贷款为中亚三条公路建设提供融资支持，俄罗斯和印度也有意向亚投行提出融资计划。丝路基金成立以来，成功启动了五单跨境直接投资项目，投资国家涉及巴基斯坦、意大利、俄罗斯、哈萨克斯坦。金砖国家新开发银行开业整一年，也已经确立第一批绿色能源项目，成功发行首笔人民币绿色债券。这些新成立的开发性金融机构正在产生示范效应，带动商业性金融和社会资本参与“一带一路”建设。

其次是国际金融合作取得新发展。中国与沿线21个国家签署了本币互换协议，并向7个国家授予了人民币合格境外机构投资者额度，在8个国家设立了人民币清算行。这些举措都将促进人民币贸易结算和人民币计价海外融资，并提升海外人民币流动性增长。此外，众多的多边合作框架和交流论坛，为开展广泛、深入的金融合作提供可能。亚太经合组织、上海合作组织、亚欧会议（ASEM）、中国—东盟“10+1”合作机制、中国—拉共体论坛、东亚及太平洋重要银行行长会议组织（EMEAP）等多边合作机制，以及欧亚经济论坛、中国—阿拉伯国家博览会、中国—南亚博览会等各种层次的交流平台，均可为促进我国与“一带一路”沿线国家深入开展金融合作提供条件。

人民币国际化取得的成绩令人振奋，人民币成功纳入SDR（特别提款权）篮子，这标志着国际社会对人民币国际化改革成果的肯定。目前，我国人民币支付排名位居全球第六，人民币离岸市场存款余额约1.36万亿元，除美元之外，人民币已经实现对澳元、英镑、韩元等十几种货币的直接交易，同时在区域市场和银行柜台上，实现了对泰国、哈萨克斯坦等周边国家的直接交易。下一步，央行还将围绕“一带一路”和国际产能合作等国家重大战略，推动跨境人民币投融资业务持续发展，推进金融市场双向开放，支持优质金融发行主体在境内发行人民币债券，支持境内优质机构到境外发行人民币业务。

资本市场开放领域陆续推出了一些重要政策。债券市场方面，中国债券市场规模已排名世界第三位，亚洲第二位，成为仅次于信贷市场的全国第二大金融产品市场。2016 年 8 月，中国人民银行、国家外汇管理局发布了《关于人民币合格境外机构投资者境内证券投资管理有关问题的通知》，对 RQFII 的额度管理由过去的审批制放宽为备案制、审批制相结合，这对于我国资本市场引入长期投资者、构建人民币回流机制进而促进人民币国际化具有重要意义。同时，在外汇市场方面，我国央行表示，境外央行类机构，包括境外央行和货币当局、国际金融组织、主权财富基金，可以通过人民银行代理、通过中国银行间外汇市场会员代理以及直接成为中国银行间外汇市场境外会员三种方式中的一种或多种进入银行间外汇市场，开展各品种外汇交易。可以预见，在这些政策的支持下，外资机构投资我国资本市场的比重将较快提高。

在国际市场融资成本相对较低的背景下，值得“走出去”企业重点关注的政策是，“鼓励中国境内金融机构和企业在境外发行人民币债券和外币债券，并在沿线国家使用所筹资金”，这将为我国企业获得更低成本资金拓宽渠道。以伊斯兰债券为例，目前，全球伊斯兰金融市场规模约 2 万亿美元，预计到 2020 年将增长至 4 万亿美元，正在成长为国际金融体系中不可忽视的力量，也将是我国“一带一路”建设可以合作的重要金融资源。受惠于国家鼓励企业境外发债融资的政策，2015 年年底，我国房地产企业碧桂园在马来西亚发行以马来西亚林吉特计价的伊斯兰债券，发行规模达 2700 万美元，期限为两年，利率为 6%，这是中资企业首次发行伊斯兰债券，已经产生了示范效应。2016 年 5 月，中国开发性金融促进会专门举办了首届中国—阿联酋伊斯兰金融研讨会，对中国企业在海外发行伊斯兰债券，利用伊斯兰金融市场充裕的流动性筹集资金参与“一带一路”进行了专门研讨。

国际金融监管合作正在有序推进。金融全球化的背景之下，共同维护金融稳定成为各国共识。在此背景下，自亚洲金融危机以来，亚洲国家共同构建了多边金融稳定机制以及维护金融稳定的国际组织，亚洲区域金融稳定的相关合作取得了一定的进展。例如，根据中国人民银行网站信息，双边货币互换协议网络的构成实现了清迈倡议多边化机制，资金规模从 1200 亿美元扩大到 2400 亿美元，并在东亚及太平洋中央银行行长会议组织框架下成立了货币与金融稳定委员会。接着，在“一带一路”倡议之下，亚洲金融稳定合作开始向沿线国家乃至金砖四国延伸扩展。一方面，双边监管合作机制得以加强，信息交换和共享成为可能；另一方面，基于多边基础上的金融安全网建设也提上日程。截至 2015 年 6 月末，中国银监会已与 27 个“一带一路”沿线国家的金融监管当局签署了《双边监管合作谅解备忘录》或合作换文，双方将在信息交换等方面加强监管合作。

◇◇三　建设“一带一路”投融资体系面临的挑战

尽管“一带一路”投融资合作已经取得很大进展，但是与沿线国家和地区对我国的金融期待、对建设资金和产业资金的巨大需求相比较，还存在很大差距，形成了构建“一带一路”投融资体系的基本矛盾，带来一系列挑战。

一是开发性金融与商业性金融有效协同不足。“一带一路”倡议推进至今，融资来源主要依靠我国主导的主权基金与多边开发银行，如丝路基金、亚洲基础设施投资银行、新开发银行等。“一带一路”建设面临的融资缺口十分巨大。数据显示，“一带一路”国家覆盖人口约44亿，占世界总人口的近2/3，目前的GDP总量约占世界的1/3，未来的投融资需求数以万亿美元计。开发性金融与商业金融相结合的投融资体系亟待建立。

商业金融是典型的“顺周期”行业，开发性金融则具有“逆周期”投资的特征，二者的有机结合将为“一带一路”建设提供强大的资金保障。虽然商业银行在“一带一路”国家的网点覆盖率不断增加，截至2016年一季度，9家中资银行在“一带一路”沿线24个国家设立了56家一级分支机构，但是商业银行提供的服务内容更多集中于个人结算、跨境结算等业务，对产业的贷款支持力度还远远不够。目前，由亚投行、新开发银行等大型开发性金融机构贷款支持的水电站、铁路、能源管道等项目都已相继落地实施，相关配套设施的建设完善将催生一批商业金融能够介入的融资需求，而水电项目的高前期投资、长周期收益特点也恰好吻合保险资金的投资需求。总之，这些基础设施的完善将为相关国家经济的持续增长提供有力支撑，开发性金融将扮演新一轮经济增长周期的启动引擎，商业金融如何与之配合，共同助力经济增长走上快车道，需要各方合力深入探讨。

二是社会资本有效参与不足。根据商务部数据，2016年1—11月，中国对外投资合作持续保持快速增长态势。中国境内投资者共对全球164个国家和地区的7500多家境外企业进行了非金融类直接投资，累计投资金额10696.3亿元人民币（折合1617亿美元），同比增长55.3%；然而同期内，国内企业对“一带一路”相关的53个国家非金融类直接投资仅133.5亿美元，同比下降4.7%，占同期总额的8.3%，主要投向新加坡、印尼、印度、泰国、马来西亚、越南、老挝、伊朗、俄罗斯等国家和地区。

央行报告显示，2016 年 11 月末社会融资规模存量为 154.36 万亿元，同比增长 13.3%。其中，对实体经济发放的人民币贷款余额为 104.2 万亿元，同比增长 13.4%；对实体经济发放的外币贷款折合人民币余额为 2.65 万亿元，同比下降 14.6%。从结构看，2016 年 11 月末对实体经济发放的人民币贷款余额占同期社会融资规模存量的 67.5%，同比持平；对实体经济发放的外币贷款余额占比 1.7%，同比低 0.6 个百分点。

以上数据充分佐证了，由于我国长年的财富增长与现期经济下行压力，国内有巨量社会资本在寻找优秀的投资项目，“一带一路”建设无疑是一个很好的资金出口。然而社会资本对外投资的渠道不畅，制约了社会资本走出海外。对此，社会组织应当发挥平台搭建、信息沟通的天然优势，举办经贸、投融资方面的洽谈会，嫁接国外潜力项目与国内意愿资金。此外，大型金融机构在投资海外的过程中，应当注重与众多小规模社会资本的协同配合，实现互利共赢。大型金融机构具有资金、信息以及政策方面的优势，小型社会资本则具有效率与专业度高、进出灵活、更容易被各方接受等优势，两者结合有利于实现“一带一路”投资的效益最大化。针对陌生海外市场的风险评估问题，各协会、研究院等应充分发挥智库功能，配合国家战略，及时做好风险提示，防范各类政治文化差异所带来的潜在投资风险。

三是导引国际资金共建“一带一路”。“一带一路”建设的示范效应已经初步显现，前期由我国主导，下一步需要吸引更多国际资本，包括欧美金融机构、伊斯兰金融等共同参与。2016 年初，中国正式加入欧洲复兴开发银行，通过多边合作推动“一带一路”倡议与欧洲投资计划对接，为“一带一路”建设聚集更多全球资源。这是打通“一带一路”国际融资渠道的有益探索。

国务院总理李克强在会见欧洲复兴开发银行行长查克拉巴蒂时曾表示，中国加入欧洲复兴开发银行标志着双方合作掀开新的篇章。中方愿同欧洲复兴开发银行加强投融资合作，就推进"一带一路"倡议、国际产能合作等加强对接，积极开展第三方市场合作，为中欧深化互利合作提供支持。

未来，中国仍需积极介入国际多边投资机构，增加在诸如世界银行中的资本份额，提升我国的参与度和话语权，针对"一带一路"项目进行高端宣介，引导国际金融机构的投资方向。

四是风险考量仍是突出的投资制约因素。对待风险，首先要做好识别与评估。中国信保公司每年定期发布国家风险分析报告，其中包括了所有"一带一路"国家的主权信用评价，可以作为市场的重要参考。然而"一带一路"沿线多是有待开发和培育的市场，风险是客观存在、不可绕过的。众多投资者在完成项目风险评估后往往止步不前，在等待观望中错失有利投资机会、错过最佳投资时点。现阶段的主要任务，就是要转变思维，以发展的眼光看待风险。风险不是一成不变的，如何变被动等待为主动承担化解风险，开发性金融有可资借鉴的经验。在长期的市场开发实践中，开发性金融系统积累了行之有效的建设市场信用、优化信用环境、化解市场风险的运作模式。在具体操作过程中，要力争引入更多国际资本和国际合作，建立风险共担机制，形成风险联结纽带，与"一带一路"建设参与方结成最广泛的利益共同体，提升集体的风险消纳能力。

构建适合发展中国家的新型评级体系，提高"一带一路"国家融资能力。由于西方主导的评级体系，一般根据国家的 GDP、资产、负债等指标评价，导致发展中国家的主权信用等级通常较低，不利于在国际市场上融资。因此需要构建适合发展中国家的评级体系，更加重视发展潜力、未来收益、存量资产的盘活等因素，调整和完善主权评级模型。鼓励国内信用评级机构创新评级方式，加强征信管理部门、征信机构和评级机构之间的跨境交流与合作，鼓励跨境大型金融机构交流，加强信用评级研究与开发。

处理好风险与创新的关系。区域金融合作刚刚开始，需要更多的创新手段拓宽投融资渠道，通过投资多元化分散金融风险，将区域合作带入更加深入的中高级阶段。例如，如何引入PPP机制、新兴产业基金的创立、实现银团贷款等。作为政府主导的开发性金融，应当关注涉外风险对国内经济金融的影响状况，在防范系统性风险的前提下，支持区域金融合作的创新机制和工具；作为商业金融的市场主体，金融机构和企业应当遵从市场规律，在实施创新的同时做到风险可控。

五是国际金融资源亟待开发。中国金融机构“走出去”，在国际资本市场募集资金，不仅能支持“一带一路”建设，还可以提高自身的国际化水平。然而长期以来，国际上的金融资源并没有得到众多中资金融机构的足够重视，许多企业习惯先在国内筹集资金再到国外投资，很重要的一个原因是中企自身的国际化意愿不足，缺乏长远的国际化战略。“一带一路”倡议将成为中国企业跨越式发展的重要契机。另外，中资机构联合第三方国家金融机构合作开发“一带一路”，收购第三方国家的金融资源，也将为“一带一路”建设聚集更多资源。金融市场资质和牌照是国际资本市场的通行证，中资机构可以立足自己的专业领域，有计划有针对性地开展多方合作，收购金融资源，拓宽资金渠道。同时，深度参与国际市场也为后期的资金退出留下更多潜在路径。实现资本的有序退出就是要逐步建立资产的交易市场。除股票上市、股权交易外，重资产的租赁回售、长期生息资产的证券化都是可以探索的资本退出方式。

◇◇四　构建“一带一路”多元开放的投融资体系

“一带一路”投融资体系的多元性体现为多种金融形式和多种金融主

体。其中多种金融形式包括政策性金融（包括对外直接经济援助）、开发性金融和商业性金融。根据 2015 年 3 月中国政府发布的《推动共建丝绸之路经济带和二十一世纪海上丝绸之路的愿景与行动》，金融合作将遵循市场运作，充分发挥市场在资源配置中的决定性原因和各类企业的主体作用。中国在投融资合作中应谨慎处理好经济援助、开发性金融和商业金融的关系。多边开发性金融机构的成立预示开发性金融成为沿线基础设施投资项目的先锋，是不同于政策性和商业金融的重要金融形式。亚投行、金砖国家开发银行以及我国的开发性金融机构在项目评估时，应当充分考虑能否实现开发性金融的预期功能和战略作用。商业金融机构需要明确自身责任，及时反馈合作中的问题，避免出现忽视市场风险、背离市场机制的现象。

多种金融主体共同参与“一带一路”投资建设。建设资金不能仅仅来源于银行、股权融资，保险、租赁以及债券市场都是可供探讨的融资渠道，推动亚洲债券市场的开放与发展。“一带一路”沿线国家的市场融资多集中于银行贷款和股权筹资，尤其是银行贷款多占比例较高。完善亚洲债券市场，有助于扩大基础设施投融资渠道，增强亚洲直接金融市场的深度与广度，改变亚洲中长期投资的货币期限结构错配。亚洲债券市场可以从政府推动开始，先发展政府债券市场，再逐渐向企业债券市场扩展。从 10 多年来亚洲债券市场发展的实践和债券市场自身发展的特点看，在初期阶段，以主权债或准主权债为开端来推动亚洲债券市场的发展是可行的做法。借助政府力量，完善亚洲企业债券市场发展所需的金融市场基础设施和跨境操作，加强信用信息共享系统，管理担保权益的法律和制度框架，为民间资本的全面进入提供条件。

借鉴国际相关经验。一方面，借鉴其他多边开发性金融的治理经验。亚投行、金砖国家开发银行等多边开发性机构需要系统分析世界银行、亚开行等公司治理经验，提高自身的资金管理水平，并在投资方向上实现自身特色，成为弥补亚洲乃至整个沿线国家的基础设施建设的重要支撑。另一方面，与欧盟“一带一路”的金融合作可以获得丰富的经验。欧盟曾通过设立结构基金、欧洲地区发展基金、欧洲投资银行、提供优化贷款等政策工具来支持落后地区，在开发性金融业务开展、风险控制等方面具有丰富经验。此外，欧盟具有发达的海外保险业务，我国可以通过并购欧盟金融机构以及机构间的业务合作方式，学习欧盟跨境保险业务的经验。

开放的投融资体系与“一带一路”倡议自身的开放性与包容性是相一致的。与类似 TPP 这样一种封闭排他式的国家合作协议不同，在“一带一路”倡议下，任何一个国家都可以平等自由地参与到其发展建设中。

立足双边合作机制。“一带一路”倡议立足于全球国家的多元化和差异性，不再单纯局限于亚洲或者是发展中国家，更体现出开放包容，结合南南合作和南北合作的不同优势，以谋求互利共赢的局面。尽管“一带一路”倡议刚刚起步，但是区域主义具有类似多米诺骨牌的扩散效应，当一国贸易伙伴重新安排其对外经济的部署，则该国也极有可能签署类似协议安排。因此，我国应当立足双边协定，通过自由贸易协定、货币双边互换协议等深入的合作安排，扩大货币金融稳定合作深度，并通过大国政策的溢出效应，将整体区域合作深度推向一个更高的层次。

深化多边合作框架和交流论坛。“一带一路”金融合作拥有众多的多边合作框架和交流论坛，为继续广泛、深入的金融合作提供可能。除了 APEC、上合组织等多层次沟通对话平台，我国央行参与东亚及太平洋央行行长会议组织、东盟与中日韩金融合作机制、亚欧会议（ASEM）、中国—拉共体论坛、欧亚经济论坛，此外，中国博览会、中国—阿拉伯国家博览会等，都可以成为促进中国与沿线国家探讨金融合作的交流平台。

开放的投资体系需要开放的资本市场，完善国内金融市场配套改革。“一带一路”金融合作和人民币国际化推进均需要国家逐步放松资本项目管制。目前，我国外汇管理的重点从“促进贸易便利化”转变为更具开放性的“促进贸易投融资便利化”，放宽和支持对海外投资的汇兑和使用，对外国来华的直接投资活动的外汇管理给予了更多的简政放权，建立自由贸易试验区，为加强对外贸易与资金合作进行改革试点。

◇◇五　中国开发性金融促进会携手蓝迪国际智库，共同服务国家“一带一路”倡议

中国开发性金融促进会是经国务院批准、由国家开发银行发起成立的全国性社会团体，全国政协副主席陈元担任会长。

在国际合作和服务“一带一路”领域，中国开发性金融促进会的主要工作方式：第一，建立国际对话机制，促进产能对接和产业对接，深化国际战略合作关系。近一年，中国开发性金融促进会已成功举办了境外中资企业年会、中国—埃塞俄比亚国际产能对接会、空中丝绸之路国际论坛等一系列国际会议。第二，主动构造和培育项目，为会员提供项目的前期规划和启动条件。中国开发性金融促进会发挥自身社会组织的平台优势，对政府、银行、国企、民企等资源进行有机整合，在推进“一带一路”沿线的高铁合作、自贸区建设方面都取得了重大进步，其中设在沙特的自贸区建设方案已完成六方签约。第三，密切协同主要金融机构，依托旗下的资产管理公司和资信评估公司，对会员提供信贷、融资租赁以及信用评级等金融产品服务。第四，促进企业间的合作交流，特别是支持中小企业走出去，推动大企业和中小企业优势互补，协同推进，共同构建产业链。

2016 年 10 月，中国开发性金融促进会联合赣州市人民政府、蓝迪国际智库，在江西组织召开了“南北‘4 + 8’地区绿色发展座谈会”。会

议本着绿色发展理念，为促进我国北方四省和南方八省资源连通、协作发展搭建平台，助力新型城镇化、生态扶贫、特色小镇和生态文明建设。会议同时发起成立了中国特色小镇产业投资基金。12 月，中国开发性金融促进会与黑龙江省大兴安岭地区行政公署共同举办“东北亚绿色发展（漠河）论坛”，进一步将特色小镇基金工作落到实处。2017 年 1 月，中国开发性金融促进会继续举办第二届空中丝绸之路国际论坛，推动“一带一路”沿线各国航空业合作，打造空中丝绸之路，率先实现“一带一路”空港基础设施的互联互通，并促进航空产业对相关产业的辐射和带动，促进“一带一路”从陆海统筹向空天拓展。

此外，中国开发性金融促进会作为亚信金融领域协调国活动承办单位，已成功在首届亚信非政府论坛年会上主办分论坛——“开发性金融与亚洲发展”圆桌会议，并发布《全球开发性金融发展报告（2015）》，今后这项内容将成为中国开发性金融促进会的常态工作。在亚信的框架下，中国开发性金融促进会将积极发挥我国作为金融领域协调国的作用，推动亚信框架下的长期投资者合作、供应链金融合作、资本市场合作、信用建设。

当前，中国开发性金融促进会已经与蓝迪国际智库结成战略合作伙伴，共同组织会员企业和社会资源，为服务“一带一路”倡议做出更大贡献。

园区建设

以应用型人才培养为抓手，架起连通世界和未来的桥梁

陕西西咸新区

2014 年 1 月 6 日，在中国的几何中心、在 2100 多年前张骞开启丝绸之路的起点，诞生了中国第七个国家级新区——陕西西咸新区。自诞生之日起，其就承载了国务院赋予的“丝绸之路经济带重要支点、我国向西开放的重要枢纽、西部大开发的新引擎和中国特色新型城镇化的范例”的国家使命。

截至目前，国务院共批准设立了 18 个国家级新区。相比于以往的各类开发区、示范区、试验区，其核心功能定位为承担国家重大发展和改革任务的国家级综合功能区，在带动区域经济发展、引领全面改革开放、推动体制机制创新、促进产城融合和城乡一体发展等方面发挥着重要作用。

2017 年是我国“十三五”规划的开局之年，也是“一带一路”建设全面推进的重要一年。国家级新区作为引领经济发展新常态，践行新发展理念，区域经济增长的新引擎、体制机制创新示范田、全方位开放格局新高地、生态文明建设示范区，积极参与“一带一路”建设，对于贯

彻落实党中央、国务院提出的转型升级、创新发展要求，发挥“一带一路”建设“排头兵”的作用具有重要的意义。

推进“一带一路”建设，除了国家层面加强顶层设计、谋划大棋局外，鼓励和支持国家级新区，尤其是西部地区的国家级新区，积极探索新模式、开拓新思路、寻找新路径，主动对接、服务国家“一带一路”倡议和西部大开发战略。遵循“政府牵头、产业导向、企业主体、市场运作”的原则，积极构建国内外经济园区跨境、跨区域联动机制，创新经济园区之间的协同发展模式，使经济园区成为经济活跃度最高、整体功能最齐备、成体系、成建制推进“一带一路”建设的最基本单元，充分发挥其抱团出海、聚集效应、带动区域发展等优势，成为支撑“一带一路”倡议提出的六条经济走廊落地的重要抓手，推动形成区域经济合作共赢发展新格局，是“一带一路”倡议扩点为面的有效模式。

连通世界和未来，是两个维度的问题：一是地理维度，二是时间维度。地理维度的连通靠的是通道和节点，比如由基础设施、能源、经济园区等项目构成的经济走廊的建设；而时间维度的连通靠的是对未来发展脉动的前瞻、创新的思维、科技的支撑，以及愿天下人间安得太平美满的济世情怀及孜孜不倦的开拓进取精神。二者相互关联、相互依存。若没有创新和科技的支持，通道和节点只能是一堆占据了大量资源的钢筋混凝土；而创新意识的培育和科技的进步因为有了节点和通道而插上腾飞的双翼。笔者将着重从以下三个方面进行诠释。

一　基于经济园区视角下“一带一路”建设的操作思路

两个基本认识。一是先学会与世界对话，才可能谈打造全方位开放格局新高地。二是只有抓好人才培养，才可能奠定区域核心竞争力。

毋庸置疑，中国改革开放30多年来，在取得举世瞩目的发展成就的同时，也积累了丰富的发展经验，尤其是作为区域发展的代表的中国开发区模式。有些地区，开发区所贡献的GDP占当地GDP总量的比例高达60%。当我们面对“一带一路”这个新课题的时候，当很多发展中国家在企图重复中国30多年改革开放带来沧桑巨变这一奇迹时，无论是对于国内还是国外的参与“一带一路”建设的各方来说，所做的绝对不是简单的“复制”和“粘贴”。

在向外走的过程中，面对“一带一路”沿线各国文化各异、民族宗教复杂、经济发展水平差异显著、各国人民利益诉求不一的现实状况，我们会发现经过改革开放30多年所积累的经验在往外走的过程中其适用范围是有限的。另外，即便是国内，作为区域发展引擎的各类、各级经济园区，就目前现状而言，大部分还是重复着过去的发展模式，即一方面抓配套基础设施建设，做好“硬件”；另一方面抓招商引资，做好“软件”。只是在程度上有所差别，目前经济园区出现同质化现象的根本原因与此有很大关联。

而要使经济园区成为成体系、成建制推进“一带一路”建设的最基本单元，最核心和最关键的就是国际化和人才战略。

所谓国际化，不再是仅仅单向地引进国外资金、技术和管理等，目前国内很多地方和区域比较普遍地在招商方向上提出了招大商、招龙头企业的导向。从宏观来看，所谓的大商、龙头企业是一个相对固定的概念，不可能所有区域都能招到大商或者龙头企业，或者说能够实现大商、龙头企业聚集的更是少数，而从“一带一路”这个倡议的提出和愿景来看，未来世界的发展一定是全局性的，而不再是局部。无论对地方还是国家，乃至全世界，都奉行“一枝独秀不是春，百花齐放春满园”的发展观。从这个角度来说，对于国内很多经济园区或者地方政府来说，国际化首先得从改变发展观念开始，再到定位的改变。以德国的企业为例，德国 90% 左右的 GDP 都是由中小企业贡献的，而像大家熟悉的奔驰、宝马、西门子等巨头所创造的 GDP 加起来也就 10%。

对于企业来说，相对于土地价格和优惠政策，一个产业链的上下游配套更重要。相较于产业链的配套，摆在企业面前更难以逾越的困难是人才的匮乏，尤其是“一带一路”建设所需要的各类人才。在“一带一路”建设过程中，几乎所有“走出去”的企业都面临这个问题。对于企业来说，无论是本国员工还是在当地雇用的劳动力，要想使其成为企业所需要的人才，都需要对其进行培训提高。虽然有的企业也在尝试自身培养，但这对企业发展来说，无疑就造成了巨大的负担。即便是能够自身开展培训的企业，其培训规模、质量、标准、可持续发展等都面临着很多问题，无法成为中国企业往外走的过程中人才培养的系统解决方案。即便对于国内的企业来说，也面临同样的人才缺乏问题。所以，人才战略才是未来奠定区域发展核心竞争力的基础。

◇◇二 “一带一路”应用型人才培养，开创“一带一路”建设“南—北—南”合作新模式

2016 年，陕西西咸新区发展集团有限公司（简称西咸集团）申请的《借用德国促进贷款建设“一带一路”应用型人才培养基地项目》成功入选 2016 国外政府贷款项目库，获批 5000 万欧元贷款。基于国务院赋予西咸新区“丝绸之路经济带重要支点、我国向西开放的重要枢纽、西部大开发的新引擎和中国特色新型城镇化的范例”的国家使命的出发点，结合陕西省委省政府提出的将陕西打造成“一带一路”上的五大中心，尤其是构建科技创新中心和国际产能合作中心的总体规划和布局，本项

目拟在国家有关部委和陕西省委省政府的领导下，依托西咸新区的区位优势、经济基础、教育科技人才、历史文化底蕴、自然生态环境等资源优势和构建开放型经济新体制的积极探索，联合中国社科院蓝迪国际智库的研究与发展平台及资源，借助联合国教科文组织、德国国际合作组织（GIZ）和中巴经济走廊相关机构等国际资源，围绕“一带一路”发展战略，按照“共商、共建、共享”三原则，创新性地开展南—北—南模式的国际合作模式，推进共建“一带一路”教育行动，同时，以应用型人才培养为抓手和依托，服务国际产能多边合作。以“一带一路”应用型人才培养基地建设为出发点和落脚点，搭建中国—欧盟—“一带一路”沿线发展中国家（地区）三方能力建设、交流合作与协同创新平台。

（一）项目背景

1.“一带一路”建设是中国对完善全球治理、促进经济新增长的长期巨大贡献。加强国际交流与合作，深化人才培养和能力建设，是服务“一带一路”倡议、提供人才保障的必然要求

推进“一带一路”建设是党中央、国务院根据世界形势深刻变化、为统筹国际国内两个大局提出的重大战略构想。当今世界，全球经济低迷、缺乏发展动力，主要经济体政策分化，不平等、不平衡的状况依然存在，恐怖主义威胁有增无减，人类社会冲突和自然环境恶化给全球发展带来严峻挑战。建设“一带一路”能从政治、经济、社会、文化和生态等方面完善全球治理，创造全球经济增长的新动力。“一带一路”的指导思想为共商、共建、共享，必须进行国际国内资源联动，促进发达国家与发展中国家深化合作，把政府、市场和社会有价值的资源组织起来，实现行业的聚集与融合，共同服务“一带一路”建设的宏伟目标，使沿线国家的全体人民共同分享和平与发展成果。

中办国办《关于做好新时期教育对外开放工作的若干意见》提出要“完善教育对外开放布局，充分发挥教育在‘一带一路’建设中的重要作用”，并将“实施‘一带一路’教育行动，促进沿线国家教育合作”纳入重点工作领域进行专门部署。“一带一路”倡议实施对人才培养提出了更高要求。要实现与沿线各国的政策互通、设施连通、贸易畅通、资金融通、民心相通，必须要培养大批具有全球视野和国际竞争力的创新型人才。实现“五通”的最基本因素是人，最根本依赖是人才，而国际化人才培养必然依靠国际交流与合作的不断深化。

2. 面向青年和未来的人才培养和能力建设是实现联合国可持续发展目标（SDG）的重要基础和目标之一

2015 年 9 月，联合国在千年发展目标（MDG）到期之后，提出新的由 17 个大目标和 169 个子目标构成的可持续发展目标（SDG），旨在从 2015 年到 2030 年以综合方式彻底解决社会、经济和环境三个维度的发展问题，转向可持续发展道路。尤其是针对千年发展目标（MDG）仍未实现的目标，如在消除饥饿、取得全面性别平等、改善医疗服务和基础教育方面，要在可持续发展目标（SDG）阶段完成最后的攻坚。目标实现的时间是 2030 年，青年将成为社会中坚力量去推动相应目标的实现，他们对于目标的关注、思考和行动至关重要。可持续发展目标重点关注“提高教育的公平性和教育质量，提供终身学习的机会”，强调要“到 2030 年，提高青年群体的职业技能创新能力和创新精神”，“到 2030 年，通过提高教育水平等各种措施，全球可持续发展程度进一步提升”。

3. 南—北—南合作新模式是开展国际人才培养、推动实现联合国可持续发展目标的重要模式，中国在其中发挥着重要且独特的作用

在新的发展理念指导下，“南—北—南”合作有着广阔的空间。全球对南北、南南合作逐渐有着新的理解，认为“一带一路”将有助于改善南北关系和促进南南合作。近年来国际社会普遍认为，中国应发挥积极

作用，促进整合南北合作、南南合作的战略、概念和资源，探讨南北双方在促进可持续发展方面的合作新模式，应对当前全世界面临的发展战略方面的问题。

2015 年 9 月，国家主席习近平出席在纽约联合国总部举办的南南合作圆桌会议时提出：“要进一步推动南南合作向更高水平、更深层次发展”，并宣布“未来五年向发展中国家提供 12 万来华培训和 15 万个奖学金名额，为发展中国家培养 50 万名职业技术人员”。后续，2016 年 4 月，中办、国办联合印发了《关于做好新时期教育对外开放工作的若干意见》，明确提出了“坚持扩大开放，做强中国教育”的指导方针。并着重从完善留学工作机制，打造“留学中国”品牌；探索企业 + 人才培养的出海新模式，打好组合拳；搭建国际联合研究中心合作平台，开展国际协同创新；建立和完善教育双边及多边合作机制，提升发展中国家在全球教育治理中的发言权和代表性；充分发挥教育在“一带一路”建设中的重要作用；推动亚太区域内双边多边学历学位互认，支持联合国教科文组织建立世界范围学历互认机制等多个方面进行落实。

4. 陕西省西咸新区具备为“一带一路”应用型人才培养基地搭建国际合作平台的良好环境和实践基础

陕西省委书记娄勤俭指出：“陕西将以技术为核心，以资本为纽带，以企业为主体，以市场为导向，努力与丝路沿线国家和地区开展更加广泛的科技合作。”陕西省省长胡和平表示：“陕西将发挥科教优势，着力构建科技创新中心。”陕西拥有高校 96 所，各类科研院所 1000 多个，在校学生 100 多万人，专业技术人员 110 多万人，一方面将围绕产业方向积极推进国际科技合作，在能源开采、精细化工、生物医药、电子信息等领域推动国际联合技术攻关。另一方面，将通过建立双边、多边国际合作机制，深化国际培训教育合作，为联合培养创新人才探索路径。

2015 年 11 月，在陕西省发改委、财政厅、西咸新区管委会的支持下，西咸集团编写了《陕西西咸新区发展集团有限公司申请借用德国促进贷款建设“一带一路”应用型人才培养基地项目列入备选项目规划申报材料》。经国家发改委和财政部联合评审，于2016年7月正式列入2016国外政府贷款备选项目规划，获批5000万欧元。

项目获批过程中，西咸集团即赴巴基斯坦和德国进行调研和项目推介宣传，得到了积极响应，吸引了国外各参与方的关注，持续了解项目的进展情况。评审过程中，项目创新性得到了发改委和财政部评审专家的高度认可。截至目前，除德国、巴基斯坦外，已引起意大利、澳大利亚、罗马尼亚、加拿大、中国香港等国家和地区政府、企业和“一带一路”合作机构的关注，部分已经签订MOU或合作协议。

“一带一路”赋予了陕西跨越式发展的机遇，机遇在于改革精神和创新精神，把陕西的发展主动融入“一带一路”中，用国际视野开放思维，通过全球资源配置、人才的汇集，充分运用好国家赋予陕西的打造内陆改革开放新高地和西部大开发的新引擎的使命，向世界亮出“一带一路”“陕西名片”。

项目核心和关键在于统筹协调好国际和国内、中央和地方、政府和企业、体系和节点等的关系。正如陕西省委书记娄勤俭强调的：要用系统性思维统筹全局。本项目以国家级新区西咸新区为载体，以利用德国促进贷款5000万欧元建设服务于“一带一路”的人才培养体系为切入点，从而实现引资、引技、引智的多重效果。该项目完全符合两办印发的《关于做好新时期教育对外开放工作的若干意见》指导思想和各部委出台的相关指导性文件。既是落实中央和各部委相关政策的抓手，也是检测效果的实验场。一方面抓应用型人才的联合培养，充分发挥了陕西教育科研的独特优势，参与共建教育共同体；另一方面，通过人才培养引导以德国为代表的欧盟发达国家的新兴产业聚集，同时以人才为渠道，实现产业+人才的综合输出模式，带动“一带一路”发展中国家和地区经济的发展和人才的培养。

（二）项目定位

以"一带一路"应用型人才培养基地建设为出发点和落脚点，搭建中国—欧盟—"一带一路"沿线发展中国家（地区）三方能力建设、交流合作与协同创新平台，构建融产业布局、人才战略、园区合作、国际资本融通为一体的复合型合作模式。

（1）服务"一带一路"建设的国际平台。通过国际、国内资源联动，社会、市场和政府联动，构建多边与双边机制，凝聚优势资源，对接发展需求，评估综合环境，识别风险因素，提出应对策略，开展人才培养和能力建设，为推动地区和企业的国际化添砖加瓦，也为参与"一带一路"建设的各类企业与沿线国家和地区的积极对接提供了实质性的服务。

（2）推进可持续发展目标（SDG）的南—北—南合作模式实践平台。项目将通过中国多层次、立体化的研究与实践平台，整合以德国为代表的欧盟国家在资金、管理、技术等方面的资源，聚焦服务巴基斯坦、伊朗、哈萨克斯坦、印度尼西亚、缅甸等"一带一路"沿线重点国家和地区的人才培养、能力建设、产业对接等合作，务实服务可持续发展目标的实现。

（3）面向未来的能力建设平台。项目将搭建国际职业教育合作标准制定和认证平台，建设应用型人才的培养体系和信息平台。致力于同全球及国内知名智库、企业和社会组织建立合作关系。通过建立精英库、专家库和青年人才库，搭建政府、市场、社会间的合作平台，支持各领域的宏观治理、中观管理和微观执行等各层次人才脱颖而出。推进中国和"一带一路"沿线国家人力资源发展，助力中国的人才强国战略和国际化进程，使陕西不仅是教育科技大省，更成为国际化人才培养和输出的摇篮。

（4）面向国际的交流合作平台。项目将建设和夯实共同应对可持续发展事务的政治互信、沟通渠道与合作基础。通过蓝迪国际智库等国际交流合作平台，组织开展国际教育和产能合作高端访问，促进相互了解、交流合作和政治互信，促进具体项目对接与合作，夯实相关各方在应对可持续发展事务中的合作基础。

（5）面向发展的协同创新平台。中国企业“走出去”面临巨大的机会和挑战，企业对法律政策、产业标准、信息技术、投融资和资产安全、舆论支持和能力建设方面有系统需求。这些需求需要通过整合资源，以协同创新的方式共同应对。企业在“走出去”过程中需要获取全面信息，提升综合能力和架设合作桥梁。针对这些需求，通过建立法律服务、政策研究、技术标准、信息服务、金融支持、文化与品牌、能力建设等板块，积极组织政府、企业和行业资源，带领企业协同创新、组团出海，为“一带一路”建设和发展提供系统服务支持。

（三）主要内容

1. 开展“一带一路”建设与可持续发展的相关研究与实践

建设可持续发展领域新型智库，凝聚和发挥智力资源优势，共同探讨重大事务及应对策略，分享推广国际可持续发展好的经验和做法，发出符合我国利益的政策呼吁，积极影响国际可持续发展事务议程，多层次、多维度促进我国国家利益和国际形象。具体包括：组织智库会议，小型规模，研讨并提出应对可持续发展事务的建设性意见与设想；组织研讨会，中型规模，根据智库峰会建议，分析可持续发展需求，形成理论指导，推动务实合作；组织大会，大型规模，形成对关键性可持续发展事务的意见建议和政策呼吁，推动转化成为区域性或国际性共识与合作，取得政策和战略主动权；参与国际重要会议，根据可持续发展领域重要议程，积极参与后千年议程讨论确定会议等，积极促成国际社会吸收采纳成果建议。

2. 开展资源整合与协调服务

一方面，促进以德国为代表的欧盟国家与中国的合作。比如，开展高层交流与对接，促进德国国际合作组织（GIZ）与陕西省的全面合作。加强对接德国机械、汽车、化工、医疗保健和可再生能源等方面的企业，着眼于职业教育和培训、标准化、健康产业、有机农业、电信与信息产业、经济咨询、地区发展、可持续城市等领域的合作。另一方面，推动中国与“一带一路”沿线国家的资源对接与项目合作。比如，围绕中巴经济走廊建设，通过系统化、有针对性的工作，搭建机制化的互动交流合作平台——中巴（陕西）零公里平台。包括在巴基斯坦推广中国在食品加工、化工、制药、工程、皮革、纺织和采矿等领域的行业设备；建立中巴两国在贸易、科技、投资、培训及电力五个领域的中小企业平台；沿中巴经济走廊推广工程承包项目，促进项目落实；为中小企业工业区建设中小企业发电站；针对航空航天领域，尤其是航天领域设立工程业资源中心；建设五星级酒店和企业孵化器，供中国制造商、工程承包公司、研发机构、赴巴开拓国际业务的企业驻足。

3. 开展人才培养和能力建设

一是建设国际职业教育合作标准制定和认证平台。包括：建立教师信息库，推进教师职业素质标准化；建立教育机构信息库，推进教育机构体系标准化；建立远程教育网络及教育文献交流网站，促进教育体制多样化和专业教学工具、方案、进度、实习内容的标准化；建立专业认证中心，促进学员专业认证与国际认证标准接轨；建立国际教育交流中心，促进跨境教育合作交流。二是建设应用型人才培养体系。包括：专业技术应用人才培养、文化交流人才建设、技术人员和工人劳务培训、高层次青年领袖人才培养。通过搭建有效推动项目平台工作的专业培训和能力建设平台，加强国际合作和交流的人力资源战略储备，同步增进中国同非洲、中亚、亚太、拉美、中东等重点地区在可持续发展领域的交流、互信与合作，为国家和陕西省持续参与国际事务储备人力资源、人脉渠道和实践经验。三是建设应用型人才信息平台。主要通过人才信息库、门户网站、人才工作服务平台等“一库一网一平台”系统建设，搭建中国和“一带一路”沿线国家应用型技术人才信息交流、发布、共享和分析平台。主要面向沿线各国政府机关、行业协会、商会、国内大中型企业、“一带一路”沿线国家大中型企业等对象，通过大数据、云计算、开发门户网站、智能 APP 等技术手段，提供应用型技术人才的信息收集、信息发布、信息分析等，提供各国政策动态研究及经济运行情况实时分析研究。

4. 开展高层倡导与交流对接

项目将针对“一带一路”应用型人才培养的重点合作国别进行深入系统的高层倡导、公共交流、综合调研和专题咨询。一是以高层政治承诺为引领，强化领导力与执行力。二是健全共商共建体系，加强沟通、协调与合作。三是建立有效动员整合各类资源的沟通机制，促进项目合作与对接，综合提升发展能力。四是加强人文合作，化解文明冲突，布局长远发展。五是促进经济社会均衡发展，实行共享共赢战略，携手打造政治互信、经济融合、文化包容的利益共同体、责任共同体和命运共同体。

5. 开展机制化的协同创新

项目既要在战略和操作两个维度实现协同创新，也要在陕西省内、国内、国际三个层面实现协同创新。项目将紧紧抓住中巴经济走廊、中蒙俄、新亚欧大陆桥、中国—中亚—西亚、中国—中南半岛、孟中印缅六大经济走廊在政治、经济、社会和文化领域的影响，以协同创新需求为基础，以国际合作机制为依托，以项目驱动的形式推动实质合作，建设法律服务、政策研究、技术标准、信息服务、金融支持、文化与品牌、能力建设等服务板块，系统服务中国与“一带一路”沿线国家在应用型人才培养和产业实践方面的务实对接，促进企业协同创新、组团出海。

三　组织实施条件

（一）“一带一路”建设共识广泛、五路并通、成效显著

“一带一路”倡议提出后，中国与沿线重点国家开展双边合作、深化多边合作、推进高层互访、发展战略对接，有效沟通与协调夯实了政治互信基础，也凝聚了广泛的发展共识。三年来，“一带一路”建设在五方面顺利推进互联互通，均取得了显著的成果，已形成了各国共商共建共享的合作局面。

（二）国家有关部委广泛支持国际交流合作，给予政策引导

通过国际交流合作平台建设，推进应用型人才培养，成为中国参与全球治理和促进经济增长的重要一环。中办国办和国家有关部委批准《借用德国促进贷款建设“一带一路”应用型人才培养基地项目》，将项目选入2016国外政府贷款项目库，拟给予5000万欧元贷款，为项目的下一步工作提供了巨大的资金支持。

（三）陕西省委省政府及相关部门高度重视，大力支持

陕西省主要领导就深化国际交流合作、推进应用型人才培养做出重要指示。陕西省发改委、财政厅、商务厅、教育厅、科技厅、外事办等

有关单位和西咸新区管委会高度重视西咸集团在深化国际交流合作、推进应用型人才培养方面先行先试的平台作用，在项目申报和筹备过程中给予了广泛支持与指导。

（四）项目理念和设计已得到国际相关组织和机构充分认可

西咸集团已与国际相关组织和机构进行了深入交流沟通，达成合作共识，明确合作方式，签署了合作备忘录，搭建合作平台。双方对此次战略合作的前景和预期成果充满信心。

（五）蓝迪国际智库及国际国内网络资源支持

蓝迪国际智库作为中国特色新型智库，聚集了智库、行业协会、金融机构、社会组织、国际多/双边合作机构等战略合作伙伴及支持机构。截至2016年11月，企业合作伙伴覆盖了能源、制造、农林牧渔及食品、信息、文化、贸易、交通建设、医药、房地产、金融、纺织家居和矿业等众多行业的骨干企业以及相关行业协会共计265家。这为本项目的实施与落地提供了重要网络资源。

（六）西咸集团成熟的运营平台和操作团队

西咸集团是西咸新区管委会行使开发建设职能的重要抓手，是西咸新区的资本、建设和文化产业平台。西咸集团坚持“政府主导、市场化运作、专业化经营”的发展思路，依托并服务于西咸新区和五个新城。西咸集团通过整合内部资源，融合市场资源，组建了混合所有制形式的西咸新区“一带一路”商务咨询有限公司，作为西咸集团参与“一带一路”建设的信息平台、创新平台、服务平台和整合平台，成功申请《“一带一路”应用型人才培养基地项目》列入国家发改委 2016 国外政府贷款项目库，具备成熟的运营操作条件。

“一带一路”经典案例

苏州工业园区

1984年，在总结经济特区，特别是深圳蛇口工业区成功经验的基础上，国务院批准大连等沿海城市建设14个国家级经济技术开发区，通过吸引国际资本、国内产业，实现与所在城市的“产城融合”。这种外源发展模式逐步扩展到中国的大多数城市，截至2015年9月，中国共设立219个国家级经济技术开发区，省级以下开发区则不计其数。

1994年，苏州工业园区获国务院批准与新加坡合作开发建设，借鉴了中国已有开发区和新加坡“产城融合”外源发展的经验，同时结合了苏南地区的“产村融合”“产镇融合”内源发展的实践经验，走过了规划建设期（1993年始）、招商引资期（1994年始）、企业成长期（2001年始）、产业成熟期（2006年始）和转型升级期（2015年始）等五个阶段。规划建设期学着做，园区借鉴国内外经验做到“先规划后建设，先地下后地上”；招商引资期合作做，开发主体（中新苏州工业园区开发股份有限公司）的股东之间优势互补分工合作开展招商；企业成长期为主做，管理主体（苏州工业园区管理委员会）对入驻企业的运营提供全生命周期的服务；产业成熟期创新做，如培育新兴产业和现代服务业，并帮助成熟企业赴国内开发区投资；转型升级期先行做，如建立境外投资服务平台帮助企业赴境外投资，实现企业和园区的转型，走出了园区

“借鉴、创新、圆融、共赢”的“产城融合、区域一体”发展之路。

◇◇一 苏州工业园区的开发主体

中新苏州工业园区开发集团股份有限公司（简称中新集团）是苏州工业园区的开发主体。由中国、新加坡两国政府于 1994 年 8 月合作设立，中新集团以“筑中国梦想、建新型城镇”为己任，确立了以新型城镇化建设业务为主体板块，以房产开发和市政公用事业为两翼支撑板块。目前集团旗下拥有 50 多家子公司，员工约 2300 人，总资产 200 亿元。

第一，市场化的开发主体。1994 年成立中外合资中新苏州工业园区开发有限公司，2008 年创立中新苏州工业园区开发股份有限公司（中新集团），中新集团的股东和下属机构如图 1 所示。

第二，适度超前的开发原则。做到“先规划、后建设，先地下、后地上”地开发，使引进的企业（包括房地产商）获得基础设施和公用事业的可靠保证，同时也使公司开发资金可持续良性运营。

第三，产城融合的开发战略。致力于发展以高新技术为先导、现代工业为主体、第三产业相配套的现代化经济，致力于基础设施、市政公用事业、房地产综合开发，致力于“产城融合、城乡一体、多方共赢”的新型城镇化道路。

第四，分步推进的开发步骤。按照产城融合发展的生命周期，分步进行主导产业引进、新兴产业培育、现代服务业配套和产业扩展（“走出去”）；与此相对应，分区推进城市功能开发，逐步完善宜居环境。

第五，分工合作的招商团队。除中新集团招商部外，招商团队还包括区内各个功能分区的招商部，苏州工业园区管理委员会下属的招商部门，并加强与中介机构、金融机构、跨国公司驻华办事处、驻华商务处、

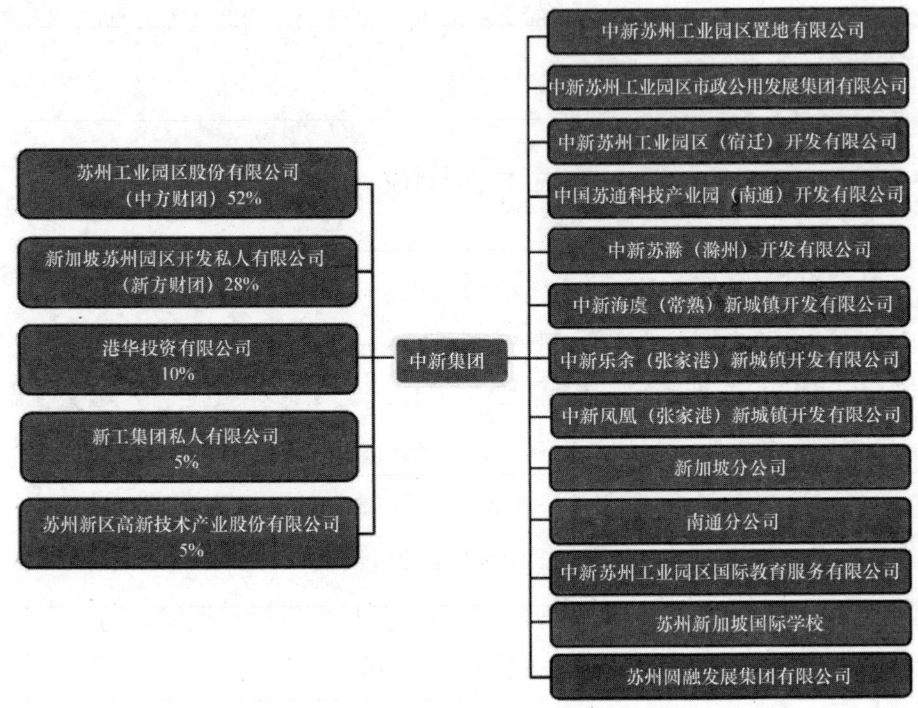

图 1　中新集团股东和下属机构

我驻外使领馆、现有企业及其关联公司的合作，实现招商的产业集群效应。

◇◇二　苏州工业园区的管理主体

苏州工业园区管委会是开发区的管理主体，作为地方政府的派出机构，行使政府管理职能。

第一，亲商、亲民、亲环境的服务理念。苏州工业园区管委会通过亲商服务使企业提升竞争力，获取利润，因而更愿意在园区增加投资；

通过亲民服务使居民有更多就业机会，获取更好的生活品质，因而吸引更多优秀人才到园区发展；通过善待生态环境使企业能持续发展，居民能安居乐业。这些理念不仅在园区行政管理人员的意识中，关键要在他们的行动中。

第二，一站式的服务机构。管委会内部设立精简、高效的服务机构，包括外事、招商、行政审批、进出口管理、知识产权保护、土地管理、环境保护、城市规划、建设管理、公用事业管理、房产管理、财政收支、银行业和资本市场管理、国有资产管理、医疗卫生、劳动和社会保障、教育；苏州工业园区还引进包括海关、出入境检验检疫、税务、公安、消防、交通、供电、电信、邮政等垂直管理的机构，提供“一站式审批服务”，审批业务的30%前台当场受理并办结，60%在1—2个工作日内办结，10%在5—7个工作日内办结，承诺时限内的业务办结率为99.94%。近30%的项目（70%左右的业务量）通过网上审批来完成。

第三，全生命周期的服务过程。包括透明、可预见的前期服务，及时提供投资环境介绍、政策法律咨询、协助问卷调查等服务；及时、专业的企业申报服务，如前所述一站式服务中心的服务，“负面清单”的项目经发改委等部门会提供向上级政府部门争取获批的服务；永续、增值的企业运营服务，了解和解决企业开工运营中遇到的问题；同时引进第三方机构提供各类企业开工和生产运营中的专业服务，如人力资源招聘服务、物流服务、投融资服务、高等教育等；针对性的政策支持，积极争取国家、省市的政策，并根据自身特点，研究制定园区鼓励新兴产业、高端人才等方面的特殊政策。

第四，客观公正的服务监督。园区信访局、监察局对管委会政府部门和一站式服务中心服务人员提供的政府服务实施监督，园区市场监管局、综合执法局对企业建设和运营实施监督管理，园区检察院、法院承接园区企业案件的诉讼审判。

三　苏州工业园区“一带一路”的实践

2006 年园区工业用地基本出让完毕，制造业发展基本成型，产业开始向服务型和创新型经济转变，“走出去”变成了自觉的行动，“走出去”区域也逐步从国内向国外发展。

（一）苏州工业园区开发和管理主体“走出去”的实践

园区在国内参与的开发区和境外经贸合作区项目总数共 10 个，其中江苏省内 6 个，江苏省外 2 个，国外 2 个。除老挝项目已转交云南建工集团外，其余项目均正常开展合作。

根据管理主体和开发主体的参与组合方式，苏州工业园区“走出去”可分四种类型，但不管哪一种类型，都以输出先进开发管理理念和经验（简称软件）而独树一帜：一是管理主体软件无偿转移和开发主体综合开发相组合，如宿迁苏宿工业园区；二是管理主体软件无偿转移和非开发主体企业开发产业地产相组合，如新疆霍尔果斯经济开发区、苏州苏相合作区；三是开发主体的商业性综合开发和开发管理软件有偿转让相组合，如南通苏通科技产业园、滁州中新苏滁现代产业园、常熟海虞生物医药产业园、张家港乐余镇小城镇开发、张家港凤凰镇小城镇开发；四是单纯管理主体的软件转移，如苏州工业园区管委会与中白工业园管委会建立友好交流机制。

除此之外，全国各地都争相来苏州工业园区“取经”，每年平均来苏州工业园区实地参观学习的各类开发区超过 300 批次；承办巴基斯坦、塞内加尔、哈萨克斯坦、柬埔寨、韩国等国家的境外经贸合作区和开发区经验分享座谈会；接待非洲新闻交流中心记者团和东南亚记者团，讲好园区故事；累计接待涉及 39 个国家和地区的境外来宾 99 批 1910 人次。苏州工业园区经验不断辐射全国和“一带一路”的发展中国家。

（二）苏州工业园区企业境外投资的实践

2013 年中国提出“一带一路”倡议后，苏州工业园区企业境外投资的步伐也随之加快，截止到 2016 年 9 月，园区共有 239 家企业赴境外投资 372 个项目，新批中方协议投资额累计达 82. 7 亿美元。2014 年、2015 年和 2016 年前三季度的增幅尤其明显，2015 年新批中方协议投资额达 20. 08 亿美元，与引进外资相比，资本已开始从净流入向净流出转变。（见图 2）

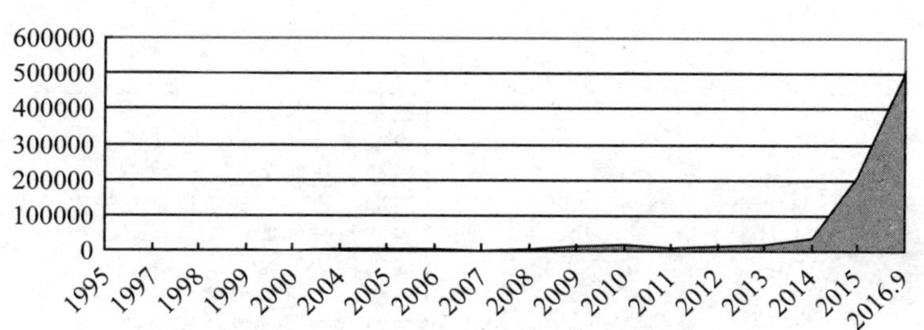

图 2　中方协议投资额（万美元）

园区企业境外投资还呈现以下特点：一是投资主体以民营企业为主。民营企业赴境外投资项目数和投资额占比分别达 59. 52% 和 81. 42% 。二是业务类型以非贸易项目为主。园区企业赴境外投资非贸易项目达 300 个，中方境外投资额为 68. 54 亿美元，占比分别为 79. 37% 和 82. 88% 。三是从行业来看以第三产业为主。园区企业赴境外投资第三产业项目达 274 个，中方境外投资额为 69. 2 亿美元，占比分别为 72. 49% 和 83. 67% 。其中商务服务业、批发和零售业、计算机服务和软件业、研究与试验发展等行业排名靠前。四是投资国别和地区主要集中在亚洲和美洲（见图2），项目占比分别为42.86%和42.33%，中方境外投资额占比分别为25.76%和62.9%。

（三）苏州工业园区企业在“一带一路”投资的实践

园区共有31家企业在“一带一路”中的18个国家和地区投资了134个项目，中方协议出资额为21.26亿美元。其中在中国香港投资项目最多，共81个（见图4），规模也最大，中方协议出资额为7.3亿美元；民营企业占70%，外资和国有企业各占约15%；主要分布在批发和零售、商务服务、计算机服务、电子设备、建筑装饰、软件和研发等行业，分别占26.87%、22.39%、6.71%、6.71%、5.22%、5.22%（见图3）。

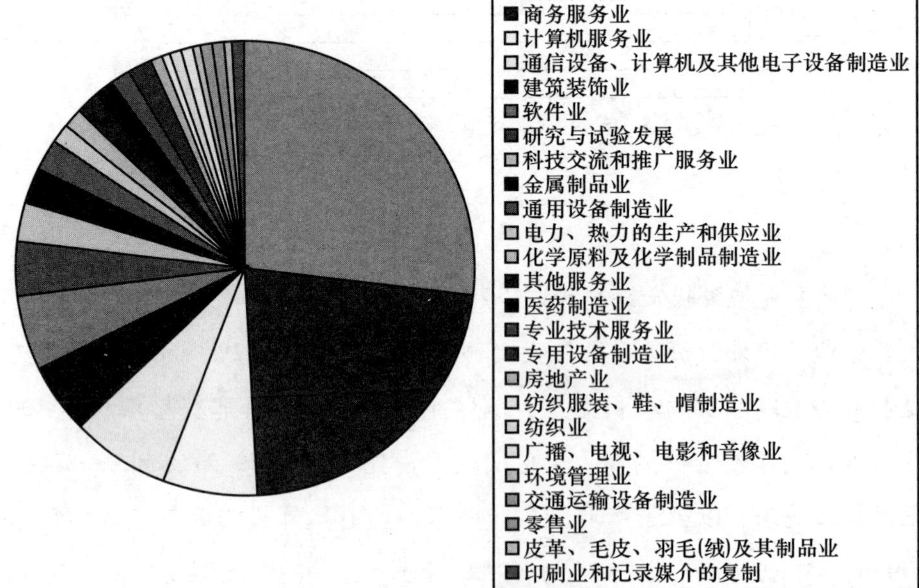

图3 “一带一路”项目行业分布

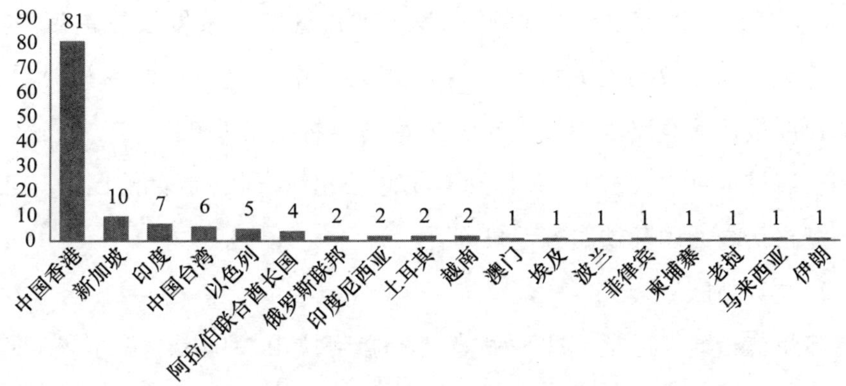

图4　投资项目国别和地区分布

四　苏州工业园区“一带一路”业务规划

经了解，苏州工业园区企业在境外投资时重点选择地区还是以亚洲和美洲的市场经济发达地区为主，重点在于规避在政治、商业、法律等方面的风险。而在“一带一路”上市场经济不发达国家和地区中的投资失败经验较多，因此投资占比也较少，除政治、法律等方面的风险外，在配套设施保障、原材料供应、物流承载力等方面发展不足是限制企业前往投资的主要因素。苏州工业园区希望能在软硬件建设、产业集聚发展、利益相关方共享共赢等方面发挥一定的作用。

（一）着力打造苏州铁路国际货运中心平台

1. “苏满欧”班列

以苏州铁路货运西站为起点，纵贯华东、华北、东北，经内蒙古满洲里出境，途经俄罗斯、白俄罗斯全境到达波兰华沙。全程运输运距

11200公里，其中中国境内3200公里，俄铁管辖（俄罗斯及白俄罗斯）7800公里、欧洲200公里。是“中欧班列”中唯一以小时为计时单位、运输速度最快的线路。中国铁路总公司已经将“苏满欧”定为快速货物班列，编号X8402（行），并提速至120公里/小时，是目前国内速度最快、规格最高的国际铁路五定班列。

2. “苏新欧”专列

苏州市相继开通了苏州西站直达新疆阿拉山口口岸、霍尔果斯口岸的铁路转关运输业务（简称“苏新欧”）。上述运输线路为苏州地区进出口企业打开了一条从苏州直接发运到中亚和欧洲地区的铁路通道，被喻为“新丝绸之路”。“苏新欧”铁路专列的开通为苏州进出口企业提供了更加便捷快速的运输通道，主要目的地有哈萨克斯坦、吉尔吉斯斯坦、塔吉克斯坦、乌兹别克斯坦等中亚国家和俄罗斯、白俄罗斯等东欧国家。发运货物中90%来自长三角地区。

苏州作为国际制造业的重要基地，也是国际进出口货物重要的货源地和目的地，苏州工业园区将发挥与中白工业园、霍尔果斯特殊经济开发区的合作优势，积极参与“苏满欧”“苏新欧”专列的国际物流业务，为长三角参与“一带一路”的企业提供快捷高效优质低价的服务。

（二）着力打造国家级境外投资服务平台

苏州工业园区始终肩负着中国改革试验田和开放排头兵的重要职责。国务院2015年9月30日印发《关于苏州工业园区开展开放创新综合试验总体方案的批复》（简称《批复》），同意在苏州工业园区开展开放创新综合试验，同意园区设立国家级境外投资服务示范平台。

1. 境外投资公共服务

为更有效打造境外投资全流程服务体系，成立了境外投资促进委员会及境外投资促进中心，并在经济发展委员会下新设境外投资处；出台了《园区管委会关于推进苏州工业园区境外投资服务示范平台建设的若干意见》，同时正在优化平台软硬件条件，细化吸引境外投资企业和服务机构的优惠政策；承办区内企业境外投资开办企业（金融企业除外）备案和核准（转报）相关业务、中方投资额3亿美元以下的境外投资项目的备案管理，园区一站式服务中心推行境外投资企业备案和项目备案工作“单一窗口”模式，企业可以同时申报、同步办理，全程网上审批，办结后通过“单一窗口”一次取证，走完整个流程仅需三个工作日；设计和开发境外投资企业信息库、境外投资项目库和资金需求库，联合专业服务机构为“走出去”企业提供拟投资国家国情介绍、可投资标的、境外投资政策及服务网络等信息。

2. 境外投资专业服务

园区联系新加坡等“一带一路”沿线国家政府部门及这些国家驻上海等地总领事商务处，组织国家开发银行、建设银行、江泰保险经纪等金融机构，律师事务所、会计师事务所、咨询公司等中介机构，成立“金鸡湖境外投资服务联盟”，连续举办“金鸡湖境外投资服务联盟论坛”；加强服务联盟为境外投资企业提供全面专业的服务；与中国贸促会、中国海外产业发展协会、中国对外商会、新加坡国际企业发展局合作举办了“中国（苏州）境外投资与服务高峰论坛”“中国企业跨国投资研讨会”，借助以上大平台，提升园区服务联盟的服务能力和影响力；增强人才培训、投融资服务和国际化服务等功能。

（三）着力打造“一带一路”经贸集聚区

苏州工业园区在中国“一带一路”愿景的倡议之下，将在参与霍尔果斯特殊经济开发区和中国—白俄罗斯工业园等经贸集聚区的基础上，继续积极寻找和参与更多“一带一路”经贸合作区的投资、合作和交流。

1. 霍尔果斯特殊经济开发区

利用对口援建霍尔果斯特殊经济开发区的战略机遇，借助园区开发建设经验，结合新疆和霍尔果斯区位优势和优惠政策，引导江苏冶金、纺织、轻工等传统优势产业的转移。目前苏州工业园区苏新置业有限公司在霍尔果斯中哈边境合作中心配套区投资建设的标准厂房，总面积20976平方米，总投资1.5亿元，已帮助引进两个棉纺项目入驻；中哈边境合作中心内的苏新中心综合体项目（包括商贸中心、写字楼和酒店式公寓）已投入使用。在此基础上，苏州工业园区将继续参与面向中亚的经贸合作，将霍尔果斯特殊经济开发区（中哈边境合作中心）打造成中哈边境贸易的先导区、上合组织服务贸易的示范区、欧亚货物贸易的中转区和“一带一路”产能合作的集聚区。

2. 中国—白俄罗斯工业园

中白工业园作为中白两国深化合作的标志性项目，丝绸之路经济带上的一颗“明珠”，在两国元首和两国政府的关怀与推动下，在两国政府有关部门、中白工业园管委会和开发公司的共同努力下，于2014年启动建设，至今已取得了重要进展。中白工业园协调工作组第八次会议期间，中白工业园管委会与苏州工业园区管委会签署友好交流协议，共同研究并解决中白工业园发展过程中出现的问题，交流实践经验，持续改善中白工业园现有的管理流程、商业模式、服务理念及招商机制。具体内容包括：（1）互相推荐项目，吸引本国及外国企业参与双方园区展会及推介会，双方举行招商交流及咨询活动；（2）开展苏州工业园区商业模式、“一站式”服务及管理经验交流和专业培训；（3）保持双方园区的定期接触和人员往来；（4）积极塑造双方在商界的信誉和形象；（5）邀请其他组织扩大交流领域。

苏州工业园区计划重点在包括规章制度、标准衔接等“政策沟通”的软件建设，以及便利人员跨境往来、友好交流的“民心相通”上加强与白方的合作，为“一带一路”基础设施、制度规章、人员交流三位一体，实现政策沟通、设施连通、贸易畅通、资金融通、民心相通五大领域齐头并进开展有益的探索。

（四）着力打造境外经贸合作区培训基地

苏州工业园区作为中新两国合作的最大项目，是我国经济技术开发区的代表，是国际合作的典范，苏州工业园区自2012年获批承办商务部国家级开发区（苏州）培训基地以来，拥有强大的师资力量和丰富的课程资源以及良好的教学配套设施，在总结辐射推广国内开发区和境外经贸合作区的规划建设、开发运营、产业招商与服务等方面的经验，建设与运营等方面已形成了完善的教学培训体系。在此基础上，园区拟设立境外经贸合作区（苏州）培训基地，依托中新合作优势，拓展各类国际合作，进一步总结境外经贸合作区的经验和教训，面向境外经贸合作区所在地管理主体的政府官员、境外经贸合作区投资主体的管理人员开展以下各类培训：（1）如何提高境外经贸合作区行政主体亲商服务理念和一站式服务水平；（2）如何提高境外经贸合作区综合开发水平及成功实践案例；（3）如何正确进行产业定位及投资环境建设；（4）如何按产业演进规律分阶段招商及实务；（5）如何改善通关，促进贸易便利化；（6）境外经贸合作区招才引智与科技创新；（7）生态工业园区建设；（8）和谐社区的建设与管理；（9）境外经贸合作区投融资运作实务；（10）境外经贸合作区风险管控。

附表　　1994—2015 年主要经济指标

指标	单位	1994 年	2005 年	2010 年	2015 年	历年累计
常住人口	万人	—	—	69. 53	80. 26	—
地区生产总值	亿元	11. 32	580. 70	1330. 19	2059. 95	—
其中：第一产业	亿元	2. 93	1. 80	1. 88	1. 91	—
其中：第二产业	亿元	6. 06	435. 80	879. 90	1180. 50	—
其中：工业增加值	亿元	5. 77	378. 50	836. 79	1111. 71	—
其中：第三产业	亿元	2. 33	143. 10	448. 41	877. 54	—
工业总产值	亿元	35. 86	1652. 80	3527. 95	4437. 58	—
新批外资项目数	个	21	443	367	273	5549
实际利用外资	亿美元	0. 70	15. 81	18. 50	16. 00	283. 18
进出口总额	亿美元	0. 00	405. 55	738. 19	795. 96	—
其中：进口	亿美元	0. 00	213. 11	395. 00	390. 84	—
其中：出口	亿美元	0. 00	192. 44	343. 19	405. 12	—
全社会固定资产投资完成额	亿元	6. 97	357. 10	550. 25	611. 82	7174. 15
其中：制造业	亿元	1. 21	153. 20	138. 06	162. 88	2253. 00
其中：基础设施	亿元	4. 55	58. 50	70. 97	30. 24	907. 60
其中：房地产（含动迁房）	亿元	0. 00	100. 10	190. 25	152. 30	1968. 43
其中：其他三产项目	亿元	1. 21	45. 30	150. 97	266. 40	2045. 12
社会消费品零售总额	亿元	6. 03	50. 20	171. 43	352. 85	—
财政收入	万元	3937	901823	2633989	6051758	—
海关税收收入	万元	—	270213	922133	1202290	—
公共财政预算收入	万元	2150	415305	1331800	2572026	—
公共财政预算支出	万元	2823	432801	868508	1956694	—
年末金融机构存款余额	亿元	6. 28	363. 77	1502. 1	2996. 00	—
其中：城乡居民储蓄	亿元	3. 26	78. 59	325. 4	607. 60	—
年末金融机构贷款余额	亿元	3. 51	314. 79	1209. 3	2320. 50	—
累计就业人口	人	—	334829	600189	728165	728165
社会保险参保企业数	个	—	4714	11660	20854	20854
在岗职工平均工资	元	—	27854	47464	83435	—